# 호모포비아

## 그들은 왜 동성애를 두려워하는가?

베스텐트 한국판 6호

**WestEnd**
Neue Zeitschrift für Sozialforschung
13. Jg., Heft 2, 2016

Herausgegeben im Auftrag des Instituts für Sozialforschung an der Johann Wolfgang Goethe-Universität, Frankfurt am Main, und der Gesellschaft für Sozialforschung, Frankfurt am Main, von:



**WESTEND**

# 호모포비아
# homophobia

그들은 왜 동성애를
두려워하는가?

WestEnd
베스텐트 한국판 6호
연구모임 사회비판과대안 엮음

차례

# 서문

2016년 촛불혁명을 일으킨 자랑스러운 대한민국. 그러나 지금 대한민국의 일상은 자랑스럽지 못하다. 박근혜 탄핵과 함께 수구 보수 세력이 사라지기는커녕 어떻게 된 일인지 이들의 목소리는 여전히 높다. 또한 신자유주의가 낳은 사회적 양극화 역시 해결의 기미가 보이기는커녕 오히려 심화되고 있다. 사실 이러한 정치경제적 문제들은 너무나 연원이 깊고, 그 원인과 처방에 대한 논의도 많아 우리에게 상당히 익숙한 문제이다. 그러나 지금 우리는 이와는 전혀 다른, 그리고 너무나 낯설고 두렵기까지 한 새로운 문제에 직면하고 있다. '혐오', 바로 그것이다.

사람이 사람을 혐오한다. 남성이 여성을 혐오하고, 이성애자가 LGBT를 혐오하고, 내국인이 이주민을 혐오하고, 시민이 난민을 혐오한다. 이것만이 아니다. 과거에 사람들은 자신과 다른 생각과 가치를 지닌 사람들을 비판하거나 적대시했지만, 이젠 혐오한다. 마찬가지로 지금까지 사람들은 자신과 다른 정체성을 지닌 사람들을 무시하고 함께하길 꺼렸지만, 이젠 이들을 혐오한다. 여기서 그치지 않는다. 혐오하는 사람은 혐오당한 사람을 낳지만, 이들 역시 자신을 혐오한 사람들을 혐오한다. 이렇게 되면 혐오가 혐오를 낳고, 사회 전체에 혐오가 확산된다.

이런 현상이 우리에게 너무나 낯설고 두렵기까지 한 것은 혐오라는 감정이 비이성적이고, 반사회적이라고 느껴지기 때문이다. 누군가를 혐오하는 사람은 무언가 옳고 그름에 대한 도덕적 판단을 전제한 것 같지 않다. 우리가 누군가에게 분노한다면 최소한 그 사람이 우리 자신에게 무언가 잘못했고, 따라서 억울하다는 도덕적 감정이 동반된다. 그러나 너스바움이 지적하듯이 혐오는 "이성의 공적 교환"을 가능하게 하는 아무런 합리적 근거를 제시하지도 않으며, 혐오의 대상이 잘못을 반성하고 고칠 것을 요구하는 것이 아니라 이들이 없어지길 원한다.[1] 그래서 그럴까? 누군가를 혐오하는 사람들은 이들에게 패륜적 행위도 서슴지 않으며, 이들을 무차별적으로 살해하기도 한다.

왜 그럴까? 누군가에게 분노한다면 대개 이들이 자신에게 위해를 가하거나 피해를 주었기 때문이지만, 혐오는 그렇지 않다.[2] 혐오는 원래 배설물이나 부패물처럼 자신을 오염시킬 수 있는 것에 대한 거부감이며, 이를 통해 자신이 오염될 수 있다는 불안감에서 비롯된다. 그런데 이런 혐오는 특정한 물질에 대한 것만이 아니라, 특정 집단이나 사람들에게로 확산된다. 그렇기에 누군가를 혐오하는 사람들은 이들이 흡사 배설물이나 부패물인 것처럼 이들을 피하거나, 이들이 눈앞에서 사라지길 원한다는 것이다.

이런 혐오는 단지 개인적 감정으로 그치지 않는다. 혐오라는 감정은

1 마사 너스바움, 『혐오와 수치심』, 조계원 옮김, 민음사, 2015, 189쪽.

2 이하 혐오에 대한 서술은 다음을 참조하였다. 앞의 책, 166-200쪽.

혐오 대상의 감각적 특징에서 비롯된 것이 아니다. 이는 사회적 학습의 결과이며, 이런 감정의 토대 위에서 특정한 집단이나 사람들에 대한 사회적 배척이 이루어지면서 자기 집단의 우월성을 확인할 뿐만 아니라, 집단 내의 결속을 강화하기 때문이다. 이런 점에서 역사적으로 볼 때 유대인, 여성, 동성애자, 유색인종, 하층민들에 대한 무시와 배척에는 혐오가 동반된다.

물론 차별, 무시와 혐오가 동일한 것은 아니다. 너스바움이 지적하듯, 고대 로마의 '파스티디움'(fastidium)이란 단어는 혐오라는 뜻만이 아니라 타인에 대한 비하라는 이중적 의미를 갖고 있으며, 이 두 가지 의미는 서로 중첩되고 교차된다.[3] 혐오의 대상은 무시의 대상이 되기도 하고, 무시의 대상은 혐오의 대상이 되기도 한다는 것이다. 그러나 누군가를 무시하고 차별한다고 해서 이들이 없어지길 바라는 것은 아니다. 무시와 차별의 대상은 아이러니하게도 사회적 위계 관계 속에서 보존되기 때문이다. 이런 점에서 혐오는 상대방에 대한 차별과 무시에서 한 걸음 더 나아가 이들을 피하고 이들이 사라지길 원하는 감정이라는 점에서 다른 것 같다.

그런데 인간은 왜 자신이 누군가에 의해 위해를 당하거나 피해를 입는 것도 아닌데 그 사람을 혐오할까? 더구나 사람들은 타인을 차별하고 무시하는 데서 그치는 것이 아니라, 왜 이들을 피하거나 이들이 사라지길 원하는 것일까? 혐오가 사회적 학습의 산물이라 하더라도, 혹시 이를 내면화할 수 있는 심리 내적 근거가 있는 것은 아닐까? 너스바움은 '수치심'을 이야기한다. 인간은 자신의 취약성에 수치심을 느끼기 때문

3 앞의 책, 184-185쪽.

에 이를 감추려 하고, 이를 초월하려 한다는 것이다. 그렇기에 인간은 자신의 취약성을 드러내거나 상기시키는 것들을 혐오한다. 배설물이나 부패물 등은 바로 인간이 동물과 유사하다는 것, 그리고 인간이 사멸하는 존재라는 것, 즉 인간의 취약성을 보여준다는 점에서 혐오의 대상이 된다. 그렇다면 이런 혐오가 왜 특정한 집단이나 사람들에게까지 확대되는 것일까? 아마도 그것은 이들이 자신의 취약성을 상기시켜 주기 때문일 것이다.

장영주 같은 연구자는 칼 융의 '그림자 이론'을 말한다.[4] 이에 따르면 인간은 자신의 열등한 부분, 내지 혐오스러운 부분을 감추려 하고, 이를 억압함으로써 무의식 속에 자신의 어두운 이면, 즉 그림자를 만들게 된다. 혐오란 바로 이 그림자가 타인에게 투영됨으로써 발생한다. 다시 말해 자신의 그림자를 타인에게서 발견하고 이 사람을 혐오함으로써 자기 자신은 그림자에서 벗어난다는 것이다. 『혐오사회』의 저자 카롤린 엠케는 '수동적 동일시'를 말한다. 사회적 불평등이나 정치적 대표성 결여 등 부정적 경험에 노출된 사람들은 어떤 "사명이나 이상에 대한 자각적이고 능동적인 동일시 감정"이 아니라, 사회적 현실에 대한 무력감을 통해 수동적으로 서로를 동일시하며, "자신들의 자리를 지키기 위한 몸부림이나 배출구"로서 특정 대상을 혐오하면서 정치적 집단화를 한다는 것이다.[5]

이 세 가지 입장은 상당한 유사점이 있다. 그것은 타인의 동물성이나 유한성 때문에, 혹은 타인의 열등한 부분, 혹은 혐오스러운 부분 때

4 장영주, 「여성의 자기혐오: 융의 그림자 이론에 비춰본 여성의 여성 혐오」, 『혐오와 여성신학』, 한국여성신학회 엮음, 동연, 2018.

5 카롤린 엠케, 『혐오사회』, 정지인 옮김, 다산북스, 2017, 54-55쪽.

문에, 그것도 아니면 타인이 어떤 사명이나 이상에 반하기 때문에 그를 혐오하는 것이 아니라, 자신의 취약성, 혹은 열등한 부분이나 혐오스러운 부분, 더구나 무력감 때문에 타인을 혐오한다는 점이다. 즉 타인을 혐오할 때 혐오의 원인은 혐오 대상이 아니라, 혐오하는 사람 자신에게 있다는 것이다. 따라서 특정 집단이나 사람들을 혐오하는 사람은 대개 수치심이나 열등감, 혹은 무력감에 사로잡힌 사람이기 쉽고, 혐오가 악순환을 통해 사회적으로 확산된다면, 그만큼 수치심, 열등감, 무력감에 노출된 사람들이 증가하고 있다는 추론도 가능하다.

악셀 호네트의 인정 이론에 따르면, 수치심이나 열등감, 혹은 무력감은 자기 자신에 대한 부정적 의식, 내지 부정적 관계를 말해준다.[6] 그리고 이러한 부정적 자기의식의 원인은 근본적으로 사회적 무시에 있다. 즉 사회적 무시를 지속적으로 경험한 사람들은 자기 자신 역시 무시하게 된다는 것이다. 이런 입장을 전제한다면, 혐오가 확산되는 사회적 배경에는 사회적 무시의 확산이 숨겨져 있는 셈이다. 다시 말해 사회적 무시가 확산되면서, 자신을 무시하는 사람 역시 증가하고, 이들이 수치심이나 열등감으로 인해 혐오의 가해자로 발전한다는 것이다.

베스텐트 한국판 6호 『호모포비아』는 오늘날 확산 일로에 있는 혐오 현상 중 동성애 혐오에 주목하고 있다. 물론 여기서 논의되는 상황들은 대개 서구의 것이지만, 우리에게도 해당되는 문제이다. 최근 퀴어축제 현장에서 벌어진 반대 집회는 바로 '호모포비아'를 보여주고 있기 때문이다. 오늘날 전 세계를 조망해 보면 한편에서는 동성애가 수용되고 합법화되고 있지만, 다른 한편에서는 이에 대한 거부와 혐오가 강화되고

6 악셀 호네트, 『인정투쟁』, 문성훈·이현재 옮김, 사월의책, 2011.

있다. 『호모포비아』는 동성애를 둘러싸고 벌어지는 수용과 혐오를 다양한 시각에서 분석한다. 이성애적 성 관계 질서 유지와 이에 기초한 전체 사회 질서 유지와 관련하여 동성애에 대한 태도 변화를 추적하는가 하면, 관용과 권리라는 차원에서 동성애 보호를 주장하거나, 성 중립적 공동체라는 관점에서 결혼을 이해하려는 입장, 그리고 성의 혁명이란 차원에서 동성애를 새롭게 조명하는 시각들이 소개되고 있다.

이 모든 논의들은 이미 확증된 주장이 아니라, '이성의 공적 교환'을 위한 대상들이다. 베스텐트 한국판 6호 『호모포비아』가 동성애에 대한, 더 나아가 혐오 현상에 대한 우리 사회의 성찰력을 높이는 데 일조하기를 바란다.

문성훈

베스텐트 한국판 책임편집자

# 1부

## 1부 쟁점 / 호모포비아

# 동성애 혐오의 현재

**폴커 하인스**

"뭘 위한 거냐고 묻는다면
사랑이라고 말해"
반다(Wanda)의 노래 〈볼로냐〉 중에서

있는 그대로의 인간에 맞게 법과 제도를 고안해야 한다. 정치적 계몽철학의 이 핵심 문장은 근대 정치사에서 너무나 빈번히 그 반대로 이루어졌다. 동성애자와 개방적인 성 정체성을 가진 모든 사람들보다 더 분명한 예는 어디에도 없다. 이들은 [성]도착자로 낙인찍히고, 조소당하고, 내쫓기고, 격리당하고, 심지어 살해당했었다. 이 점에 있어 우리는 지난 수십 년간 적어도 구미 세계에서 거대한 도덕적 진보를 목도해왔다. 실제로 비이성애자의 법적 동등함과 사회적 용인을 위한 그동안의 투쟁은 중대한, 하지만 완성되지 않은 성공의 역사로 가장 잘 설명될 수 있다. 동성애자를 통제하기 위한 형법들과 경찰 부대들이 존재하고 동성애를 선사시대의 미개한 잔재로 여겼던 1960년대만 하더라도 어떻게 그게 가능했을까 싶게 여성 동성애자, 남성 동성애자, 양성애자, 트랜스젠더(LGBT)에 대한 평가가 법률, 미디어, 사회에서 향상되었다. 독일에서 그 대표적인 것은 1981년 프랑크푸르트에서 발표되었고, 형법 제175항인 '동성애 조항'을 삭제하려는 투쟁에서 수많은 지성인들과 문화인들을 규합해낸 독일성연구협회(Deutsche Gesellschaft für Sexualforschung)의 '동성애 탈범죄화 성명'이었다. 물론 이 성명은 다른 종류의 섹슈얼리티와 마찬가지로 동성애 감정과 행동도 "인간 종의 특성에 속한다"(Sigusch 2010: 4)는 테제를 담고 있었기 때문에 [당시] 많은 사람들에게 너무 나아간 것이긴 했다. 몇 년 전부터서야 서유럽, 캐나다, 미국, 그리고 라틴아메리카의 상당 지역에서 확고한 국민 다수가 동성애자를 이웃, 친구 또는 정치적 대표자로 받아들였다. 그간 유럽에서 동성애 수용은 네덜란드, 스칸디나비아에서 가장 높게, 루마니아, 우크라이나, 라트비아 같은 국가에서 가장 낮게 이루어져 왔다(Smith, Son und Kim 2014; Kuntz et al. 2015).

동성애 수용 증대의 결정요인을 구체적으로 밝혀내는 것은 사회과학자들에게 쉽지 않은 일이었다. 몇몇 사회과학자들은 성적 소수자에 대한 인정과 관용이 다문화에 대한 사회적 개방성의 정도와 상관관계에 있다고 말한다(Heins 2013). 하지만 이는 가령 몇몇 관점에서 소수자와 외국인에 혐오적인 스위스가 대체로 동성애에 혐오적이지 않은 이유를 설명하지 못한다. 아일랜드는 동성애자에 대단히 우호적인 데 반해 폴란드는 여전히 호전적으로 이성애 중심적(heteronormaiv)이라는 것을 생각하면, 가톨릭에 가중치를 두는 것도 그다지 많은 것을 설명하지 않는다.

진보적 입법 및 판결과 특정 집단에 대한 선입견 제거 간에 인과관계가 있다는 것쯤은 알고 있다. 고든 올포트(Allport 1954)가 처음 고안한 이 테제는 동성애 혐오적 편견의 예에서도 입증될 수 있다. 동성애 혐오에 맞선 투쟁은 2015년 6월 미국 대법원이 개별 주에서의 동성혼인 금지를 대법원 차원에서 금지하고 전국적으로 동성혼인을 법적으로 허용한 이후 순항하고 있다. 유럽에서 유사한 신호 효과(Signalwirkung)는 동성혼인 합법화에 62%가 찬성한 2015년 아일랜드의 국민투표로부터 생겨났다. 남아프리카공화국에서도 2006년부터 동성 커플에게 혼인과 입양이 허용되었다. 결혼하고자 하는 모든 성인에게 혼인을 허용하는 것은 가족이 '자연' 제도가 아닌 오직 자발적 합의에 기인한다는 『사회계약설』(1권 2장)에 담긴 루소의 생각을 실현한다.

비이성애적이거나 불분명한 성 정체성을 가진 사람들을 법적으로 동등하게 대우하고 사회적으로 받아들이는 경향은 근대화 이론으로 또는 그때그때의 정치 문화를 참조하여 설명될 수 없다. 매우 상이한 국가 및 비국가 세력들과의 비전형적 연합을 형성하고 성적 자유라는 도덕정치적 주제를 뽑아내어 민주주의와 소수자 권리를 둘러싼 다른 사회적 논쟁에서 공명을 불러일으키는 활동가들의 역량이 오히려 결정적인 것처럼 보인다(Díez 2015). 또한 애플이나 구글 같은 세계적 대기업과 국제적 금융기관이 다양한 캠페인에서 동성애 혐오적인 정부와 법률에 맞선 투쟁에 동참했다는 것도 사실이다. "세계적 동성애자본주의(Homokapitalismus)"(Rao 2015)에서 동성애 혐오는 불필요한 인간적 고통을 야기하고 재능 있는 인간의 배제로 불필요한 경제적 비용을 발생시키는 반동적인 '문화적' 태도로 여겨진다.

더 깊게 파고 들어가면 다른 무언가를 맞닥뜨리게 된다. 동성애 혐오와 성전환 혐오에 맞선 지난 수년간의 투쟁은 단지 초다원주의적(hyper-pluralistisch) 현대 사회들의 심리적 기저에 어떤 변화가 있었기 때문에 어느 정도 성공적일 수 있었다. 이 사회들에서 분출되는 도덕적 상상력은 변화했다. 미국 사회학자 스티븐 세이드먼(Seidman 2013)은 남성 동성애자가—가령 남성에 비해 여성이, 또는 토착민에 비해 이주민이 경시되고 이들에게 적은 권리만이 부여되는 등의 방법으로—오랫동안 결함 있는 타자로 분류되고 경시되기만 한 것은 아니라고 단언한다. 여성과 이주민이 사회적, 문화적으로 비교적 더 열등한 입장에 있고 더 열등하게 여겨지고 있을지도 모른다. 하지만 이들은 특정 역할상에 맞게 행동하면 상당히 존중받을 수 있다. 동성애자는 다르다. 일반적으로 동성애자로 인식되는 한 동성애자는 시민적 질서 너머에 있고 시민적 질서를 더럽히며 위협하는 위험한 근원으로 간주되었다. 동성애자는 얼마 전까지만 해도, 그리고 오늘날까지 세계의 많은 지역에서 육체적, 도덕적으로 건강하지 않은 결함 있는 존재로서만이 아니라 사회 주변부에 있는 혐오 유발 요소로 여겨졌다. 동성애자는 유대인, 흑인, 비유럽 원주민처럼 인간존재(Menschsein)의 경계에 있는, 자제심 없고 통치 불가능한 존재로 보였고 박해받았다. 이성애적인 다수 인간의 도덕적 표상세계(Vorstellungswelt)에서 이들은 좋은 사회를 위해서라면 상징적 장벽을 쌓아 막아야 할 소위 불결한 육체와 외부로 전염되는 유동성을 가지고 있는 존재들이었다. 하지만 혐오를 야기하고 동성애 혐오와 유럽적 인종주의의 친화성을 반영하는 표상들(Repräsentationen)은 서구 민주주의 국가들에서 상당 부분 사라졌다. 우리 사회의 '독성 수위'(Giftpegel)는, 클라우스 테벨라이트(Klaus Theweleit)도 본서에 실린 동성애 혐오에 관한 자신의 글에서 말했듯이, 현저히 낮아졌다.

본고에서 이처럼 간략히 기술된 경향들은 비이성적인 것이 사멸하고 인간들이 점차 원하던 바대로 스스로를 구현하고 서로 관계 맺게 된다는 낙관적인 진보의 이야기를 들려준다. 하지만 도덕적으로 진보한다는 진단을 공유하는 이들도 이 진보적 역사의 이면을 알아야 한다. 나는 동성애 혐오의 현재를 규정짓는 세 가지 이면을 부각시키고 싶다.

첫째, 세계는 성 소수자를 대하는 문제에서 분열되어 있다. 대부분의 민주주의 국가에서 동성애가 상당히, 그리고 더욱 수용되고 있는 데 반해, 아프리카와 이슬람 세계의 상당 지역, 러시아, 인도에서는 이탈적 섹슈얼리티가 점점 더 거부되고 범죄시된다(Pew Research Center 2014). 게다가 두 경향은 상호 교차한다. 동성애를 대하는 방식은 성정치적으로 해방된 서구에서 그새 민주적 진보의 척도가 되었다. 반면 세계의 타 지역에서는 정반대로 공개적인 동성애 혐오가 민족적, 문화적 명예의 증명서가 되었다. 우크라이나 동부의 분리주의자들의 대변인은 얼마 전 자신들의 싸움이 '동성애자의 유럽'에 맞선 것이기도 하다고 공표했다. 이처럼 동성애자는 양측에서 집단적 동원과 집단적 문화투쟁의 상징이 되고 있다.

둘째, 자유주의적 사회에서도 동성애자나 성전환자들이 더 수용되고 더 눈에 띄게 되면서 이들에 대한 폭력도 함께 늘어나고 있다. 2016년 6월 미국 플로리다주 올랜도의 한 게이 나이트클럽에서 벌어진 끔찍한 학살은 이를 상징적으로 보여준다. 베를린 동성애자들의 반폭력 프로젝트 마네오(MANEO)의 연간 보고서에 따르면 동성애자와 성전환자에 대한 심상치 않은 수의 성폭력이 발생하고 있다. 게다가 동성애자들은 명백히 평균 이상의 우울증, 자살, 마약 남용을 겪는 경향이 있는데, 이는 잠재의식적으로 지속된 사회적 낙인에 대한 주의를 환기시킨다(Norris, Marcus und Green 2015; Meyer 2015).

셋째, 동성혼인과 동성 커플의 동등한 지위에 공적 논쟁을 집중하는 것은 전통적 역할상을 넘어서는 성적 지향의 더 넓은 영역이 탈주제화되도록 한다. 자신의 성을 명시하는 데 있어 60개 이상의 선택 가능성이 있는 페이스북 리스트는 섹슈얼리티와 성 정체성의 이 가시적 증대에 관한 무언가를 보여준다. 우리는 새로운, 하지만—(여성적) "섹시함 거부"(Pfeifer 2016)와 같은 현상들까지 그것의 일부이기 때문에—1960년대보다 더 전망 불가능한 새로운 성혁명의 경향을 목도하고 있다. 성의 이항대립을 극복하고 그것을 선전하기도 할 성전환자의 사회참여(Engagement)도 새로운 성혁명의 중심을 이룬다. 인간의 섹슈얼리티가 또한 무엇에 관한 것인지는 이 참여를 고려해야만 비로소 분명해진다. 작가이자 성전환자 활동가인 제니퍼 피니 보일런(Jennifer Finney Boylan)의 말로 하자면, '누구와'보다는 '누구로서' 잠자리에 드는가에 관한 것이다(Rose 2016). 우리가 어떤 젠더 범주에서 스스로를 보려고 하고 보여지고자 하는지, 그리고 이 정체성들이 우리가 느끼는 쾌락과 어떤 관계에 있는지에 따라 성적인 것의 영역은 변한다.

이 책에 실린 클라우스 테벨라이트, 베른트 지몬(Bernd Simon), 니나 데틀로프(Nina Dethloff), 페터 레베르크(Peter Rehberg)의 논문은 다수 국가에서의 동성애 혐오의 약화뿐만 아니라 차별, 거부, 혐오의 지속을 상이한 관점에서 조명한다. 먼저 클라우스 테벨라이트는 동성애 혐오의 개념을 해부한다. 그는 신체적 공포감을 불러일으키지 않는다는 점에서 성전환자에 대한 선입견과 공격적 혐오가 오도되었다고 본다. 반유대주의자들이 유대인을 바라볼 때와 마찬가지로 동성애 혐오자들은 남성 동성애자에 대해 별다른 공포를 느끼지 않는다. 『남성들의 환상』(*Männerphantasien*)의 저자인 테벨라이트는 공포 대신 특정 성관계 질서, 그리고 전체 사회 질서의 안정성에 대한 '두려움'(Befürchtungen)에 관해 말한다. 기능주의적 논거에 따르면, 이 넓은 의미에서의 동성애 혐오가 얼마 전까지 존재했던 것은 가부장주의적 가족, 양성 질서, '혼인 규범'을 유지하기 위해 필요했기 때문이다. 직접 언급하지는 않았지만 테벨라이트는 영국 역사학자 R. I. 무어처럼 유럽 사회를 중세 전성기 이후 소수자 박해에 기반을 둔 질서로 간주한다. 이 소수자들은 특히 정치적 권력 행사를 "강화하려는"(Moore 2007 [1987]: 169) 유일한 목적 때문에 박해받은 흑사병자, 이교도자, '마녀', 유대인, 그리고 남성 동성애자일 수 있다. 테벨라이트의 시대진단적 테제는—가령 이집트, 나이지리아 또는 온두라스에서와 달리—현 서구 사회에서는 '박해할 용의'(Verfolgungsbereitschaft)뿐만 아니라 질서 유지를 위해 필요한 '박해할 필요'(Verfolgungsbedarf)도 확연히 낮아졌다는 내용을 담고 있다. 더 넓어진 성적 편애와 성적 모델의 스펙트럼은 국가 후견과 사회 관습의 코르셋에서 해방되고 이런 방식으로 만인의 자유를 향상시키는 데 기여한다.

사회심리학자 베른트 지몬은 테벨라이트와 비슷하게 동성애 혐오가 무엇이고 '동성애 혐오를 비난하는 흐름'에 대한 평가는 어떠했는가라는 질문으로 시작한다. 그는 우선 동성애자에 대한 적의에 찬 낙인과, 다른 성적 선호를 지닌 이성애자들이 동성애에 대해 갖는, 이제는 별로 놀랍지 않은 감정적 '거부'를 구분한다. 또한 역으로 그는 설문조사에서, 그리고 이 서문에서 사용된, 빈번히 존중을 뜻하지만 거부와 혐오의 요소를 내포하기도 하는 '수용'(Akzeptanz)이라는 개념을 세분화한다.

그가 자신의 논문에서 중심적으로 다룬 것은 바로—이슬람 남성의 실제적인 또는 허위적인 동성애 혐오 등을 예로 경험적으로 조사하기도 한—거부와 존중의 관계 및 그것들의 공존이다. 동성애 혐오가 위험해지는 것은 그것이 정치화되어 애초에 더 힘 있던—이방인 집단에 비해 정상적이고 규범정립적이라고 정의되는—자기집단(Eigengruppe)의 정체성 안정화에 기여하고 나서부터이다. 역으로 동성애 혐오에 맞선 투쟁의 동기가 점점 더 많은 동성애 '옹호자'를 끌어들이려는 기대에 있다면 이 투쟁은 [소기의] 목적에서 빠르게 벗어난다. 이는 마치 점점 더 많은 사람에게 온전히 긍정적인 이슬람상(像)을 따르라고 설득하기 위해 이슬람 혐오에 맞선 투쟁을 이끄는 것과 같다. 이는 이방인 집단의 인정을 통해 의미 있게 성취될 수 있는 바를 합일시키려는 생각에 극도로 몰두해서 해석하는 것이다. 이런 해석의 대안은 평등적 관용과 동등한 권리라는 의미에서의 '존중'이다.

이어서 가족법학자 니나 데틀로프는 미완성 프로젝트로서 비이성애자의 동등한 권리를 분석한다. 우선 그녀는 동성애자에 대한 형법상의 박해로부터 법적 인정으로 나아간—물론 일부 세계에서는 공공연한 차별이라는 반대 방향으로 전개되기도 했지만—세계 진보의 역사를 간략히 그려낸다. 독일에서는 기본법 제3조 제1항의 보편적 평등의 원칙을 고려한 연방헌법재판소의 판례가 특히나 방향을 잡아주었다. 데틀로프는 재판소의 결정들과 사회과학 연구들을 통해 거듭 정당화된 동성 커플의 입양이 점진적으로 더욱 가능해지는 것을 동등한 권리로의 '마지막 한 걸음'이라고 일컫는다. 이 과정은 결코 끝나지 않았다. 데틀로프는 생식의학적 방법의 이용에 관한 동성애자의 권리에서도 개혁이 필요하다고 본다. 이어서 그는 법적으로 혼인을 동등한 두 동반자로 구성된 공동체의 '성 중립적' 형태로 보호하고 이로써 혼인을 [동성애자에게도] 완전히 허용하는 정책이 머지않아 시행될 수밖에 없는 쪽으로 가족법이 그동안 개정되어 왔다는 테제를 논증한다.

마지막으로 페터 레베르크는 바람직한 동성애자의 법률상 동동한 권리와 그의 시각에서 결코 바람직하지 않은—특히 미국에서 간과할 수 없는—퀴어-네오섹슈얼 혁명의 순치(Domestizierung)를 결부시켜 진보의 역사를 다르게 해석한다. 매체학자인 레베르크는 [동성애자] 시민의 권리가 동성혼인 합법화에 일방적으로 고정되는 것을 비판한다. 그것과 함께 섹슈얼리티가 서서히 시야에서 사라지기 때문이다. 레베르크는 동성애자가 자유주의적인 미국에서 결코 더는 성적 존재가 아닌 그저 아주 착하고 어딘가 다른 형제자매로 여겨지게 만든 문화정책적 '동화(同化) 프로젝트'로서 동성혼인에 대해 말한다. 레베르크는 가족법으로 쾌락을 억제할 것을 선전하는 미국 내 종교적 우파들의 프로젝트에 맞서 새로운 성질서를 구축하고자 한다. 그리고 음탕하고 상징적인 현대 '약리적-포르노그라피적 팝컬처' 상품들이 고갈되고 있다고 보고 그것의 대안적 선택지를 그려낸다. 자신의 논거를 뒷받침하기 위해 레베르크는 성적 태도와 성적 방식의 영역을 급진적으로 쫙 펼치고 정상과 도착의 구분을 넘어 장난치듯 엉클어버리는 인기 뱀파이어 시리즈 〈트루 블러드〉(True Blood)를 분석한다. 그새 브로드웨이 뮤지컬로도 연출된 이 시리즈는 한편으로 매혹적인 뱀파이어들을 성 소수자처럼 그려내고, 다른 한편으로 동화된 게이 뱀파이어들과 뱀파이어 종의 일부다처제적-양성애적이고 정말로 도착적인 대표자들을 구분지음으로써 뒤흔들린 현대 성문화를 반영한다. 특히 이 도착적인 대표자들은 이들이 물거나 키스해서 생긴 희생자들과 마찬가지로 매력적이다. 내가 언급한 사회의 심리적 기저에서 일어나는 심도 있는 변동을 이해하는 데 기여한다는 점에서 미국 팝컬처에서 끌어온 이 예의 분석은 가치가 있다. 이 변동의 결과, 레베르크가 썼듯이, 오늘날 남성 동성애자와 다른 성소수자에 맞서 '역겨움'과 '피해망상'을 동원하는 것이 전보다 한층 더 어려워졌다.

번역_김주호

## 참고문헌

Allport, Gordon W. 1954: The Nature of Prejudice. New York: Doubleday.

Díez, Jordi 2015: The Politics of Gay Marriage in Latin America. Argentina, Chile, and Mexico. Cambridge: Cambridge University Press.

Heins, Volker M. 2013: Der Skandal der Vielfalt. Geschichte und Konzepte des Multikulturalismus. Frankfurt a. M. und New York: Campus.

Kuntz, Anabel, Eldad Davidov, Shalom H. Schwartz und Peter Schmidt 2015: Human Values, Legal Regulation, and Approval of Homosexuality in Europe: A Cross-Country Comparison, in: European Journal of Social Psychology 45. 1, 120–134.

Meyer, Doug 2015: Violence against Queer People. Race, Class, Gender, and the Persistence of Anti-LGBT Discrimination. New Brunswick: Rutgers University Press.

Moore, R. I. 2007 [1987]: The Formation of a Persecuting Society: Authority and Deviance in Western Europe 950–1250. Oxford: Blackwell.

Norris, Alyssa L., David K. Marcus und Bradley A. Green 2015: Homosexuality as a Discrete Class, in: Psychological Science (DOI: 10.1177/0956797615598617).

Pew Research Center 2014: The Global Divide on Homosexuality. ‹www.pewglobal.org/2013/06/04/the-global-divide-on-homosexuality/›.

Pfeifer, David 2016: Die Verweigerung von Sexyness, in: Süddeutsche Zeitung, 8. Juli. ‹www. sueddeutsche.de/stil/frauenmode-im-wandel-dieverweigerung-von-sexyness-1.3068164?reduced=true›.

Rao, Rahul 2015: Global Homocapitalism, in: Radical Philosophy 194, 38–49.

Rose, Jacqueline 2016: Who do you think you are?, in: London Review of Books 38. 9, 3–13.

Seidman, Steven 2013: Defilement and Disgust: Theorizing the Other, in: American Journal of Cultural Sociology 1. 1, 3–25.

Sigusch, Volkmar 2010: Homosexuelle zwischen Verfolgung und Emanzipation, in: Aus Politik und Zeitgeschichte 15–16, 3–7.

Smith, Tom W., Jaesok Son und Jibum Kim 2014: Public Attitudes towards Homosexuality and Gay Rights across Time and Countries. ‹http://williamsinstitute.law.ucla.edu/wp-content/uploads/public-attitudes-nov-2014.pdf›.

# "호모포비아"
## 알 수 없는 그 무엇

**클라우스 테벨라이트**

I.

나는 젠더 연구에 대해 꽤 잘 알고 있지만 여성이나 남성의 "동성애 연구"에 대한 전문가는 아니다.[1] 그래서 동성애 혐오라는 주제에 대해 어떤 이야기를 할지 고민할 때, 내게 처음 떠오른 생각은 바로 내가 그것이 무엇인지 모른다는 사실이었다. 나는 한 라디오 인터뷰에 초대되어서 전 국가대표 선수였던 토마스 히츨슈페르거에 대한 2014년 1월의 아웃팅(outing)과 관련하여 이야기한 바 있다. 이 인터뷰에서 나는 아직도 현역으로 뛰고 있는 다른 동성애 축구선수들에 대한 아웃팅에 관해

1 이 글은 클라우스 테벨라이트가 2014년 11월 10일 에센문화과학연구소(KWI)에서 행한 강연으로, 아직까지 출간된 바 없으며 수정된 판본임. 각주의 모든 주석은 원고를 편집한 폴커 하인스가 추가한 것임.

서도 질문을 받았다. 그 선수들의 입장에서 도대체 이에 대해 어떤 이야기를 할 수 있을 것인가 하는 것이었다. 나는 아마도 그의 동료선수들이 그들이 두려워하는 행동이 무엇인지에 대해서 말해줄 수 있을 것이라고 대답했다. 만일 게이로 알려진 수비선수가 두세 번 혹은 한 번이라도 뒷걸음질을 쳤고 그로 인해서 실점 위기에 처했다면, 대기실에 앉아 있던 경쟁자는 즉시 일어나서 다음과 같이 외칠 것이다. "동성애자 놈 때문에 3점이나 먹었는데 나는 벤치만 지켜야 했다." 그리고 결국 누군가는 왕따가 되었을 것이다. 11명이 모두 친구가 되기는 어렵다. 남성들 사이에서 11명의 친구라는 것은 드문 예외에 속한다. 내가 처음 이런 경험을 한 것은 플렌스부르크와 킬을 오가는 기차 속에서였다. 당시에 나는 아직 공부를 하고 있었고, 주말이면 킬과 플렌스부르크를 왔다 갔다 했다. 그 기차 안에는 경기를 보고 돌아오는 팬들도 있었는데, 그들은 맥주 한두 잔을 마시자마자 이번에 누가 최악의 선수였는지를 두고서 서로 옥신각신하기 시작했다. 그런데 게다가 동성애자 선수라고? 그런 경우는 아예 생각할 수도 없다는 것이 나의 첫 번째 반응이었다.

다음으로 나는 이 밖에 내게 생각나는 것이 무엇인지 숙고해보았다. 먼저 나는 "호모포비아"라는 개념에 대해 고민해보았다. 포비아란 [우리는 흔히 혐오로 번역하지만—옮긴이] 잘 알려진 바와 같이 공포를 말한다. 그리고 공포는 신체적 느낌이다.[2] 그런데 사람들은 거기서 무

2 뉴욕의 심리치료가인 조지 와인버그가 1970년 초에 "동성애 혐오"라는 표현을 만들어냈을 때, 그는 무엇보다 실질적인 불안 상태를 염두에 두고 있었다. 여기서 불안은 이성애 남성들이 예를 들어 탈의실과 같은 밀폐된 공간에서 동성애 남성들과 홀로 있게 될 때 느끼게 되는 그런 감정을 말한다(Weinberg 1972 참조).

엇을 느끼는가? 나는 내 경우에 대해서 살펴보았는데, 사실 아무것도 발견할 수가 없었다. 청년 시절의 나는 일탈적인 성적 형태에 대해 그 어떤 관심도 가지고 있지 않았다. 분명히 그 시절에도 때로는 누구누구가 당시 표현으로 [성적 취향이—옮긴이 추가] "다른" 사람이라고 믿는 학생들이 있었다. 그러나 그것 때문에 어떤 동료 학생이 구설수에 오르거나 괴롭힘을 당한 구체적인 경우는 생각이 나지 않는다. 소년들은 소녀들에게 관심을 갖고, 소녀들은 소년들에게 관심을 갖는다. 그렇다. 분명히 초등학교 1학년 때부터 그렇다. 그 외에도 소년과 다른 소년, 소녀와 다른 소녀 사이의 우정이 존재했지만, 그것은 어디까지나 우정이거나 패거리였을 뿐 성적인 어떤 것은 아니었다. 이것은 물을 마시는 것처럼 자명한 일이었고 따라서 누구도 이런 일을 문제 삼지 않았다. 1960년대에 들어서기까지의 사정은 이러했다. 나는 1962년에 고등학교를 졸업했고, 그 이후에야 비로소 동성애라는 말을 알게 되었다. 나는 분명히 강압적인 이성애자였고 현재도 그렇다. 자위할 때의 상상 속에서조차 다른 남자가 사랑의 대상이었던 적은 없었을 것이다. 내가 성적인 것에 대해 생각할 때면, 자동적으로 여성의 얼굴과 신체가 떠올랐다. 내게는 항상 친한 친구, 좋은 친구, 절친한 친구가 있었고 어떤 방식으로든 내가 그들을 사랑했고 현재도 사랑하지만 그것은 성적인 것은 결코 아니었다. 오늘날 나는 이 친구들 중 몇몇이, 만일 내가 그에 대한 준비가 되어 있었다면, 성적으로 나를 갈망했을 것이고 성적으로 나를 사랑했을 수도 있었을 것이라는 사실을 알고 있다. 그러나 당시에 그들은 친절하게도 자기 자신을 억제했다. 나는 나처럼 독문학과 문학을 좋아했던 학창 시절의 좋은 친구 하나와 선술집에서 많은 시간을 함께 보냈고 그의 방에서도 오랜 시간을 보냈다. 그러나 그는 보덴 호수가 있는 지역에서 교사직을 수행하기 위해 프라이부르크를 떠나기 직전에야 자신이 동성애자라는 사실을 내게 고백했다. 나는 이미 학창 시절부터 그를 알고 있었지만 아무것도 알아채지 못했다. 우리는 친구로서 이별했고, 그의 일탈적인 성적 취향은 감추어진 채로 남았다. 그는 그 이후에도 계속 그것을 감추었다. 거의 10년 후에 그를 다시 만났을 때, 나는 게이 교사로서 학교에서 지내는 것은 어떤지를 물었다. 그는 아무도 그 사실을 알지 못하며 앞으로도 알 수 없을 것이라고 말했다. 도대체 그는 어떻게 살고 있는 것일까? 그는 그가 살고 있는 도시의 외곽에서 그의 연인과 가까이 살고 있다고 말했다. 그들은 분명히 연인 사이이지만 바덴-뷔르템베르크 같은 작은 도시 분위기에서 그들이 함께 사는 것은 여의치가 않았다. 그는 은퇴할 때까지 계속 그렇게 지냈다. 그가 동성애자라는 사실을 알게 된 이후에 내가 그를 대하는 데서 달라진 것이 있었을까? 나는 아무것도 없다고 생각한다. 만일 우리가 같은 도시에 살았다면, 분명히 나는 문학이나 예술 모임에서, 전시회에서, 친구들과 함께 그를 계속 만났을 것이다. 물론 이런 일이 실제로 일어나지는 않았다. 오늘날의 상황에서 말하자면, 당시 나는 매우 단순했다. 분명히 당시 친구들 중에는 스스로 밝히지 않은 동성애자들이 더 있었을 것이다. 그들은 강요된 이중적 삶을 살거나 나중에야 자신이 "다른" 성향의 사람이라는 사실을 비로소 깨닫게 되었다. 당시 많은 이들은 불행한 이성간 결혼 이후에야 비로소 이런 사실을 깨닫게 되었다.

## Ⅱ.

이런 문제가 도대체 왜 중요할까? 이 강연을 하기 전인 지난주와 지난

달에 나는 친구들과 지인들에게 동성애 현상을 처음 접했을 때의 기억에 대해 물었다. 대부분은 한참 생각을 한 이후에야 기억을 해낼 수 있었다. 그러나 그들의 느낌을 묻는 나의 질문에는 별 소득이 없었다. 게이나 레즈비언들이 과연 그들에게 공포를 조장했을까? 이에 대해서 나의 질문을 받은 모든 사람들은 결단코 아니라고 말했다. "공포라고, 왜 그렇지?" "호모포비아라고 들어본 적 없어?" "물론 들어보기야 했지만, 우린 그렇지 않은데, 당신 날 놀리려고 하는 거야? 우리는 중세시대나 러시아에서 살고 있지 않잖아." 아, 러시아! 푸틴의 동성애금지법. 게이에 대한 공포: 그런 게 있나? 나는 게이나 레즈비언에 대한 공포를 가지고 있는 그 어떤 사람도 발견할 수가 없었다. 물론 지금 내가 대다수 주민들의 평균적 사고나 성적 행태를 대변하는 사람들 속에서 살고 있다고 말할 수는 없을 것이다. 그러나 나는 "게이를 박멸하자!"고 으르렁대며 운동장에 모인 2만 명의 고삐 풀린 관객들이, 동성애자라는 사실이 알려진 후에도 여전히 현역으로 뛰고 있다고 비난받고 있는 선수들을 두려워할 것이라고 생각하지도 않는다. 선술집에서 레즈비언들을 학살해야 한다고 떠들어대는 주정꾼 역시 레즈비언들에 대해 그 어떤 공포도 느끼지 않는다. 오히려 상황은 정반대일 것이다.[3] 그는 스스로 힘이 있다고 느끼고 권리가 있다고 느끼며 대부분의 경우 이웃들과 함께하고 있다고 느낀다. 대체 그렇다면 소위 호모포비아에서 나타나는 공포의 계기는 어디에 존재하는 것인가?

나의 첫 번째 소견은 사실 그런 공포는 존재하지 않는다는 것이다.

3 이미 그의 책 『남성들의 환상』에서 테벨라이트는 파시즘 시기의 남성적인 영웅상은 유대인에 대해 전혀 불안감을 가지고 있지 않았다는 사실을 보여주었다. 에른스트 윙거가 1930년에 말한 바와 같이 "유대인은 영웅적인 청년들에게 위협적인 존재가 아니었다." (Theweleit 1978: 163에서 재인용)

공개된 동성애자를 보았을 때 개인들이 느끼는 진정한 신체적 느낌으로서의 공포란 존재하지 않는다. 이방인, 낯선 사람에 대한 공포는 내가 보기에 그들의 외모가 우리와 시각적으로 매우 다른 경우에 나타난다. 낯선 것은 아주 자연스럽게 공포를 야기할 수 있다. 그러나 동성애자의 경우는 다르다. 나는 그가 나의 이웃이지만 그런 사실에 대해 전혀 모르고 있다가 갑자기 그런 사실을 알게 될 수도 있다. 사람들이 실제로 그에 대해서 공포스러워할까? 그렇지 않다. 그렇다면 결국 문제는 우리들의 부적절한 생각일 수밖에 없을 것이다. 물론 사회적 삶의 여러 현장과 많은 나라들에서 나타나는 호모포비아 현상이 우리가 무시할 수 없을 만큼 크게 확산되어 있는 것은 사실이다.

이로부터 나의 두 번째 소견이 도출된다. 호모포비아가 신체적 느낌으로 자명하게 나타나는 것이 아니라면, 그것은 외부로부터 촉발된 것이다. 그리고 이는 세 번째 소견으로 발전한다. 많은 나라들에서 동성애자들은 법적으로든 다른 방식으로든 박해받고 있다는 사실이 바로 그것이다. 동성애자들은 박해받는 다른 소수자들과 그 운명을 공유하고 있는 것이다. 이러한 박해를 원하고 법을 통해 동성애 혹은 동성애 행위에 대한 선전을 금지하려는 사람들은 명확한 입장을 가지고 있다. 그들은 그러한 법을 제정할 것을 국가에 호소할 수 있다. 몇몇 국가들에서는 이러한 법이 각각의 국가 종교들의 산물일 수도 있다. 다시 말해 동성애 금지는 정치적이고 종교적인 권력의 중심으로부터 유래한다는 것이다. 이런 상황에서 박해자들이 동성애에 대해 어떤 불안을 가지고 있을까? 당치도 않다. 아마 푸틴도 그렇지 않을 것이다! 오랫동안 형법 175조를 삭제하는 것을 거부했던 옛 연방공화국의 독일 정치인들 역시 그렇지 않기는 매한가지였을 것이다. 그들은 분명히 그 어떤 개인적인 불안도 느끼지 않았지만 분명히 그들이 두려워했던 무엇인가가 있었을 것이다.

동성애는 사회 구조에 대한 모종의 위협을 야기하거나 표현하고 있는 것처럼 보인다. 여기서 사회 구조란 무엇을 의미하는가? 일반적으로 사회 구조란 억압적 관계들을 의미한다. 우리는 질서를 지켜야 하고 일하러 나가야 하며, 세금과 월세를 내야만 하고, 주어진 후보들 중에서 선택을 해야만 하며, 선술집이나 디스코텍에서 열을 내야 하고, 그것도 아니면 닥치고 앉아서 뉴스나 들어야 하며, 토요일에는 경기장에 나가 소리를 질러대야만 한다. 뒤스부르크나 에센에서는 동성애자를 내쫓자고 할 것이며, 쾰른이나 하노버에서라면 살라피스트(Salafist)들을 내쫓자고 소리칠 것이다. 문제는 특정한 개인들이나 집단이 이렇게 공개적으로 박해받고 있는 이런 안정적인 국가적 상황 속에서 도대체 누가 동성애나 다성애를 행하는 사람들 때문에 위협을 느낀다는 말인가 하는 것이다.

이로부터 나의 네 번째 소견이 도출된다. 누군가를 박해할 원칙적인 준비가 되어 있거나 누군가를 박해하게 만드는 사회적 강압이 존재하는 것이 틀림없다는 사실이다. 마치 나치 하에서 국가가 유대인이나 다른 집단을 억압하도록 명령했던 상황과 마찬가지로 말이다. 이런 행동이 나타나는 이유에 대해서 여기서 더 이상 설명하지는 않겠다. 왜냐하면 여러해 전에 발간된 나의 책 『남성들의 환상』의 소재가 바로 이 문제였기 때문이다. 어쨌든 이러한 행동이 나타나는 이유는 일종의 분열된 집체성 때문이다. 나는 이전의 책에서 이를 파편화된 집체라고 부르기도 했는데, 이러한 집체는 공동의 폭력행위, 가입 집단, 유니폼, 총통국가 혹은 여기서 허락된 것과의 동일시 등을 통해서 유지된다. 총통국가는 특히나 범죄적 행위들을 종종 허용한다. 두들겨 패기나 기합 혹은 성적인 학대 등을 통해서 사람들을 사냥꾼으로 길들이는 일들이 바로 이런 것들이다. 여기서 내가 이런 것들 모두를 그저 사례들로 제시하기만 하고 있지만, 특정한 집체 구조가 존재하며, 이를 통해서 누군가를 박해할 태세가 강력하게 마련되어 있음이 분명하다.

이와 관련하여서는 먼저 한 가지 차이가 지적되고 강조되어야만 한다. 지구인들은 매우 상이한 사회 속에서 살고 있지만 그간 지구적 매체 네트워크를 통해서 어디서든 서로에 대해 알 수 있게 되었다. 우리가 보고 있는 것은 사회 발전의 근본적인 비동시성이다. 대부분 서구 국가의 상황을 대변한다고 할 수 있는 독일의 상황을 여러분들 모두는 잘 알고 있을 것이다. 게이 시장, 게이 외무장관이 등장했고, 이들은 동성 결혼을 허용했으며, 게이나 레즈비언 부부의 입양 역시 가능해졌다. 이 국가들의 경우 동성 간의 사랑은 분명히 더 이상 위협으로 느껴지지 않는다. 물론 개인적인 동성애자들은 구체적인 상황들 속에서 충분히 위협을 느낄 수 있지만, 일차적으로 국가 경찰이 위협을 가하는 것은 아니다. 실제 언론을 둘러보면, 우리는 정말로 많은 다양한 일탈적 섹슈얼리티들을 접하게 된다. "퀴어"라는 단어도 이미 오래전에 이를 담아내기에 불충분한 것이 되어버렸다.

페이스북에 고지된 것을 보면, 우리가 선택할 수 있는 성은 60여 가지에 이른다. 이것이 2014년 9월의 상황이다. 이러한 넓은 선택의 폭과 자유는 도대체 어디에서 유래한 것일까? 이러한 사실은 다음과 같은 통계에도 상응하는 것인데, 이에 따르면—들뢰즈가 아빠, 엄마, 좀비라고 명명했던—오래된 표준가족은 독일과 같은 나라에서는 더 이상 주민의 다수를 차지하지 않는다. 독신들도 많고 '아빠-엄마-두 명의 아이'

라는 표준을 더 이상 따르지 않는 다른 삶의 형식을 선택한 사람들 역시 많다. 다시 말해 이제까지 표준을 지탱해왔던 오래된 표준가족이 더 이상 표준이 아닌 게 되자 오히려 이를 유지하기 위해 퇴행적으로 그것이 어떤 종류가 되었든 동성애를 금지하게 되었다는 것이다. 좀 더 정확히 말하자면, 동성애 금지가 법규상의 결혼의 표준을 뒷받침해왔으며, 국가 그리고 몇몇 집단들이 보기에 이러한 결혼의 표준이야말로 국가 권력을 지탱하는 중심 기둥이었다는 것이다.

Ⅲ.

오늘날도 일부에서는 이런 상황이 여전하다. 최근 이집트에서는 8명의 젊은 남성들이 각각 3년 형을 언도받았는데, 이유는 그들이 게이들의 결혼식에 참석했기 때문이었다. 이집트에서 동성애가 명시적으로 금지된 것은 아니지만, 1961년부터 인륜법이라는 것이 있어서 이에 따라 "성적인 일탈"은 처벌받는다. 이번 경우 법정은 피고인들에게 음란물 출판이라는 판결을 내렸다. 판사의 판결은 논란이 된 비디오에 근거하였는데, 이 비디오는 나일 강 유람선에서 촬영되었으며, 거기서 두 남성은 친구들의 환호 속에서 키스를 하고 반지를 교환하면서 케이크를 자르고 있었다.[4]

다른 사례도 있다.[5] 도니 레예스 벨라스케스(Donny Reyes Velásquez)라는 온두라스의 활동가는 레즈비언과 게이, 양성애와 성전환자들을 위

4 설문에 따르면 이집트 주민의 3%만이 동성애를 받아들인다(Pew Research 2014: 2 참조).
5 여기서 테벨라이트는 Henkel (2014)에 의거한다.

해서 투쟁해왔는데 이 때문에 공격받고 박해받았다. 2014년 5월 정치적으로 박해받는 사람들을 위한 함부르크 재단은 그에게 독일로 올 수 있도록 지원금을 제공하기도 했다. 벨라스케스는 온두라스에서 2003년에 "무지개" 조직을 함께 창립하였다. 그는 레즈비언과 게이, 양성애와 성전환자들이 자신들의 목소리를 낼 수 있도록 하고자 했다. 2007년에 그는 한 통신원에게 다음과 같이 말했다. 나는 다수의 경찰들에 의해서 체포, 구타, 고문당했고 결국 한 방에 57명이나 있는 감방에 투옥되었다. 감옥에서 나는 여러 번 성폭행을 당했다. 경찰들은 분명히 감옥에서 무슨 일이 일어나고 있는지를 알고 있었을 것이다. 그러나 오늘날까지도 이러한 범죄에 대해 그 어떤 처벌도 이루어지지 않았다. 나는 동성애자로서의 자신의 삶을 감추어진 곳에서, 개인 바에서, 비밀스러운 디스코텍에서 이어나가야만 했다. 또한 그는 "경찰들이 우리를 체포했을 때, 그들은 우리를 두들겨 팼다"고 회상하기도 했다.

결국 국가가 동성애를 실제로 금지하느냐 그렇지 않느냐 하는 것은 부차적인 문제다. 왜냐하면 국가가 동성애를 더 이상 금지하지 않는 경우에도 박해는 가해질 수 있기 때문이다. 벨라스케스의 이야기에 따르면, 그가 동성애자임을 고백하자, 먼저 그의 아버지가 그를 호모라고 모욕했다. 그 당시 그는 단지 그가 약간 다르다는 사실, 축구나 담배를 싫어한다는 사실을 알고 있었을 뿐이었다. 인권조직의 보고에 따르면, 온두라스에서 지난 5년 동안 168명의 동성애자가 살해당했고 대부분의 경우는 누군지도 모르는 사람들에게 길거리에서 총을 맞고 사망했다. 그럼에도 불구하고, 지금 그는 바로 그 온두라스로 돌아가고자 한다.

세 번째 사례: 최근 나는 어디선가 15세의 무슬림 소년에 대한 이야기를 읽었다. 그는 그가 동성애자임을 알게 된 후 자신의 어머니에게

그것을 이야기했다. 그의 아버지는 이미 돌아가신 상태였다. 그는 집에 들어와서 "엄마, 나는 여자와 결혼하지 않고, 남자와 결혼하고 싶어요!"라고 외쳤다. 엄마가 들으라고 그가 소리쳤지만, 그는 두 번 다시 그런 무서운 이야기를 할 수가 없었다. 그리고 그는 문을 닫아걸고 문 가까이에 서 있었다. 그는 엄마가 자신의 적나라한 모습을 보기를 원하지 않았던 것이다. 이내 문 앞에 선 엄마는 "그건 역겹고 부적절한 일이야"라고 소리쳤다. 노르트라인-베스트팔렌의 한 도시에 살았던 말릭(Malik)이 나중에 이야기한 바에 따르면, 엄마는 그와 같은 동성애자들을 향해서 하는 것처럼 침 뱉는 소리까지 냈다. 그날 말릭은 동성애 청소년들이 연락할 수 있는 "너 혼자가 아니야"라는 인터넷 포럼 게시판에 이런 메시지를 남겼다. 나는 어머니에게 수치의 대상이 되었다. 나는 어떻게 해야 할까? 답변자: "너 자신이 원하는 사람이 되고, 너 자신이 옳다고 생각하는 데로 살아라. 정해진 책에 따라 사는 사람은 자신의 삶을 사는 것이 아니다. 사랑한다." 자신의 경험을 함께 나눌 사람들을 전혀 가지고 있지 못한 말릭 또래의 청소년들에게 인터넷은 큰 영향을 미친다. 그들은 답변을 들을 수 있고, 의사소통도 할 수 있지만, 이 경우 인터넷을 통해 사랑하는 관계를 형성하려는 모든 시도는 좌초하게 된다. 그런 관계를 거의 포기한 후 말릭은 정치에 관심을 가지게 되었고, 지방 의회에서 젊은 좌파당원 의장이 되었다. 그렇게 그는 살아남았다. 그의 엄마와 형제들은 더 이상 그와 이야기하지 않는다. 엄마는 혼자 살고 있고, 교육을 마친 그는 그럼에도 불구하고 경제적으로 그녀를 지원하고 있다. 더 이상 그가 동성애자라는 사실은 문제가 아니다. 그는 다음과 같이 말했다. "엄마는 이런 사실을 수용한 것처럼 보인다. 내가 생각하기에, 엄마가 모든 문제를 해결한 것 같아 보이지는 않지만,

그녀는 내게 더 이상 아무런 영향도 줄 수 없다는 사실을 알고 있는 것 같다. 최근 그녀는 내게 작별을 고하면서 거의 울었다. 그녀는 네가 게이가 아니라면, 너는 매우 이상적인 아들이 되었을 거라고 말했다."

당연히 우리는 여성들이 말릭의 엄마처럼 동성애자가 되는 것이 불가능하고 '역겨운' 일이라고 생각하는 이유가 무엇인지를 묻게 된다.[6] 남자들은 잃어버릴 어떤 것, 다시 말해 특수한 권력상의 지위나 억압할 수 있는 지위를 가지고 있다. 그렇다면 여성들의 경우는 어떤가? 이 무슬림 여성과 같은 여성들의 경우는 단지 안나 프로이트가 억압자와의 동일시라고 명명한 현상을 통해서만 설명될 수 있을 것이다. 다시 말해 순응이나 자발적 굴복을 통해서 억압자의 위협적인 공격이나 처벌로부터 벗어나고자 하는 일종의 전략이라는 것이다. 이 경우 억압자는 히틀러가 될 수도 있고 자기 남편이 될 수도 있을 것이다. 나는 요즘 영국 역사학자 폴 긴스보그(Paul Ginsborg)의 『지도받는 가족』(*Die geführte Familie*, 2014)을 읽고 있다. 이 책은 20세기 유럽의 대표적인 다섯 개의 독재 정부들, 즉 스탈린의 소비에트, 파시즘 시기의 이탈리아, 내전 이후 스페인, 아타튀르크 하의 터키, 나치 독일에서의 가족 및 성 정책을 연구했다. 이 책은 가족 내에서 이루어진 국가 차원의 성적 통제에 대한 주장을 매우 충격적으로 보여준다. 이 모든 국가들에서 가족 정책은 특정한 사회적 태도를 유도하기 위한 주된 수단이었다. 가족 정책은 국가가 순응적 개인들을 훈육시키고 차출해낼 수 있도록 해주었으며, 당연히 이들 중 일부는 군인들이 되었다. 말하자면 가족의 지배자로서의 남편이 국가의 독재자를 대변했던 것이다. 오직 초기 소비에트만이 알렉산

6 국제 비교를 수행한 통계에 의존하면 여성들의 동성애 수용 비율이 남성들보다 훨씬 높다. Pew Research (2014: 5)의 수치들을 보라.

드라 콜론타이의 입법 제안을 통해 이러한 경향에서 벗어날 수 있었지만, 소비에트 역시 1920년대 말에는 결국 마초가 지배하는 가족으로 복귀하게 된다. 이 모든 독재 국가들에서 당연히 동성애는 강력히 금지되었으며 특히 군대에서는 전적으로 금지되었다. 우리는 2차 대전에서 유럽의 절반을 날려버린 군대가 결국 구원한 것이 바로 남성이 지배하는 가족이었다는 사실을 기억해야 할 것이다.

## IV.

이제 다시 한 번 스포츠와 남자들의 관계라는 주제로 돌아가 보자. 남자 단체 스포츠에 대한 설명은 우리에게 많은 것을 말해주는데, 왜냐하면 이런 스포츠들이야말로 남성적 관계의 최종적 지지물이며 혹은 적어도 최근까지는 그러했다고 말할 수가 있기 때문이다. 여성 단체들의 경우에도 성적인 순응압력이나 레즈비언에 대한 공격들이 없었다고 말할 수는 없다. 예를 들어 나이지리아 여성 축구팀의 여성 트레이너와 여성 대표는 팀에서 이런 '추잡한 생활방식'을 수용할 수 없다고 하면서 레즈비언 선수를 제외시켜 버렸다. 우리는 물론 훨씬 이전부터 남성 스포츠 연맹에서 이런 일이 일어났다고 들었으며, 이런 일은 특히 단체 스포츠에서 주로 일어났다. 개별 종목 선수들은 테니스나 스키, 자전거 종목에 참가하는 여자 선수들의 경우처럼 성별에 따라 다른 대우를 받는다.

몇몇 고전적인 남성적 관계들의 경우에는 모종의 애매함이 존재하는데, 이런 모호함은 최근 들어 비로소 그 자체가 문제가 되기 시작했다. 나는 지금 미국의 작가이자 출판인인 다이앤 핸슨(Dian Hanson)의 누드

사진집 『나의 동료』(*My Buddy*)를 생각하고 있다. 거기서 우리는 2차 대전 즈음 미국 군인들이 서로를 찍은 사진들을 볼 수 있는데, 거기서 그들은 한가로이 놀면서 농담을 하는 최고의 동료들처럼 보이며 항상 거기에는 여성들이 없다. 독일군 포로들의 경우 덜 즐거워 보이기는 하지만 이 경우도 역시 군인들이 집에 가고 싶어 하는 것처럼 보이지는 않는다. 그들은 이 남성들만의 사회 속에서 그들의 동료들을 많이 사랑하고 있는 것처럼 보인다. 그 군인들이 반드시 게이들일 필요는 없겠지만 분명히 그들은 특수한 종류의 신체적 동료애나 동지애를 요구하고 있는 것 같다.[7] 남성적 관계들에서 동성애가 공개적으로 금지되는 이유는 남자들이—운동이나 스케이트 혹은 그들이 추구하는 다른 무엇이 되었든 그것들을 통해서—다른 남자들과 관계 맺기를 원하고 이런 관계들을 여성들과의 관계보다 더 선호하지만 동시에 공개적인 동성애는 두려워하기 때문이다.

이와 관련하여 남성 일족이 권력을 행사하는 아프가니스탄의 한 마을공동체는 예외라고 할 수 있다. 이 일족은 여성들을 억압하고 무시했으며, 그래서 여성은 성적 대상으로 인정받지 못하고 단지 임신과 가사의 임무만을 부여받았다. 이 일족은 여성 적대적이었으며, 그래서 남성들은 오직 소년들과의 성적 유희만을 즐길 수 있었고, 그 소년들은 정말로 여성처럼 움직이고 춤추고 여장남자 행세를 하면서 결국에는 나이든 남자들과 동침했다. 이 경우는 모든 수준에서 여성들을 배제하고 그 결과 일족 내 구조를 통해서 강압적인 동성애가 강제적으로 관철된

7 핸슨은 테벨라이트보다 한 걸음 더 나아가서 다음과 같이 주장한다. 2차 대전은 그것이 유례없는 남성 결합의 시기였다는 점에서 게이 남성들에 대한 환상을 심어주었다. 게다가 그것은 훌륭한 사진기술을 보유한 최초의 거대한 전쟁이기도 했다(Hanson 2014).

극단적인 사례라고 할 수 있을 것이다.

이와 반대로 다른 나라들에서는 다양한 성이나 섹슈얼리티가 허용되는 것은 남성들의 지배를 위협하는 일로 간주되었다. 최근 들어 미국 군대에서도 이런 일이 일어났고,[8] 요기 뢰브(Jogi Löw)가 지도하던 독일 남자 축구 국가대표팀의 경우 2006년 남아프리카에서 "게이 연인"들의 관계가 공개되기도 하였다. 물론 내게 더 큰 인상을 남긴 남성 팀은 스웨덴의 최북단 도시인 키루나의 아이스하키 팀이었다. 스웨덴에서 세 번째 순위에 올라 있는 리그에서 극지방 북쪽에 있는 그루벤슈타트 출신의 선수들이 다음 시즌에서 무지개 색 운동복을 입고 뛰기로 했는데, 그 이유는 그들이 완전히 게이 팀이어서가 아니라 아이스하키 종목에서 동성애 혐오에 반대한다는 의견을 표시하기 위한 것이었다.[9] 키루나는 1만 8,000명의 주민이 거주하는 스웨덴의 완전 변방 도시다. 그 팀의 대표는 팀에 새로운 이미지를, 폐쇄성과 마초 이미지 대신 개방성과 관용이라는 새로운 이미지를 주려고 했던 것이었을 것이다. 물론 스웨덴에는 이와 관련된 증명서도 존재한다. HBT 증명서는 "동성애-양성애-성전환"에 대한 지지를 표현하며, 2008년 이후로 스웨덴의 게이와 레즈비언 연합에서 발급하고 있다. 이 증명서는 해당 회사가 게이, 레즈비언, 양성애자 및 성전환자들의 권리를 존중하고 그들을 통합하기 위해서, 동등한 노동환경을 제공하려 노력하고 있다는 사실을 증명한다. 지금까지는 먼저 사회적 조직의 영역에서 150개 이상의 기업과 기관들이 이러한 인증을 받았다. 그러나 그 당시까지 아직 이런 인증을 받은

8 Thompson (2015) 참조.

9 이 이야기는 테벨라이트가 볼프의 기사(Wolff 2014)에서 따온 것이다.

스포츠클럽은 없었다.

키루나의 아이스하키 팀은 일종의 개척자라고 할 수 있다. 어떻게 이런 일이 일어났을까? 당시 다른 연맹의 책임자들은 유명한 여성 예술가이자 라디오와 텔레비전 사회자인 카칸 헤르만손(Kakan Hermansson)에 대해 유보적인 입장을 취했다. 당시 6월에 그녀는 "여성에 대한 폭력"을 주제로 한 전시회를 준비하기 위해서 키루나에 머물고 있었다. 그녀는 자신의 블로그에서 자기 자신이 영리하고, 뚱뚱하고, 귀여운 여성주의자이면서 레즈비언이라고 소개하고 있었다. 이 클럽이 염두에 두고 있던 사항 그리고 이 팀이 그녀를 지지한 이유야말로 그녀가 스포츠에서 보았던 것들 중 가장 강렬하고도 진보적인 것이었을 것이다. 이런 일이 세상에서 가장 남성적인 운동이라고 할 수 있는 아이스하키 팀에서 일어난 것이다. 당시 한 선수는 인터뷰에서 이를 상당히 감성적으로 표현하기도 했다. 그는 "우리는 우리가 살고 있는 세계를 좀 더 따듯하게 만들고 싶었다"라고 말했다. 그 선수가 말한 바와 같이 중요한 것은 온 도시에서, 거리에서, 학교에서 그리고 사회 전반에서 무언가 변화가 일어났다는 사실이다. 그들은 긍정적인 발전을 만들어내고 싶었고, 철저한 관용을 원했으며, 그들 자신이 그와 같이 되고자 했고, 이를 위해서 그들 스스로 무지개 색 운동복을 만들었으며, 이제 그것을 입고 그들이 달렸다. 한 선수는 "스톡홀름에서는 두 남자가 손을 잡고 있어도 특별한 일이 아니다. 하지만 키루나에 와보라. 우리 도시는 마초들의 도시다. 우리는 큰 트럭을 몰고 다니고, 광산에서 광석을 캐면서 마초 운동을 한다." 그러나 지금은 무언가 달라져야만 한다. "우리는 북구 남성의 신화를 깨기를 원한다. 만일 우리가 우리 팀과 도시를 발전시키기를 원한다면, 우리는 모든 사람을 위한 장소를 반드시 제공해야만 한다."

V.

동성애가 처벌받고 박해받는 곳의 경우 그 배후에는 처벌과 구타라는 폭력으로 그들의 가정을 지배하면서 여성들의 무권리 상태를 지속시키고자 하는 남성들이 존재한다. 달리 말하자면, 국가가 조장하고 명령하는 "동성애 혐오"가 이제까지 지탱해왔고 현재도 그러한 것은 바로 국가 권력의 토대로서 국가가 명령한 양성 간의 결혼이다. 이러한 결혼이 사회적으로 감소하거나 해체되는 경우, 성적인 규제는 무엇보다 먼저 법적인 차원에서 약화될 수 있을 것이다. 왜냐하면 도대체 그 누구도 그런 규범에 따를 수가 없기 때문이다. 중심적인 국가 권력이 더 이상 성적인 규제를 통해서 충분히 지탱될 수 없기 때문에 이제 우리는 아마도 형제자매 간의 근친상간을 금지하는 법적 조항이 철폐되는 상황도 보게 될지 모른다. 그 어떤 국가도 특정한 성적 행위를 더 이상 금지할 수 없게 된다면, 사람들은 그들이 원하는 사람들과 성교를 나누게 될 것이다. 구체적으로 말하자면, 일탈적인 성행위를 인정하는 것은 점진적으로 그리고 많은 경우에서 여성들 또한 전통적인 가족 내에서의 종속적 역할들로부터 해방시키게 될 것이다. 국가는 이제 성적인 규제와는 다른 어떤 방식으로 사람들을 순응하게 만들 것인가를 고민해야만 한다. 우리의 경우 이제 성은 국가의 강력한 통제라는 굴레로부터 해방되어 있는 상황으로 보인다. 우리 사회에서는 2차 대전 이후 일반적으로 유독성 물질의 수준이 낮아진 것과 마찬가지로 박해의 필요도 줄어들고 있는 것이 분명하다.[10]

내가 이 강연을 시작하면서 언급했던 운동장에 모여 게이 반대를 외치는 사람들은 결국 자신의 권력의 일부를 빼앗긴 사람들이다. 예전에는 국가나 교회의 승인 하에 집에서 부인과 아이들을 지배하고 의심스러운 경우에는 두들겨 팰 수도 있었지만, 이제 이런 일은 더 이상 불가능하다. 동성애나 다른 성적 행위들이 공개적으로 승인되면서 가족 내에서의 전통적인 남성 권력도 축소된다. 각각의 게이, 레즈비언, 퀴어, 트랜스젠더들은 그들의 실존을 통해서 홀로 다음과 같이 말한다. "거기 당신, 이제까지 대접받던 남자여, 당신은 이제 더 이상 당신이 그렇게 생각하고 생각해야만 했던 주인도 지배자도 해충 박멸자도 아니다. 당신이 아직 알아채지 못했을지 모르지만 당신의 부인도 고유한 자유로운 존재다." 더 나아가서, 자신만의 권력을 유지하기 위해서 동성애를 인정하지 않고 허용하지 않으려 했던 국가들은 동성애를 금지하고 국가적으로 규제해야만 했으며, 일부 허용한다고 하더라도 통제되고 제한된 방식을 취할 수밖에 없었다. 지금도 지구상의 많은 지역에서 사정은 마찬가지다. 많은 국가들이 가족의 성을 통제함으로써 국가 권력을 유지하고 관철하고자 하며, 이는 다시 동성애나 순응적이지 않은 성들을 금지할 것을 요구하고 있다.

거꾸로 말하자면 그들이 원하건 원하지 않건 게이들은 여성들을 가족적이고 성적인 억압으로부터 해방시키는 데에 기여한다. 이런 사정은 레즈비언이나 단순히 페이스북에서 개인들이 선택할 수 있는 것을 넘어 모든 다른 종류의 성들의 경우도 마찬가지다. 다양한 성으로 나아가는 이러한 방향에서의 첫 발걸음은 1970년대에 한 아름다운 모음집을 통해 기획되었다. 이 선집은 당시 파리에서 익명으로 출간되었고 독

10 2015년 11월 편집자와의 사적인 연락에서 테벨라이트는 이러한 지나치게 낙관적인 평가를 상대화했다. 외국인에 대해 적대적인 극우단체 '페기다'(Pegida)와 관련하여 그는 '박해 요구가 실제로 줄어들었는지는 입증되어야만 한다'고 썼다.

일에서는 『30억의 변태』(*Drei Milliarden Perverse*)라는 제목으로 출간되었다. 말하자면 각각의 성은 모두 다르며 개별적인 인간만큼이나 많은 성들이 존재한다는 것이다.[11] 그간 아마도 성인 지구인의 수는 두 배 이상 늘어난 것 같다. 따라서 우리의 요구는 국가들이 이제 70억의 "변태"들에게 그들의 권리를 부여해주기 위해서 노력해야 한다는 것이다. 때문에 누구도 "동성애 혐오자"가 될 필요는 없다. 그러나 물론 미래에도 의도적인 억압자는 여전히 존재할 것이다.

번역_김원식

11 독일어 판본은 Diekmann und Pescatore (1980 [1973]) 참조. 프랑스 원저는 1973년에 출간된 *Trois milliards de pervers: Grande encyclopédie des homosexualités*. 이 선집은 펠릭스 가타리의 주도하에 익명으로 출간되었음.

## 참고문헌


Diekmann, Bernhard und François Pescatore (Hg.) 1980 [1973]: Drei Milliarden Perverse. Berlin: Verlag Rosa Winkel.

Ginsborg, Paul 2014: Die geführte Familie. Das Private in Revolution und Diktatur 1900–1950. Hamburg: Hoffmann und Campe.

Hanson, Dian 2014: No Queens in the Marines, in: Dazed & Confused. ‹www.dazeddigital.com/photography/article/18600/1/no-queens-in-themarines›.

Henkel, Knut 2014: Der Unerschrockene, in: Die Tageszeitung, 23. September.

Pew Research 2014: The Global Divide on Homosexuality. Greater Acceptance in More Secular and Affluent Countries. Washington: Pew Research Center. ‹www.pewglobal.org/files/2014/05/Pew-Global-Attitudes-Homosexuality-Report-REVISED-MAY-27-2014.pdf›.

Theweleit, Klaus 1978: Männerphantasien. Band 2: Männerkörper – zur Psychoanalyse des Weißen Terrors. Frankfurt a. M.: Verlag Roter Stern.

Thompson, Mark 2015: Gays in the U.S. Military Are Now Protected Against »Witch Hunts«, in: Time Magazine, 9. Juni. ‹www.time.com/3915121/gays-military-discrimination/›.

Weinberg, George 1972: Society and the Healthy Homosexual. New York: St. Martin's Press.

Wolff, Reinhard 2014: Mehr lieben, weniger hassen, in: Die Tageszeitung, 18. Juli.

# 동성애 거부
## 선입견, 존중, 정치화

**베 른 트 지 몬**

동성애 거부는 통시적으로 보면 다양한 전개양상을 보이고, 공시적으로 보면 사뭇 이질적인 양상들로 나타난다(Simon 2008). 그렇다고 해서 동성애 거부라는 현상이 존재하지 않는다고 하면, 그것은 합당하지 않다. 동성애 거부의 핵심은 동성애에 대한 **부정적 평가**로서, 그에 상응하는 감정, 생각, 행동성향이 발생한다. 심리학적 관점에서 보면, 동성애에 대한 이성애자들의 거부 또는 부정적 평가가 아주 괴상한 현상은 아니다. 누구에게도 성관계는 냉정이 아니라 강력한 감정 또는 격정과 결합되어 있다. 따라서 우리의 취향에 맞는 성관계는 편하게 느껴지지만, 우리와 다른 취향에 따른 성관계나 성생활에 대해서는 거부감을 갖는 것일 뿐이다. 말하자면 “성관계는 무심한 방관자의 문제가 아니다”(Brown 1986: 311). 이런 의미에서 “당연히”, 이성애자에게 동성애는 거슬리는 문제이다.

따라서 이성애자가 동성애에 거부감을 갖는다고 해서, 그것만으로 도덕적으로 분개할 일은 아니다. 문제는 그 거부감 속에 앞으로 싹틀 경멸의 씨앗이 들어 있다는 사실이다. 경멸의 과정이 진행되면 동성애에 대한 거부감은 동성애자에 대한 원한이나 선입견으로 돌변하여, 결국 동성애자를 차별하거나 동성애자에게 폭력마저 휘두르는 결과를 가져온다. 사회심리학적으로 보면 이와 같은 과정의 필연적 전제로서, 동성애자를 이방인 집단으로 범주화하는 과정이 진행된다. 실제로 인간은 자신이 속한 집단보다 속하지 않는 집단에 대해 더욱 부정적으로(또는 최소한 덜 긍정적으로) 평가하는 경향이 있다(Tajfel und Turner 1986). 또한 대부분의 인간이 성관계에 관심을 갖기 때문에, 많은 경우 성적 지향성은 이미 자기 집단/이방인 집단이라는 사회적 범주화를 야기하는 계기가 된다.

그러나 이 과정을 통해 "타자"에 대한 평가절하의 나사가 자동적으로 죄어지지는 않는다. 여기에 이념적 정당화(이방인 집단에 대한 부정적 정형화 및 자기 집단에 대한 긍정적 정형화를 포함)가 보태져야 하고, 또 그러한 정당화가 이성애자 다수에게 매력적으로 느껴지는 정체성, 예컨대 스스로를 "건전한 정상성의 수호자"로 생각하는 식의 정체성 속에 뿌리내려야 한다. 결국 행위에 대한 규범적 기대와 결합하는 그러한 정체성은 특히 권력자에 의해 제공된다. (예컨대 러시아의 푸틴과 같은) 권력자는 그와 같은 정체성의 기제를 자신의 권력 안정화를 위해 도구적으로 활용한다(Simon 2014).

학문적 담론에서나 일상적 이해에서 동성애 거부가 매번 동성애자에 대한 선입견과 결부되거나 또는 대체로 그런 선입견을 발생시키므로, 아래에서 나는 우선 설명적, 인식론적, 해방적 관점에서 그와 같은 선입견의 의미를 살펴보고자 한다. 여기서 인정이론의 중요한 질문이 제기되므로, 다음으로 그 문제에 대해 논의한다. 이 경우 특히 거부, 존중, 관용의 관계를 밝히는 데 주력할 것이다. 마지막으로 동성애 거부를 정치화하는 문제에 대해 다루는데, 여기서 나는 동성애 거부의 정치화가 억압적 권력에 대한 대항추의 역할을 한다고 분석할 것이다.

### 동성애자에 대한 선입견

누군가가 이방인 집단 및 그 구성원에 대해 부정적인 정서반응을 보일 때, 그리고 그런 반응이 상대방을 잘 몰라서 또는 상대방을 충분히 겪어보지 않아서 야기된다고 볼 때, 사회심리학 담론에서나 일상에서 우리는 그것을 선입견이라고 부른다. 따라서 선입견은 근거 있는 판단에 선행하며 근거 있는 판단을 가로막는다. 그렇다고 해서 선입견이 인식 과정으로부터 분리되어 작동한다는 것은 아니다. 선입견이 생겨나려면 그에 앞서 우선 자기 집단/이방인 집단을 구별하는 사회적 범주화가 일어나야 한다. 그리하여 각 집단이 차별적 특성을 가진 이미지로 연상되고, 각 집단 간의 차이 및 각 집단 내부의 유사성이 강조되어 인식되면서, 결국 정형화한 고정관념이 형성된다. 그리하여 이 고정관념이 (정서적 현상인) 선입견의 인지적 보충물로 작용한다. 고정관념과 선입견이 상호 지지하면서 사회적 학습 및 사회화 과정을 통해 구성원들에게 획득되고, 다져지고, 전수된다.

선입견은 이방인 집단에 대한 부정적 태도의 핵심 요소이자, 이방인 집단에 대한 행위를 결정짓는 유일하지는 않으나 중요한 요인이다. 따라서 동성애와 동성애자에 대한 부정적 태도를 분석하고 그들에 대한 차별적, 폭력적 행위의 원인을 파악하는 데 있어서, 동성애자에 대한 선입견에 주목하게 된다(Herek 2004; Simon 2008). 여기서 그러한 연구를 촉발하는 사회정책적 관심은 (적어도 리버럴한 사회에서는) 변화의 메커니즘을 발견하려는 것이다. 그래서 선입견을 극복하고, 선입견으로 인해 동성애자 해방을 가로막는 부정의를 극복하려는 것이다.

경험이 없거나 지식이 부족해서 선입견이 생기는 것으로 보이면, 일단 변화의 가능성을 크게 기대할 수 있다. 실제로 사람들이 이방인 집단과 교류하며 새로운 경험을 쌓을수록 선입견은 약화할 수 있다(Pettigrew und Tropp 2011). 그러나 선입견과 사회적 현실 간의 관계를 사소한 왜곡의 문제로 보는 것은 오해이므로 피해야 한다. 한편 "모든 선입견에 일말의 진실"이 있다는 단순한 생각으로 문제의 심각성을 축소하는 것 역시 피해야 한다. 선입견은 오히려 사회 현실을 체계적으로 반영하고 그에 대해 말해주는데, 여기서 사회 현실은 집단 간 관계에서 나타나는 권력 및 지위 불균형을 기반으로 구조화되어 있다. 예컨대 동성애자는 '나약'하고 '복잡'하다는 고정관념은 동성애자에 대한 선입견을 지지해준다. 그런데 여기서 선입견과 고정관념이 드러내는 것은 다름이 아니라, 다수에 의해 이방인 집단으로 몰려서 그런 취급을 받는 소수자의 곤궁한 생활상황일 뿐이다. 달리 말하면, 거부, 차별, 폭력 위협에 노출된 처지에 있으면 당사자들은 한층 더 예민하고 폐쇄적인 전략을 취할 가능성이 크다. 따라서 그들이 나약하고 복잡하게 꼬여 있다는 이미지는 그런 과정을 통해 형성되고 또 확인된다(Simon, Glässner-Bayerl und Stratenwerth 1991).

그러나 더 많은 지식과 더 포괄적인 정보를 얻는 것만으로 선입견이 결정적으로 변하지는 않는다. 굳이 선입견과 고정관념의 "면밀함"에 대한 논의(Jussim 2012)를 들출 것도 없이, 경험연구의 결과를 보거나 (메타)이론적으로 한번 생각해보기만 해도 그런 사실을 명백히 알 수 있다. 자기 집단/이방인 집단의 범주적 구별에 뿌리를 두는 선입견은 개인의 집단적 자기이해, 즉 집단적 정체성 및 그에 걸맞은 집단 내부의 관계와 긴밀하게 연결되어 있다. 따라서 집단적 자기이해가 근본적으로 바뀌지 않는 한, 또는 선입견과 집단적 자기이해의 연결관계가 변화하지 않는 이상, 선입견의 변화를 기대하기는 어렵다(Kahan 2016; Oakes, Haslam und Turner 1994). 따라서 이방인 집단에 대한 부정적 정서반응인 선입견이 (경험)지식의 부족함 때문이라는 설익은 견해는 단순히 인식론적 문제만 드러내는 것이 아니다. 그것은 또한 설명으로서도 불충분하며, 해방적 관점에서 보아도 문제가 있다. 왜냐하면 그것은 선입견의 인식적 성질에 대해 객관주의적으로 접근하는 방식인데, 이미 그 접근방법 자체에 의해서 선입견을 집단적 자명성 사고의 결과나 표현으로 분석—즉 선입견을 설명이 필요한 대상(explanandum)으로 설정—하는 것이 불가능해지기 때문이다. 뒤집어서 말하면 선입견을 권력관계의 안정/변화를 (함께) 결정하는 요인—대상을 설명해주는 항목(explanans)—으로 보는 것 역시 불가능해지기 때문이다.

예컨대 나는 몇 년 전에 동성애자에 대한 청소년의 태도를 청소년의 이민배경 유무에 따라 비교하여 연구한 적이 있다. 그런데 그 연구를 통해서도 선입견과 집단적 자기이해가 결합되어 있음을 알 수 있었다(Simon 2008). 이민배경을 가진 청소년의 태도(부정적 정서반응 포함)는 이민배경이 없는 청소년의 태도와 명백히 달랐다. 동성애 관계의 남성 연인들이나 여성 연인들이 공공연히 입을 맞춘다고 생각할 때 거부감이 훨씬 더 큰 쪽은 본인이나 조상이 구소련 출신인 청소년 또는 터키 출신 이주배경을 갖는 청소년들이었다. 이민배경이 없는 청소년의 경우에는 거부감이 훨씬 적었다. 동성애자가 이웃에 산다면 사회적으로 멀리하겠다는 욕구 역시 부정적 정서반응과 같은 식으로 나타났다. 이와 동시에 집단적 자명성 사고에서 나타나는 (기독교나 이슬람) 종교 및 전통적 남성성 규범의 영향력도, 이민배경을 가진 청소년의 경우가 그렇지 않은 경우보다 더 강하게 나타났다. 이민배경을 가진 청소년의 집단적 자기이해에서 동성애 거부의 세계관 및 신념체계의 특성이 뚜렷이 나타나므로, 이들에게서 부정적 정서반응과 멀리하기 · 회피하기의 경향이 나란히 관찰되는 것은 무리가 아니다. 따라서 동성애자에 대한 다소 강경한 선입견은 집단적 자기이해의 표현이자 또한 그와 관련된 가치 및 신념의 표현이라고 할 수 있다.

차별경험 또는 반대로 성공한 사회통합의 영향력에 대한 연구결과 역시 동일한 내용을 말한다. 이민배경을 가진 사람들이 차별을 경험하면 그들은 대부분 사회적, 종족-문화적 자기집단으로 도피한다. 그리하여 그들의 집단적 자기이해는 강화된다. 반면에 이민배경을 가진 사람들이 사회통합에 성공하면, 스스로를 독일사회와 동일시하게 되어 집단적 자기이해도 변화한다. 이 연구가 말해주는 것은 다음과 같다. 우선 이민배경을 가진 청소년 자신이 차별을 경험하면 그들도 동성애자에 대한 선입견(또는 동성애자 전체에 대한 부정적 태도)을 강화한다는 것이다. 반면에 이들이 주류사회에 더 잘 통합되면 동성애자에 대한 그들의 선입견과 부정적 태도 역시 약해진다. 따라서 독일사회에서 현재 진행되는 사회변동이 동성애자에게 해방적인 방향으로 진행될 수도 있는 것이다.[1]

## 선입견이 중요한 이유는 그것을 근절할 수 없기 때문이다!

동성애자에 대한 선입견이 단순히 더 많은 앎을 통해 교정되지 않고, 오히려 사회적, 종족-문화적 집단의 자기이해를 표현하는 것이 분명하다면, 해당 집단의 자기이해를 문제 삼지 않고서 어떻게 선입견을 비판할 수 있겠는가? 좀 더 과장되게 표현해서 동성애자에 대한 선입견이 동성애를 거부하는 이성애자의 "자연스러운" 충동을 따르는 것이라면, 선입견에 대한 비판은 이성애자에게 "본성"을 거스르라고, 즉 불가능한 것을 하라고 요구하는 것이 아니겠는가? 또한 당위라는 것도 가능성이 있어야 요구할 수 있으므로, 그것은 정당화될 수 없는 요구가 아니겠는가?

위의 질문들 중에서 동성애자에 대한 선입견을 자연스러운 것으로 교묘하게 표현한 둘째 질문은 경험연구 결과에 기초하여 가장 쉽게 비판될 수 있다. 앞서 언급한 조사연구(Simon 2008)에서 얻은 응답을 보면, 남성 이성애자는 특히 남성의 동성애에 대해 거부감을 느끼는 것으로 나타났다. 이것은 '역할에 대한 상상이 "부자연스러운" 행동에 근접하면 거부감을 느낀다'로 해석될 수 있다. 그러나 적어도 여성 응답자의 경우에는 이런 해석이 불가능하다. 여성의 경우에는 여성 동성애에 대해 특별히 더 거부감을 보이지 않기 때문이다. 오히려 앞서 보았듯이 응답자에게 나타나는 집단적 자기이해의 영향력이 응답자마다 다르기

1 해당 연구를 통해 알 수 있는 또 다른 사실은, 동성애자와의 개인적 교류가 동성애자에 대한 선입견을 약화시킨다는 것이다. 그러나 이와 같은 상관관계가 지식의 증가 때문인지 아니면 교류를 통해 집단적 자명성 사고에서 변화가 일어났기 때문인지는 여전히 알 수 없다.

때문에, 결론적으로 동성애자에 대한 선입견이 자연스럽다는 주장은 지지될 수 없다.

그러나 그 동일한 질문을 통해서 우리는 동성애자에 대한 선입견이 문화적으로 구성된다는 관점으로 옮아갈 수 있다. 만일 동성애자에 대한 선입견이 예컨대 종교적 공동체나 사회 전체의 집단적 자기이해의 표현이거나 심지어 필수적 요소라면, 해당 집단의 자기이해와 정체성을 문제 삼아 그것을 공격하는 방법 외에 선입견을 비판할 방법이 없을 것이다. 이럴 경우 동성애자에 대한 선입견을 비판하는 것은 곧 자문화중심주의를 드러내며 "타자"를 경멸하는 것과 다르지 않다. 말하자면 그런 위험성을 동반한다(Habermas 1999 [1996]). 만일 우리가 비판하는 내용이 '인식론적 또는 심리학적 관점에서 볼 때 동성애자에 대한 선입견은 무조건 잘못된 것이다'라면, 그것은 자문화중심주의나 타자 경멸이라고 비판받아 마땅하다. 즉 앞서 선입견의 사회심리학에 대해 설명하면서 이미 나는 그것이 자문화중심주의나 타자에 대한 경멸로 비판받을 수 있다고 보았다(Oakes, Haslam und Turner 1994). 왜냐하면 우리에게 필요한 것은 집단적 자문화중심주의로 빠질 위험을 인식하고, 다른 집단을 경멸하지 않으면서도, 모든 사람한테 나타날 수 있는 선입견 앞에서 뒤로 물러서지 않는 사회비판이기 때문이다(Simon 2010, 2012). 다음 항목에서는 그런 비판의 가능성 및 그와 관련된 사회변동의 가능성에 대해 다룰 것이다. 그러나 그러기에 앞서서, 몇몇 개념들을 우선적으로 구별할 필요가 있다.

무엇보다도 태도와 행태를 구별하는 것이 중요하다. 동성애자에 대한 선입견은 동성애에 대한 부정적 평가나 거부를 반영한다. 따라서 그것은 동성애에 대한 부정적 태도를 구성하는 요소이다. 그런 태도는 당연히 동성애자를 거부하는 행태, 예컨대 동성애자와 접촉을 피하고 동성애자에게 불이익을 주거나 동성애자를 학대하는 행동방식으로 연결될 것이다(simon 2008). 그렇다고 해서 태도와 행태를 동일한 것으로 보아서는 안 된다. 예컨대 자폐적(혹은 자기충족적) 예언처럼, 그런 동일시를 통해서 어떤 가능성이 무시되거나 사라질 위험에 처하기 때문이다. 즉 부정적 태도가 억제될 가능성, 즉 정서반응의 형성, 평가, 선입견이 억제될 수 있는 가능성, 그래서 그것들이 반드시 부정적 행태로 연결되지 않을 가능성이 사라질 수 있기 때문이다(Devine 1989). 뿐만 아니라 부정적 태도와 부정적 행태를 동일시할 경우, 긍정적 태도와 관용을 구별하는 것 역시 어려워진다. 그러나 긍정적 태도와 관용은 반드시 구별해야 하는데, 만일 거부라는 요소가 없다면 관용 역시 필요하지 않을 것이기 때문이다(Simon 2016). 달리 표현하면, 선입견과 차별은 같은 것이 아니고, 관용 역시 가치존중이나 호의와 동일하지 않다.

사람들이 (즉각적) 태도 변화를 보이기는 쉽지 않다. 그러나 자신의 행태는 조절할 수 있다. 즉 선입견이 필연적으로 행동으로 옮겨지는 것은 아니다. 결국 이로부터 추론할 수 있는 것은, 선입견이 차별적이고 폭력적인 행동의 근거나 이유가 될 수 없다는 것이다. 이와 같이 규범적 의미에서 볼 때 "선입견은 중요하지 않다"(Habermas 2005: 265)고 판단한다면, 이런 판단은 타당하다. 그러나 실제적 의미에서 보면 선입견은 여전히 중요하다. 어떤 집단 전체의 자기이해를 구성하는 확고한 요소로서 선입견이 작용하기 때문이다. 따라서 사회심리학적 관점에 서서 선입견을 완전히 뿌리 뽑아 극복하라고 요구한다면, 그것은 가능성도 의미도 없는 요구에 불과하다. 오히려 단계를 밟아 관용을 실현함으로써 선입견을 억제하는 것이 더욱 현실적인 방안으로 보인다. 이제 이 현실적인 방안에 대해 다룰 것이다.

## 거부, 존중, 관용

관용이란 전면적 수용도 서슴없는 거부도 아니고, 그 중간쯤에 있는 태도를 말한다(Scanlon 2003: 187). 관용에는 거부의 요소가 들어 있기는 하지만 억제되어 있다. 이런 맥락에서 '존중'을 통해 그런 억제가 가능하다는 의견이 제시된 바 있다(Forst 2003). 관용 개념을 정의할 때부터 이미 거부의 요소가 그 안에 들어가므로, 지나친 조화로움에 대한 기대나 사회적 존경, 호감, 돌봄을 요구하는 등으로 관용 개념에 과부하를 걸지 않아도 된다. 동시에 존중이라는 요소를 통해서 관용은 단순한 인내 이상이 될 수 있다. 인내는 임의적이다. 예컨대 주인 행세를 하려고 또는 도구적 필요성 때문에 누군가를 참아주거나 참아주지 않을 수 있다. 인내는 그런 것이다. 그렇다면 이제 존중을 어떤 개념으로 이해할지에 대해 상세하게 논의해보자.

악셀 호네트의 인정이론(Honneth 1994 [1992]; Honneth und Fraser 2003)과 관련하여, 존중은 '동등성 인정'의 개념으로 이해될 수 있다. 존중받음의 경험에 대해서 또 그런 경험의 결과에 대해서, 점점 더 많은 사회심리학적 연구가 이루어지고 있다. 이 연구들에 의하면, 동등한 존재로 인정받을 때 사람들은 존중받는다는 느낌을 갖고 긍정적으로 반응한다(Simon 2016). 즉 동등성을 인정받으면 존중받는다고 느끼므로 그런 동등성 인정이 존중 경험의 사회심리적 기초가 된다는 것이다. 우리는 특히 동성애자의 경우를 통해서, 사회 전체라는 거시 차원에서나 또는 일상의 세세한 상호작용 맥락(가족, 친구, 지인, 직장)의 미시 차원에서, 그와 같은 연구결과를 확인할 수 있었다. 뿐만 아니라, (동등성에 근거한) 존중은 (욕구에 기초한) 돌봄뿐만 아니라 (능력에 근거한) 사회적 존경과도 다르다. 호네트는 이와 같은 인정의 형태들을 구별하여 설명했다(Simon und Grabow 2014; Simon, Grabow und Böhme 2015).

동등성 인정의 의미에서 존중받음은, 다른 소수자 집단에 속하는 사람들뿐만 아니라 동성애자들에게도 긍정적인 경험이다(Bachmann und Simon 2014). 동성애 수용의 태도를 보이는 사람들로부터 동성애자들은 그와 같이 긍정적(으로 존중받는다는) 경험을 하게 되는데, 이것은 별다른 설명이 필요 없는 부분이다. 사회적으로 더 많은 논란거리가 되고 또 학문적으로도 더 많은 관심을 받는 것은 오히려 동성애를 나쁜 것으로 생각해서 거부하는 사람들의 태도이다. 이와 관련해서 중요한 문제가 제기되는데, 그것은 동등성 인정의 의미를 갖는 '존중'을 통해서 (적어도) 관용이 가능할 정도까지 '거부'가 억제될 수 있는가 하는 것이다.

이 질문에 대해 경험적으로 제공되는 답은 대체로 긍정적이어서, 여기서 제안한 관용 개념이 첫 번째 관문은 무난히 통과하는 것 같다. 독일 거주 이슬람교도 약 1,000명을 대상으로 한 (대표성은 갖추지 못한) 온라인 설문조사(Simon und Schaefer 2016)에서, 그들에게 이방인 집단으로 여겨지는 5개 집단(기독교, 유대인, 무신론자, 동성애자, 페미니스트)을 얼마나 존중하는지—예컨대 "독일의 동성애자들은 시민으로서 동등한 대접을 받아 마땅하다"와 같은 항목—에 대해 물었다. 그와 함께 해당 집단의 생활양식이나 사고방식에 대해서도 평가하게 했다(예컨대 "동성애는 선인가 악인가?"). 한편 앞의 5개 집단에 대한 관용을 측정하기 위해서, 각 집단별로 "각각의 집단은 자신들이 원하는 방식대로 살 수 있다"라는 항목에 얼마나 찬성하는지를 물었다. 설문자료에 대한 회귀분석 결과 일정한 상관관계가 확인되었는데, 그것은 위에서 제시한 관용 개념과 일치하는 내용이었다. 즉 '존중'이 '거부'를 억제한다는 내용이었다. 말하자면 '거부'가 강할수록, 즉 비관용의 방향을 취할수록, '존중'이 관용의 방향으로 (길항)작용을 하는 듯이 보였다. 이와 같은 상관성은 동성애자뿐만 아니라 다른 4개 (이방인) 집단에 대해서도 발견되었다. 뿐만 아니라, 일정 집단의 생활양식이나 사고방식에 대해 극단적 거부를 보이는 답변자들 중 최소한 20%는 동시에 그 집단에 대해 무제한적인 존중의 태도를 보였다. 상관성이 이와 같이 극단적인 방식으로 나타났지만, 그것은 결코 소설 속의 권선징악이 아니라 명백히 경험적으로 확인되는 사실이다. 동성애자에 대한 문항의 경우에는 이런 경향이 더욱 명확해서, 설문에 답변한 이슬람교도의 35%가 그와 같은 태도를 보였다. 이와 같은 태도를 보인 답변자들은 이들과 비교할 때 '거부'의 정도는 같으나 '존중'은 부족한 여타 이슬람교도들에 비해서, 거부감의 대상이 되는 각각의 집단에게 실제로 더욱 관용적이었다.

이와 같은 연구결과는 동성애자에게는 이중적으로 긍정적인 결과지만, 반드시 반가운 소식이라고는 할 수 없다. 여기서 이중의 긍정성이란 한편으로는 동성애를 거부하는 이성애자도 동성애자를 존중할 수 있다는 것이고, 다른 한편으로는 '거부'와 '존중'의 조합이 적어도 동성애자에 대한 관용을 가능하게 한다는 것이다. 반면 반갑지 않은 이유는, 거부 및 그와 대체로 연결된 부정적 정서반응이나 선입견이 세상에서 사라질 수 없다는 것, 그리고 동성애자는 어쩔 수 없이 그 사실을 인정해야 한다는 것이다. 그러나 '존중'이 '거부'와 부정적 정서반응 및 선입견을 억제해서 차별적이거나 폭력적인 행동을 야기하지 않는 이상, 나는 그 정도의 어쩔 수 없음은 감내할 만하다고 본다. 뿐만 아니라 감내는 일방적이 아니라 쌍방적이다. 동성애자는 이성애자의 거부를 감내해야 하고, 이성애자는 사실상 동성애를 거부하면서도 동성애자를 존중하여 자신의 '거부'를 억제해야 한다. 실제로 사람들이 안정된 다원주의적 사회에서 다른 집단과 공정하고 협동적으로 함께 살기를 원한다면, 그 누구라도 어떤 사회적, 종족-문화적 집단에 속하건 간에 무엇인가를 감내해야만 한다. 이 연구결과가 선명히 보여주는 것은 바로 그와 같은 사실이다. 왜냐하면 그럴 경우 우리 모두는 타자의 다름을 어쩔 수 없이 존중해야 하고, 또 그에 앞서 타자가 우리의 다름을 거부하는 것을 감내해야 하기 때문이다. 요약하면, 우리는 서로가 **다르면서 동등함**을 어쩔 수 없이 상호 인정할 수밖에 없다. 그러나 그런 어쩔 수 없음은 감내할 만한 것이다(Habermas 1999 [1996]; Simon 2016).

그렇다고 해서 우리가 달라도 그저 동등하게 인정하기만 하면 된다는 것은 아니다. 즉 상호 존중의 테두리 안에서 서로에 대한 거부와 부정적 정서반응, 선입견을 줄이려고 노력할 필요까지는 없다고 말하려는 것은 아니다. 다만 존중에 대한 요구가 확실히 우선적일 뿐만 아니라 더 현실적인 방법이라고 말하려는 것이다. 왜냐하면 존중에 대한 요구가 한편으로는 인지적 성격을 가지며, 다른 한편으로는 같은 국민이나 같은 사회의 구성원처럼 상위의 집단 정체성을 형성하도록 작용할 수 있기 때문이다. 여기서 말하고자 하는 것은, 각각의 특수한 집단적 자기이해에까지 깊이 연루된 집단적 거부나 부정적 정서반응, 선입견 자체를 변화시키기보다는, 논쟁적 설득 작업을 통해서 사회적 영향력을 행사하는 것이 성공으로 가는 지름길이라는 것이다(Simon und Schaefer 2016). 상호 존중 속에서 서로를 대하면, 한층 더 상위의 집단을 만들거나 또는 그런 정체성을 공유하기가 한결 쉬워진다(Simon, Mommert und Renger 2015). 모두가 일반적으로 수용할 수 있는, 따라서 일반적 구속력을 갖는 기준들에 근거해서 어떤 사실을 비판하려면, 모두에게 공통적인 어떤 근거가 있어야 한다. 장기적으로 볼 때 상호 존중은 상위의 집단이나 정체성 형성을 통해서 이런 공통의 근거를 마련하는 과정이다. 그리하여 그 과정에서 모든 당사자들은 각자의 집단적 자기 이해(와 그와 관련된 집단적 거부, 부정적 정서반응, 선입견)에 대해 성찰하고 변화를 위한 자극을 얻는다(Oakaes, Haslam und Turner 1994). 이런 과정을 통해서, 타자를 경시하지 않는 사회비판과 사회변동이 가능해진다. 그렇다고 해서 그와 같은 과정이 갈등 없이 진행되리라는 것은 아니다. 존중에 대한 요구를 관철하여 사회변동을 통해서 사회비판을 실현하려면 그런 사회변동을 옹호하는 사람들의 열정적이고 종종 투쟁적인 참여가 필요하다. 그런데 그런 옹호자와 참여자들은 곧바로 자신들만큼 열정적이고 투쟁적으로 자신들에게 반대하는 사람들의 저항에 직면하게 된다. 양 입장에서 모두 각자의 지지자를 동원하고 서로 자신이 공공의 이익에 부합한다고 주장하면서, 결국 전체 공론장이 정치화하도록 함께 행동하게 된다(Simon und Klandermans 2001). 동성애에 대한 거부 역시 이와 같은 방식으로 정치적 의제가 된다.

### 맺음말: 동성애 거부의 정치화에 대하여

위협받는 소수자로서 동성애자들은 이성애자들의 동성애 거부를 공적으로 이슈화하고 정치화한다. 그들로서는 이런 과정을 피할 수 없다. 그러나 지금까지의 분석을 따른다면, 이러한 정치화가 지금껏 동성애를 거부해온 사람들을 "가르쳐서" 동성애 옹호자로 "변화"시키겠다는 희망하에 이루어져서는 안 된다. 그보다 더 적절하고 더더욱 현실적인 목표는 오히려 동성애자를 존중하는 것이다. 즉 그들을 다르지만 동등한 사람들로 존중하고, 동등권 인정이 물질적 수준에까지 닻을 내려 견고해지도록 그들을 존중하는 것이다(Honneth 1994 [1992]). 그리하여 종국에는 다수자인 이성애자나 여타 집단들이 이성애 다수자의 이름으로 자신들의 우월한 권력을 이용하여 동성애 및 동성애자에 대한 거부감을 서슴없이 행동으로 옮기지 않도록 하는 것이다. 지금까지 내가 피력한 것은, (상호) 존중의 근본을 확고히 해야만 앞으로 장기적으로 진행될 변화가 이성애자와 동성애자의 거리를 좁히는 방향으로 갈 수 있다는 것이다.

무엇보다도 동성애 혐오에 대한 비난이 감동적인 성과를 냄으로써, 동성애 거부에 대항하는 정치화가 진행되고 있다. 동성애 혐오에 대한 비난은 적어도 서구 사회의 정치적 담론에서 날카로운 칼이 되어 진격하고 있다. 동성애자 권리를 옹호하며 싸우는 사람들은 그 무기의 도움을 받아 사회의 공론이, 또는 공론을 대변하는 사람들이 동성애 반대자와 옹호자를 구분하도록 만든다. 그리고 그렇게 해서 옹호자를 아군으로 결집시킨다. 그와 함께, 동성애 혐오를 비난하는 분위기를 촉진하는 조건이자 그런 정치적 흐름으로써, 동성애에 대해 관용적이고 경우에 따라서는 동성애를 수용하기까지 하는 태도가 여러 리버럴한 사회들의 집단적 자기이해의 중심부로 이동하는 것 같다. 그리하여 그런 사회에서 동성애자의 해방을 촉진하는 의미 있는 사회변동이 가능해지고 있는 것 같다.[2]

심리학적이고 개인주의적인 방식의 사회심리학적 관점에 따라 동성애 혐오 개념을 심리적 동인으로 귀결시키는 일은 동성애 거부 현상을 학문적으로 설명하기보다는 오히려 혼란스럽게 만든다. 그러나 동성애 혐오 개념은 정치적 도구로 사용될 만큼의 가치를 가지므로, 우리는 이 가치에 주목할 수 있다(Herek 2004). 그러나 앞서 본 현실 변화의 방향은, 동성애 혐오 개념이 정치적 도구로서 갖는 가치가 결코 단순하지 않음을 보여준다. 그럼에도 그 개념은 동성애 혐오 수사학을 (이슬람 혐오나 인종주의 수사학과 마찬가지로) 거침없이 사용할 때 초래될 위험에 대해 (자기) 비판적 사고를 하도록 만든다. 말하자면 동성애 혐오 개념은 우리가 이질적인 사고방식이나 가치관을 갖는 사람들 또는 타자에 의해 거부되는 사람들을 인정하는 것이 충분히 감내할 만한 사회적 요구인지에 대해 한번 생각해보기도 전에, 이미 그들이 다르거나 또는 거부된다는 이유만으로 그들을 비이성적, 비도덕적 존재라고 단죄할 위험성이 존재한다고 알려준다. 이런 의미에서, 우리에게는 "거부의 문화" 역시 필요하다. 다만 그것은 존중의 문화에 의해 제한되어, 현재의 (그러나 언젠가는 변할 수 있는) 거부감을 부정하지 않으면서도 그 속에 매몰되지 않는 거부의 문화여야 한다.

번역_홍찬숙

2 이와 같은 방향으로 현실이 전개될 수 있었던 것은, 잘 알려진 대로, 정치적 올바름이라는 비난을 받으면서도 [혐오의] 자유를 제한하는 대항운동을 포기하지 않았기 때문이다.

## 참고문헌


Bachmann, Anne S. und Bernd Simon 2014: Society Matters: The Mediational Role of Social Recognition in the Relationship Between Victimization and Life Satisfaction Among Gay Men, in: European Journal of Social Psychology 44. 3, 195–201.

Brown, Roger 1986: Social Psychology. The Second Edition. New York: The Free Press.

Devine, Patricia G. 1989: Stereotypes and Prejudice. Their Automatic and Controlled Components, in: Journal of Personality and Social Psychology 56. 1, 5–18.

Forst, Rainer 2003: Toleranz im Konflikt. Frankfurt a. M.: Suhrkamp.

Habermas, Jürgen 1999 [1996]: Die Einbeziehung des Anderen. Studien zur politischen Theorie. Frankfurt a. M.: Suhrkamp.

Habermas, Jürgen 2005: Zwischen Naturalismus und Religion. Frankfurt a. M.: Suhrkamp.

Herek, Gregory M. 2004: Beyond »Homophobia«. Thinking About Sexual Prejudice and Stigma in the Twenty-First Century, in: Sexuality Research & Social Policy 1. 2, 6–24.

Honneth, Axel 1994 [1992]: Kampf um Anerkennung. Frankfurt a. M.: Suhrkamp.

Honneth, Axel und Nancy Fraser 2003: Umverteilung oder Anerkennung? Eine politisch-philosophische Kontroverse. Frankfurt a. M.: Suhrkamp.

Jussim, Lee J. 2012: Social Perception and Social Reality. Why Accuracy Dominates Bias and Self-Fulfilling Prophecy. New York: Oxford University Press.

Kahan, Dan M. 2016: The Expressive Rationality of Inaccurate Perceptions, in: Behavioral & Brain Sciences (im Erscheinen). Preprint ‹http://ssrn.com/abstract=2670981›.

Oakes, Penelope J., S. Alexander Haslam und John C. Turner 1994: Stereotyping and Social Reality. Oxford: Blackwell.

Pettigrew, Thomas F. und Linda R. Tropp 2011: When Groups Meet. The Dynamics of Intergroup Contact. Philadelphia: Psychology Press.

Scanlon, Thomas M. 2003: The Difficulty of Tolerance. Essays in Political Philosophy. New York: Cambridge University Press.

Simon, Bernd 2008: Einstellungen zur Homosexualität. Ausprägungen und psychologische Korrelate bei Jugendlichen mit und ohne Migrationshintergrund (ehemalige UdSSR und Türkei), in: Zeitschrift für Entwicklungspsychologie und Pädagogische Psychologie 40. 2, 87–99.

Simon, Bernd 2010: Respekt und Zumutung bei der Begegnung von Schwulen/Lesben und Muslimen, in: Aus Politik und Zeitgeschichte 15–16, 27–32.

Simon, Bernd 2012: Kultureller Pluralismus: Zwischen Respektzumutung und

Politisierung, in: Nova Acta Leopoldina 116. 394, 161–181.

Simon, Bernd 2014: Identität und Macht: Wann und warum Repression akzeptiert wird, in: Osteuropa 64. 8, 63–72.

Simon, Bernd 2016: Grundriss einer sozialpsychologischen Respekttheorie: Implikationen für Kooperation und Konflikt in pluralistischen Gesellschaften, in: Psychologische Rundschau (im Erscheinen).

Simon, Bernd, Brigitta Glässner Bayerl und Ina Stratenwerth 1991: Stereotyping and Self Stereotyping in a Natural Intergroup Context. The Case of Heterosexual and Homosexual Men, in: Social Psychology Quarterly 54. 3, 252–266.

Simon, Bernd und Bert Klandermans 2001: Politicized Collective Identity. A Social Psychological Analysis, in: American Psychologist 56. 4, 319–331.

Simon, Bernd und Hilmar Grabow 2014: To be Respected and to Respect. The Challenge of Mutual Respect in Intergroup Relations, in: British Journal of Social Psychology 53. 1, 39–53.

Simon, Bernd, Hilmar Grabow und Nicolas Böhme 2015: On the Meaning of Respect for Sexual Minorities. The Case of Gays and Lesbians, in: Psychology & Sexuality 6. 4, 297–310.

Simon, Bernd, Alex Mommert und Daniela Renger 2015: Reaching Across Group Boundaries. Respect From Outgroup Members Facilitates Recategorization as a Common Group, in: British Journal of Social Psychology 54. 4, 616–628.

Simon, Bernd und Christoph D. Schaefer 2016: Tolerance as a Function of Disapproval and Respect. The Case of Muslims, in: British Journal of Social Psychology 55. 2, 375–383.

Tajfel, Henri und John C. Turner 1986: The Social Identity Theory of Intergroup Behavior, in: Stephen Worchel und William G. Austin (Hg.): Psychology of Intergroup Relations. Chicago: Nelson-Hall, 7–24.

# 가족법상의 동성애자 차별
## 전개와 전망

니나 데틀로프

### 형법상의 박해로부터 법적 인정으로—그 경계에 대한 조망

20세기 말까지도 동성애자에 대한 사회적 낙인이 만연했다. 뿐만 아니라 법적 차별이 있었고, 심지어는 형법상의 박해도 드물지 않았다. 다수의 서유럽 국가에서 동성애적 생활방식과 가족형태가 점차 사회적으로 수용되고 동성애자의 법률상 지위가 향상된 것은 그 이후의 모습이다. 가족법에서 동성애자를 법적으로 인정하게 된 출발점은 등록된 또는 등기된 동반자관계(Partnerschaften) 제도의 도입으로서 이는 종종 동성 커플을 위한 혼인 이외의 법적 틀로 간주되었다(Dethloff 2015a: 236, 249). 동성 커플을 위해 등록된 동반자관계를 제정하는 데 있어 선구적이었던 것은 노르딕 국가들이었다. 이는 1989년 처음으로 덴마크에서, 이어서 노르웨이, 스웨덴, 아이슬란드에서, 그리고 마지막으로 2002년에 핀란드에서 이루어졌다. 이후 다른 다수의 국가들이 그 뒤를 따랐다. 동반자관계가 일부 국가에서 혼인과 상당히 동등하게, 심지어는 (시간이 지나면서) 완전히 동등하게 여겨지기도 했지만, 그 외의 국가들에서는 동반자관계에 훨씬 적은 권리만이 부여되었다. 이 국가들은 (우선) 무엇보다도 친자법상의(Kindschaftsrechtlich) 효력과 관련해서 소극적이었다. 계자입양(Stiefkandadoption), 그리고 특히나 가족관계가 없는 아이(fremdes Kind)의 공동입양(gemeinschaftliche Adoption)은 (초기에) 흔히 혼인 부부(Eheleute)에게만 허용되어 있었다(Dethloff 2010b: 41). 하지만 사법제도가 유사해져 감에 따라 점점 더 많은 나라에서 동성 커플에게 혼인이 허용되었다. 먼저 2001년 네덜란드에서, 이어서 벨기에, 스페인, 포르투갈, 노르웨이, 스웨덴, 아이슬란드에서, 그리고 마지막으로 덴마크(2012), 프랑스(2013), 스코틀랜드, 잉글랜드, 웨일스(2014), 룩셈부르크, 아일랜드(2015), 핀란드(2017)에서 그렇게 되었다(Dethloff 2015a: 50 이하). [동성 커플에 대한 혼인 허용의 문제는] 헝가리(2012)나 슬로바키아(2014)처럼 혼인의 정의가 (오직) 남자와 여자의 결합으로 성문화된 동유럽의 일부 국가에서 반대 방향으로 전개되기도 했다. **모든 이에게 결혼을**(Ehe für alle)은 서유럽 국가들은 물론 미국, 캐나다, 중남미의 일부 국가, 남아프리카 공화국, 뉴질랜드 등 유럽 밖에서도 널리 퍼져 있는 현상이다. 일반적으로는 혼인이 허용되면서 완전히 동등한 지위까지 주어진다. 또한 동성 커플이 가족을 형성하는 데 있어 상당히 의존하게 되는 생식의학적 방법의 차별 없는 이용도 점차 보장되고 있다.

### 열악한 권리의 상태에서 혼인과 동등한 상태로—독일법의 생활동반자관계

동성애적 생활방식과 가족형태를 점차 수용하고 법적으로 인정하는 국제적 경향은 2001년 등록된 생활동반자관계(Lebenspartnerschaft)가 제정된 이후 독일에서도 확인된다. 동성 동반자관계와 동성 가족이 계속 확산되고 있다는 것은 이미 사회적 현실이다. 동성 생활공동체로 하나의 가계를 이룬 커플이 2002년에는 53,000쌍이었는데 2014년에 이미 87,000쌍에 이르렀다(Statistisches Bundesamt 2015: 56). 또한 등록된 생활동반자관계 수가 2010년 3,000건, 2013년 6,000건 증가했다. 2014년에는 총 약 41,000개의 생활동반자관계가 존재했다(같은 곳). 2009년 전체 동성 동반자관계의 약 9%에 자녀가 있었다. 국립가족연구소(Staatsinstitut für Familienforschung)의 한 조사에 따르면, 동성 동반자관계에서 자라는 약 6,600명의 자녀 중 44%는 이전의 이성애 관계 또는 이성애 부부로부터 태어났으며, 6%는 양자였다(Rupp 2009: 13, 85 이하). 다수의 다른 커플들도 자녀를 갖고 싶어 한다. 2013년 실시된 한 조사에 따르면, 자녀가 없는 전체 동성애 남성 중 36.4%가 자녀를 원한다. 동성애 여성의 경우 이 비율은 41.4%로 약간 더 높았다(Haag 2013: 414 이하).

가족법에서 동성애자를 법적으로 인정하는 중요한 첫 걸음은 2001년 8월 1일 시행된 생활동반자관계법이다. 기본법 제6조 제1항에서 보장된 혼인의 특별한 보호로 인해 당시에는 동성 커플에 대한 차별을 없애려는 생활동반자관계법의 목표가 더 적은 권리와 의무를 갖되 혼인과는 거리를 두는 형태로 동성 커플을 위한 나름의 사법제도를 마련함으로써만 가능한 것처럼 보였다. 하지만 연방헌법재판소는 생활동반자관계법이 기본법 제6조 제1항에 합치한다고 보았다. 남성과 여성의 결합으로서 혼인이 특별히 보호되어야 한다고 해서 동성 커플로 하여금 혼인에 필적하거나 근접한 권리와 의무를 갖게 하는 제도를 입법자가 마련하지 못하는 것은 아니라는 것이다(BVerfG, Urteil vom 17. Juli 2002 – 1 BvF 1/01). 연방헌법재판소의 판결이 내려지자 이미 2005년에 생활동반자관계법이—특히 재산법과 이혼효과법(Scheidungsfolgenrecht)에서—혼인법과 더욱 동등해졌다(Dethloff 2015a: 236). 하지만 이와 반대로 공동입양은 여전히 혼인 부부에게만 허용되었다.

헌법재판소는 등록된 생활동반자관계를 위해 혼인과 동등한 규정들을 마련하는 것이 기본법 제6조 제1항의 혼인 보호 규정에 저촉되지 않는다고 판시했다. 하지만 여전히 많은 영역에서 생활동반자관계에 비해 혼인에 **특권들**이 부여되어 있었고, 때문에 그것들이 일반적으로 정당화될 수 있는 것이냐는 물음이 제기되었다. 그 출발점은 2008년 마루코 소송사건(Rechtssache Maruko)에서 내린 유럽재판소의 판결이었다. 이 판결에 따르면, 혼인 부부에 비해 생활동반자가 급여(Arbeitsentgelt)에서 받는 불이익은 성적 지향에 의한 것으로 금지된 차별이다(EuGH, Urteil vom 1. April 2008 – C-267/06). 그다음으로 2009년 연방헌법재판소는 장기 지속된 동반자의 상호 책임을 떠맡는다는 점에서 등록된 생활동반자관계가 혼인과 다르지 않다고 명확히 판결하여 매우 큰 주목을 받았다(BVerfG, Beschluss vom 7. Juli 2009 – 1 BvR 1164/07). 기본법 제3조 제1항의 보편적 평등의 원칙으로 인해 혼인 부부와 등록된 생활동반자관계에 대한 불평등 대우는 그것을 정당화하는 객관적 근거를 필요로 한다. 연방헌법재판소에 따르면, 이 근거는 엄격한 요건들을 충족시켜야 한다. 성적 지향을 판별하는 결정적 특성이 기본법 제3조 제3항에서 언급된, 가령 혈통이나 인종과 같은 개인적 특성들과 상당히 유사하여 소수자를 차별할 위험이 있기 때문이다. 기본법 제6조 제1항의 혼인 보호를 단순히 지시하는 것만으로는 혼인에 대한 등록된 생활동반자관계의 차별 대우를 정당화할 수 없으며, 오히려 추상적인 혼인 장려를 넘어서는 객관적인 특별한 정당화 근거가 필요하다고 한다(같은 곳).

연방헌법재판소가 내린 이 최근 판례의 결과로 인해 생활동반자관계는 특히 공법의 영역에서까지 혼인과 동등해졌고, 그로 인해 동등한 권리가 점차 동등한 의무에 부합해 갔다(Dethloff 2015a: 237). 연방헌법재판소의 판결은 혼인과 생활동반자관계가 외국인법과 국적법, 사회법, 연금보험, 공무원법의 영역에서 동등해지고 이어 조세법에서도 완전히 평등한 대우를 받게 되는 새로운 동력이었다.

### 입양 금지에서 연속입양의 허용으로—동등한 지위로 가는 마지막 한 걸음

입법자가 동성 커플을 위해 생활동반자관계를 정당화할 수 있는 가능성을 연 2001년만 하더라도 아직 입양권이 고려되지 않았었다. 동성 커플의 동반자관계에서 성장한 자녀에 대한 학문적 인식이 아직 충분히 확실치 않았기 때문이다(Fthenakis 2000: 379). 물론 동반자 일방이 단독으로 입양할 수는 있었다—그리고 그 가능성은 여전히 존재한다. 그간 유럽인권재판소는 입양자의 동성애가 원칙적으로 입양에 반하지 않는다는 점을 명확히 했다(EGMR, Urteil vom 22 Januar 2008 – 43546/02). 그 이후 동성 커플의 입양 가능성은 동성 가족에서 자란 자녀들에 대한 사회과학 연구들을 배경으로 하면서, 그리고 연방헌법재판소 판례의 영향 하에서 서서히 확대되었다. 가령 2005년부터 등록된 생활동반자는 동반자의 친자를 계자로 입양할 수 있게 되었다. 이 입양은 모든 입양과 마찬가지로 아이의 복리에 기여하고 아이와 입양자 간 부모자녀관계가 형성될 것이라는 점을 전제로 한다. 아이는 입양과 함께 생활동반자 양방의 공동 자녀가 된다. 이로써 상대 동반자는 비로소 친권을 부여받게 되고 자녀와 계부 및 계모 간의 부양청구권(Unterhaltsansprüche)과 상속권이 생겨난다.

하지만 2005년 개정 이후에도 가족관계가 없는 아이의 공동입양은 불가능했다. 뿐만 아니라 2014년까지 유효했던 법률 상태에 따라 생활동반자가 상대 동반자가 이전에 단독으로 입양했던 아이를 입양하여 공동 자녀로 삼는 것(연속입양)도 불가능했다. 2013년 연방헌법재판소는 사전 입양자의 생활동반자에 의한 연속입양의 금지가 기본법 제3조 제1항의 평등 원칙에 저촉되기 때문에 위헌이라고 했다(BVerFG, Urteil vom 19. Februar 2013 – BvL 1/11). 한편으로 혼인 부부의 입양아에 비해, 다른 한편으로 등록된 생활동반자의 친자에 비해 연속입양과 관련된 아이가 받는 불평등 대우를 처음으로 시정한 것이다. 그리하여 연방헌법재판소는 아이의 복리를 중점에 두게 되는데, 일반적으로 아이의 복리는 법적 보호자(Bezugspersonen)인 두 동성 생활동반자와 함께 자란다고 해서 결코 위태로워지지 않는다고 한다. 동성 가족의 자녀들이 시달리는 사회적 차별과 낙인은 입양을 통해 양자관계 등을 법적으로 보장해서가 아니라 동성 동반자관계에서 성장해서 생긴 결과다. 이 성장은 공동입양과 무관한 것이다. 상대 동반자에게 사회적 부모의 지위(Elternstellung)를 보장할 필요성은 계자보다 오히려 단독으로 입양된 자녀에게 더 강하게 존재한다(BVerfG, Beschluss vom 9. April 2003 – 1 BvR 1493/96). 특히 부양청구권 및 상속권과 관련하여 자녀가 두 부모의 지위(Elternschaft)에서 득을 보기 때문에, 연속입양은 물질적인 면에서도 자녀의 상황을 향상시킨다(BVerfG, Urteil vom 19. Februar 2013 – 1 BvL 1/11). 나아가 연속입양 금지는—상대의 자녀를 입양하는 것이 가능한—한편으로 혼인 부부에 비해, 다른 한편으로 친부 및 친모의 등록된 생활동반자에 비해 [사전 입양자의] 등록된 생활동반자가 받는 비정당화된 불평등 대우를 뜻한다. 물론 2014년 연방헌법재판소의 결정의 결과로 가결된 새 규정은 등록된 생활동반자들에게도 연속입양을 허용했다. 하지만 이 규정은 입양법에서 등록된 생활동반자관계의 완전히 동등한 지위를 도외시하고 있다.

그 때문에 생활동반자에 의한 공동입양은 여전히 가능하지 않았다. 연속입양이 허용됨에 따라 생활동반자 양방이 가족관계가 없는 아이의 법적 부모가 되는 것이 가능해지긴 했다. 하지만 이를 위해서는 두 번의 입양 절차가 필요하기 때문에 경우에 따라서는 상대 동반자에게도 법적 보장이 이루어질 때까지 더 긴 시간이 소요될 수 있다. 또한 여기서 받는 아이와 생활동반자의 불이익은 기본법 제3조 제1항과 양립할 수 없는 불평등 대우를 뜻한다(Sanders 2011: 363 이하). 공동입양을 허용하지 않는 것이—연속입양과 마찬가지로—아이의 복리를 근거로 정당화되지 않았기 때문이다. 오히려 반대로 법적 부모의 지위가 동반자 양방에게 직접 주어진다면 아이의 복리에 유익할 것이다. 혼인 부부와 마찬가지로 생활동반자에게서도 입양이 아이의 복리를 증진하는지 아닌지는 개별 사례를 살펴보아야만 알 수 있다. 공동입양을 거부함으로써 그러한 개별 사례 검토가 일반적으로 이루어지지 못하게 하는 것은 아이의 복리에 반하는 것이다(Dethloff 2015c: 23).

동반자와 유전적으로 연결된 자녀를 얻으려는 동성 커플들의 소망이 (의학적) 보조생식(assistierte Reproduktion)의 도움으로 점차 실현되어 가고 있다. 여성 동성 커플은 정자은행을 매개로 한 정자 기부 또는—동성 커플에게 중요한, 연방주 의사협회들(Landesärztekammern)의 직업법상의 규정과 관련하여 있을 수 있는 모종의 법적 불확실성 때문에—민영으로 조직되거나 외국에서 조직된 정자 기부에 의존하고 있다. 동반자 일방이—독일에서 난세포 기부가 금지되어 있기도 하거니와—기부자의 정자로 수정된 상대 동반자의 난세포를 태내에 가짐으로써 둘 다 자녀와 신체적으로 관련 맺는 특수한 상호 체외수정 형식이 의학적으로 가능하다(Dethloff 2015d: 51). 남성 동성 커플에게도 둘 중 한 명과 유전적으로 연결된 자녀가 있는 가족을 형성하는 것은 독일법이 대리모를 일반적으로 금지하기 때문에 부분적으로 더 자유로운 규정들이 통용되는 외국에서만 가능하다. 결국 2인 이상이 부모의 책임을 인지하고 그것을 법으로 보장받는 다양한 형태의 다부모 가족(이른바 퀴어 가족)이 점점 더 확산되고 있다.

가족을 형성하고 보조생식의 도움으로 자녀를 얻고 싶다는 동성 커플의 소망은 동성 가족들의 다양한 생활방식과 가족형태와 마찬가지로 이제까지 법이 충분히 고려하지 않은 사회적 현실이다. 생식의 자유를 제한하는 법의 근본적 개정이 필요하다. 어떤 보조생식 방법이 허용되고 누가 이 방법을 이용할 수 있는지를 규정하는 생식의료법이 다수의 유럽과 비유럽 국가들에서처럼 독일에서도 제정되어야 한다(Dethloff 2013: 92). 생식의 자유의 제한은 정당한 보편적 이익의 보호 또는 제

3자의 기본권 보호를 위해 필요하거나 그것과 관계있는 경우에만 정당화된다. 때문에 이성 커플만이 아니라 동성 커플을 위해서도 난세포 기부와 대리모 금지를 비판적으로 검토할 필요가 있다(Gassner et al. 2013: 31 이하). 난세포 기부 금지가 철폐되면 동반자 일방이 상대의 유전적 자녀를 태내에 갖는 특별한 형태의 공동 모(母)의 지위(Mutterschaft)가 여성 동성 커플에게 가능해진다. 한편 대리모가 허용되면 남성 동성 커플은 동반자 일방과 유전적으로 연결된 자녀를 얻을 수 있게 될 것이다. 그 밖에도 생식의료의 차별 없는 이용이 동성 커플에게 보장되어야 한다(Dethloff 2016a). 이성 커플에게 허가된 것과 동일한 보조생식 방법들이 허용되어야 한다.

무엇보다도 보조생식에서 법적 부모의 지위 규정은 동성 가족에서 부모의 책임을 떠맡는—여성 동성 가족, 남성 동성 가족 또는 다부모 가족에서 의도되고 실제 이루어지고 있는—다양한 형태에 부합해야 한다. 동성 여성 커플이 정자 기부를 통해 바라던 대로 아이를 갖게 된 경우 늘, 그리고 직접적으로 출산과 결부되어 있는 현행 법률에 따라 아이를 낳은 여성만이 법적 모친이 될 수 있다. 상호 체외수정에서처럼 동반자가 유전적 모친인 경우라 하더라도 그러하다. 기부자의 정자로 수정이 된 경우에도 자동적으로 혼인 중에 낳은 아이의 법적 부친이 되는 모친의 남편과 달리 모친의 등록된 생활동반자는 법률에 의하여 법적 부모의 지위를 얻지 못한다. 남성 배우자와 달리 모친의 실제 여성 배우자는 모친의 동의하에 아이를 인정한다고 해서 법적 부모의 지위를 획득할 수 있는 것도 아니다.

오히려 모친 동반자의 법적 부모의 지위는 현행 법률에 따라 오로지 계자입양에서만 정당화될 수 있다. 여기에는 상당한 불이익이 있다

(Dethloff 2010a: 161). 가령 입양될 때까지 두 모친과의 관계가 물질적으로도 친권상으로도 보장되지 않는다. 또한 [아이의 모친인] 상대방이 사망하는 등의 경우 입양이 수포로 돌아갈 수도 있다. 동반자들이 등록된 생활동반자관계로 살지 않을 경우 계자입양은 아예 불가능하다. 그 밖에도 생활동반자의 부모의 지위를 정당화하기 위해 공연히 입양 절차를 진행해야 한다. 가령 동반자의 공동 결정으로 아이를 낳았다면 입양이 아이의 복리를 증진시킬지, 부모의 지위가 형성될 수 있을지에 대해 의심할 필요가 없을 것이다. 동반자가 유전적 모친이라도 자기 아이를 입양해야 한다는 것인데, 이는 아주 이상해 보인다.

기부된 정자를 받을 때 아이 출산을 공동으로 책임지고 부모의 책임을 함께 떠맡기로 한 모친 동반자의 법적 부모의 지위가 규정되어야 한다(Dethloff 2016c). 다른 나라들에서 볼 수 있듯, 공동 모(母)의 지위는 다양한 방식으로 실현될 수 있다. 카탈루냐에서처럼 부모의 지위는 타인 정자를 통한 수정(heterologe Befruchtung)에 대한 동반자의 동의와 직접 결부될 수 있다. 영국과 네덜란드에서처럼 신분관계(Statusbeziehung)가 존재하는 경우에만 출산자의 동반자에게 정기적으로 모(母)의 지위를 자동 귀속시키는 것도 가능하다(Dethloff 2015b: 56). 무엇보다 유전적 혈통의 개연성에 근거하는 남편의 법적 부친지위(Vaterstellung)와 달리 [공동 모(母)의 지위에서는] 오로지 인공 수정의 동의 여부와 부모의 책임을 질 준비가 되어 있는지만이 중요하다. 신분관계가 결여된 경우에도 동반자가 법적 부모의 지위를 획득할 수 있도록 모(母)의 지위가 인정되어야 한다. 동반자의 동의하에 타인 정자를 통한 수정(Fremd-befruchtung)이 이루어진 것이라면 부모의 지위를 문제 삼아서는 안 된다. 또한 동의했던 동반자가 생각을 바꾸어 책임을 회피하는 것을 막기 위해서—현행 법률에 따라 혼인하지 않은 남성 동반자에게 할 수 있는 것처럼—동반자가 부모의 지위를 가지고 있음을 법률로 명확히 해야 한다.

다른 상황에서도 법적 부모의 지위는 보조생식을 이용하기로 한 결정 때문에 아이가 생긴 데 책임이 있고, 따라서 부모의 책임을 질 준비가 되어 있는 사람에게 주어져야 할 것이다. 이성 동반자관계에서처럼 동성 동반자관계에서도 출산과 함께 즉각 발생한, 실제로 떠안게 된 부모의 지위를 법적으로 인정, 보장하는 것은 부모의 소망에 부합한다. 뿐만 아니라 그것은 동성 동반자관계에서 보조생식을 통해 잉태된 아이의 이익을 가장 잘 지켜주기도 한다. 남성 동성 커플이 대리모의 도움을 받아 바람대로 동반자 일방과 유전적으로 연결된 아이를 얻게 된다면, 상대 동반자는 입양 절차 없이 출산과 함께 바로 법적 부모의 지위를 획득할 수 있을 것이다. 대리모의 지위가 인정된다고 해서 이전에 잉태된 아이의 귀속에 변화가 생기는 것은 아니기 때문에 이는 독일에서 대리모의 지위의 허용 여부와 상관없이 유효하다(Dethloff 2016d: 210). 오히려 외국 법률에서처럼 자녀를 갖고 싶은 남성 동성 커플의 법적 부모의 지위가 독일에서 간단히 인정되어야 할 것이다.

부모의 지위를 현행처럼 법적 부친과 법적 모친으로 제한하는 것은 보조생식을 통해 형성된 가족의 사회적 관계와 요구에 더 이상 부합하지 않는다(Dethloff und Timmermann 2016). 살아온 현실이 변화함에 따라 다른 나라에서는, 가령 캐나다와 캘리포니아에서는 세 부모가 부분적으로 인정되었다. 실제적인—동성 가족에서 자주 잉태 전에 의도되고 이후 실현된—다수 부모의 지위(Mehrelternschaft)는 독일법에서도 3인 이상의 법적 부모의 지위가 가능해지면 인정되고 보장될 것이다. 이는 특히 출산모의 동반자가 자녀의 유전적 모친이기도 한 경우에 유효하다. 법적 다수 부모의 지위의 인정 여부와 상관없이 사회적 부친과 모친만이 갖는 개별적 권리와 의무가 강화될 필요가 있다. 사회적 부모의 지위는 타국의 법질서에서처럼 부모의 책임을 인지하는 제3자에게 친권을 허락함으로써 인정될 수 있다(Scheiwe 2015: 218 이하). 무엇보다도 동반자 관계가 소멸하거나 당사자들 간의 갈등이 발생한 경우 자녀의 복리에 합당한 해결책이 되는 규정이 마련되어야 한다. 결국 부모의 지위와 친권 권한에 관해 합의하는 데 있어 더 많은 여지가 주어져야 한다(Dethloff und Timmermann 2016). 다부모 관계의 다양한 현실을 더 잘 반영하려면 예비적인 당사자 규정이 강화되고 법적 구속력을 갖추어야 한다. 당사자들 중 누가 법적 부모의 지위를 획득하고 이들 각자의 친권 권한은 어떻게 구성되는지가 잉태 전에 미리 합의될 수 있어야 할 것이다.

### 동성혼인이 허용되지 않는 한 차별은 끝나지 않는다

혼인과 등록된 생활동반자관계의 지위가 동등해지면 동등해질수록 결국 상이한 명칭과 혼인을 허용하지 않는 데 따른 차별만이 중요해진다. 혼인과 가족을 헌법의 보호하에 둔 소수의 국가들 중 하나인 가톨릭 성향의 아일랜드에서마저 동성혼인이 허용된 이후 독일에서도 [관련 사안에 대한] 법정책적 논의가 심화되었다. 설문조사에 따르면, 정당과 종파를 넘어 그새 65%의 국민이 성 중립적 혼인을 옹호하고 있다. 만인에게 혼인을 허용하는 법률안이 연방상원(Bundesrat)에 제출되어 있기도 하다. 물론 기본법 제6조 제1항이 남성과 여성의 결합으로서의 혼인 제도를 입법자로부터도 보호하고 있기 때문에 동성혼인 허용이 연방하원(Bundestag)과 연방상원의 2/3 이상이 찬성하는 기본법 개정을 통해서만 가능하다는 것은 널리 알려져 있다. 동성애가 처벌의 대상이었던 시기에 기본법의 창시자들이 혼인을 남성과 여성의 결합으로만 이해하는 것은 당연했고, 때문에 기본법에서조차 헌법상의 혼인 개념이 정의되어 있지 않게 되었다. 오늘날 더 이상 당연하지 않은 많은 다른 것들도 당시에는 당연했다. 만인이 이해하는 바에 따르면 혼인은 유일하게 적법한 남녀 공동생활 형식이었다. 혼인은 원칙적으로 해소되지 않고, 남성의 명백한 우위로 특징지어지며, 아이의 잉태와 양육에 맞춰져 있었다. 혼인에 대한 이러한 이해는 오늘날의 사회적 관계와 관념에 더 이상 부합하지 않는다. 이것이 일반법(einfaches Recht)의 광범위한 개정에서만 드러났던 것은 아니다. 기본법을 해석하는 데 있어서도 사회변동이 중요하다(Böhm 2013: 222 이하). 사회적 현실의 변화가 헌법의 내재적 변동으로 이어질 수 있다.

혼인상(像)은 오늘날 기본법의 영향하에서 성의 동등한 권리로 특징지어진다. 본디 결정적이었던 혼인의 불해소성 원칙도 이혼율 증가와 자유주의적 이혼법에 직면하여 근본적인 변동을 겪고 있다. 또한 혼인은 더 이상 혼인 부부의 실제적 또는 잠재적 생식능력 때문이 아니라 두 인간의 법적 책임공동체와 보증공동체(Einstandsgemeinschaft)로서 보호되고 있다. 혼인에 대한 헌법적 이해가 근본적으로 변함에 따라 [혼인은] 그것의 변치 않는 구조적 특징(BVerfG, Urteil vom 17. Juli 2002 - 1 BvF 1/01)으로서—그 역시 본디 당연한 것으로 전제되고 오늘날에도 여전히 연방헌법재판소의 혼인 개념에 내재되어 있는—이성애를 더 이상 고수할 수 없다(Wapler 2015: 23 이하). 생활동반자관계와 혼인의 동등한 지위에 관한 연방헌법재판소의 최근 판례 자체도 헌법상의 혼인 개념이 변화하는 데 결정적 기여를 했다. 이 판례 이후 혼인과 생활동반자관계는 오늘날 법으로 보장된 두 인간의 보증공동체와 책임공동체를 주요 특징으로 하는 동일한 기능을 하는 제도가 되었다(BVerfG, Beschluss vom 7. Mai 2013 - 2 BvR 909/06). 혼인과 생활동반자관계가 이렇게 기능상 동일해짐에 따라 이성애의 특징이 더 이상 혼인 개념에 각인되어 있지 않은 것으로 볼 수 있다(Sanders 2011: 365 이하). 혼인을 '발견된 생활방식'으로 본다면 입법자가 재량껏 어찌 할 수 없는 [혼인의] 본질적 구조원칙으로서 성차를 주장할 수 있을지언정 그것을 정당화할 수는 없다. 헌법상의 혼인 개념에 담겨 있는 역사적 입법자의 의식적 또는 무의식적 관념이 변치 않는 구조원칙으로 후세에 전해질 수는 없다. 사회적, 법적 변동을 반영하여 이미 제시되어 있는 역동적 헌법 해석에서 혼인은 오늘날 동등한 두 동반자로 구성되어 있고 법으로 보장된 공동체의 성 중립적인 형태로 제도적으로 보증되었다(Dethloff 2016b: 353). 따라서 입법자는 헌법을 개정하지 않고도 동성 커플에게 혼인을 허용할 수 있다.

이로부터, 하지만 보다 진전된 결론이 헌법상의 평등대우규정의 배경하에서 도출된다. 요컨대 헌법재판소는 혼인과 동반자관계에 차이를 두는 **규정**을 거부했을 뿐만 아니라 최근 판례에서 그것들에 차이를 두는 것을 **금지**하도록 규준화했다. 정당화될 수 없는 이성 커플과 동성 커플의 불평등 대우는 혼인과 생활동반자관계라는 상이한 명칭에서만 나타난다. 혼인이 두 인간의 법적 공동체로서—혼인이 이성 동반자들 간에도 있을 수 있고 동성 동반자들 간에도 있을 수 있는 것처럼—보호된다면, 기본법 제6조 제1항에 명시된 혼인의 특별한 보호는 이 불평등 대우의 근거가 되지 못한다. 동성 커플이 동등한 권리와 의무를 가지되 다른 명칭으로 사법제도로 들어오는 것을 허용하는 것은, 그러면서도 결혼(Eheschließung)을 허용하지 않는 것은 평등 원칙에 모순된다(Dethloff 2016b: 354). 결론은 입법자가 동성혼인을 허용**해야 한다**는 것이다.

번역_김주호

## 참고문헌


Böhm, Monika 2013: Dynamische Grundrechtsdogmatik von Ehe und Familie, in: Veröffentlichungen der Vereinigung der Deutschen Staatsrechtslehrer. Zukunftsgestaltung durch Öffentliches Recht. Band 73. Berlin: de Gruyter, 211–250.

Dethloff, Nina 2010a: Assistierte Reproduktion und rechtliche Elternschaft in gleichgeschlechtlichen Partnerschaften – Ein rechtsvergleichender Überblick, in: Dorett Funcke und Petra Thorn (Hg.): Die gleichgeschlechtliche Lebensgemeinschaft mit Kindern – Interdisziplinäre Beiträge zu einer neuen Lebensform. Bielefeld: transcript, 161–192.

Dethloff, Nina 2010b: Rechtliche Rahmenbedingungen für Regenbogenfamilien in Europa, in: Zeitschrift für Familienforschung. Sonderheft 7. Gleichgeschlechtliche Lebensgemeinschaften mit und ohne Kinder. Hg. von Marina Rupp, 41–51.

Dethloff, Nina 2013: Rechtspolitik im Gespräch »Ein Reproduktionsmedizingesetz ist überfällig«, in: Zeitschrift für Rechtspolitik 46. 3, 91–93.

Dethloff, Nina 2015a: Familienrecht. München: C. H. Beck.

Dethloff, Nina 2015b: Familiengründung gleichgeschlechtlicher Paare in Europa, in: Thomas Ackermann und Johannes Köndgen (Hg.): Privat- und Wirtschaftsrecht in Europa. Festschrift für Wulf-Henning Roth zum 70. Geburtstag. München: C. H. Beck, 51–62.

Dethloff, Nina 2015c: Die gemeinschaftliche Adoption durch eingetragene Lebenspartner_innen. Die Sukzessivadoption reicht nicht! Bonn: Brandt.

Dethloff, Nina 2015d: Reziproke In-vitro-Fertilisation – Eine neue Form gemeinsamer Mutterschaft, in: Katharina Hilbig-Lugani, Dominique Jakob, Gerald Mäsch, Philipp Reuß und Christoph Schmid (Hg.): Zwischenbilanz – Festschrift für Dagmar Coester-Waltjen zum 70. Geburtstag. Bielefeld: Gieseking, 41–51.

Dethloff, Nina 2016a: Reproduktive Autonomie, in: Susanne Baer und Ute Sacksofsky (Hg.): Autonomie im Recht (im Erscheinen).

Dethloff, Nina 2016b: Ehe für alle, in: Zeitschrift für das gesamte Familienrecht 5, 351–354.

Dethloff, Nina 2016c: Was will der Staat? Mutterschaft als Regelungsaufgabe, in: Bettina Heiderhoff und Anne Röthel (Hg.): Regelungsaufgabe Mutterstellung: Was kann, was darf, was will der Staat? Frankfurt a. M.: Wolfgang Metzner, 19–31 (im Erscheinen).

Dethloff, Nina 2016d: Anmerkung zu BGH 10.12.2014, in: JuristenZeitung 71. 4, 207–211.

Dethloff, Nina und Anja Timmermann 2016: Gleichgeschlechtliche Paare und Familiengründung durch Reproduktionsmedizin. Bonn: Brandt (im Erscheinen).

Fthenakis, Wassilios E. 2000: Gleichgeschlechtliche Lebensgemeinschaften und kindliche Entwicklung, in: Jürgen Basedow, Klaus J. Hopt, Hein Kötz und Peter Dopffel (Hg.): Die Rechtsstellung gleichgeschlechtlicher Lebensgemeinschaften. Tübingen: Mohr Siebeck, 351–389.

Gassner, Ulrich, Jens Kersten, Matthias Krüger, Josef Franz Lindner, Henning Rosenau und Ulrich Schroth 2013: Fortpflanzungsmedizingesetz. Augsburg-Münchner-Entwurf. Unter Mitwirkung von Carina Dorneck und Eva von Wietersheim. Tübingen: Mohr Siebeck.

Haag, Christian 2013: Zum Kinderwunsch homosexueller Männer und Frauen, in: Giovanni Maio, Tobias Eichinger und Claudia Bozzaro (Hg.): Kinderwunsch und Reproduktionsmedizin. Freiburg und München: Karl Alber, 400–425.

Muscheler, Karlheinz 2010: Die Reform des Lebenspartnerschaftsrechts, in: Familie Partnerschaft Recht 5, 227–236.

Rupp, Marina (Hg.) 2009: Die Lebenssituation von Kindern in gleichgeschlechtlichen Lebenspartnerschaften. Studie des Staatsinstituts für Familienforschung an der Universität Bamberg (ifb). Köln: Bundesanzeiger Verlag.

Sanders, Anne 2011: Das Ehebild des Bundesverfassungsgerichts zwischen Gleichberechtigung, nichtehelicher Lebensgemeinschaft und Lebenspartnerschaft, in: Sigrid Emmenegger und Ariane Wiedmann (Hg.): Linien der Rechtsprechung des Bundesverfassungsgerichts – erörtert von den wissenschaftlichen Mitarbeitern. Band 2. Berlin: de Gruyter, 351–373.

Scheiwe, Kirsten 2015: Die Ausübung elterlicher Sorgerechte durch soziale Eltern, in: Katharina Hilbig-Lugani, Dominique Jakob, Gerald Mäsch, Philipp Reuß und Christoph Schmid (Hg.): Zwischenbilanz – Festschrift für Dagmar Coester-Waltjen zum 70. Geburtstag. Bielefeld: Gieseking, 205–222.

Statistisches Bundesamt 2015: Statistisches Jahrbuch. Deutschland und Internationales. Wiesbaden: Bonifatius. ‹www.destatis.de/DE/Publikationen/StatistischesJahrbuch/StatistischesJahrbuch2015.pdf?__blob=publicationFile›.

Wapler, Friederike 2015: Die Frage der Verfassungsmäßigkeit der Öffnung der Ehe für gleichgeschlechtliche Paare. Bonn: Brandt.

*Urteile und Beschlüsse*


BVerfG, Urteil vom 17. Juli 2002 – 1 BvF 1/01 ‹www.bverfg.de/e/fs20020717_1bvf000101.html›

BVerfG, Beschluss vom 9. April 2003 – 1 BvR 1493/96 ‹www.bverfg.de/e/rs20030409_1bvr149396.html›

BVerfG, Beschluss vom 7. Juli 2009 – 1 BvR 1164/07 ‹www.bverfg.de/e/rs20090707_1bvr116407.html›

BVerfG, Urteil vom 19. Februar 2013 – 1 BvL 1/11 ‹www.bverfg.de/e/ls20130219_1bvl000111.html›

BVerfG, Beschluss vom 7. Mai 2013 – 2 BvR 909/06 ‹www.bverfg.de/e/rs20130507_2bvr090906.html›

EGMR, Urteil vom 22. Januar 2008 – 43546/02 ‹http://hudoc.echr.coe.int/eng?i=001-84571›

EuGH, Urteil vom 1. April 2008 – C-267/06 ‹http://curia.europa.eu/juris/liste.jsf?language=de&num=C-267/06›

# "신은 동성애자(송곳니)를 혐오한다!"
## 동성애 혐오, 종교적 우파 그리고 성의 미래

페터 레베르크

"뱀파이어리즘은 혼인 이외의 곳에서 일어난다."
리처드 다이어, 「밤의 자식들: 동성애로서
뱀파이어리즘, 뱀파이어리즘으로서 동성애」, 64.

### 서론

1990년대 이후 등장한 동성애 시민권 운동은 동성혼인 및 입양권 등에 대한 요구와 동일하다. 그 외에 무엇이 더 덧붙을 수 있겠는가? 현재의 동성애 문제는 이렇듯 이 간략한 질문으로 요약할 수 있을 것이다. 1970년대에는 상황이 다소 달랐다. 당시에 성 해방은 폭넓은 사회분석의 맥락에서, 예컨대 자본주의 비판의 형식으로 등장했었다(Hocquenghem 1974 [1972]). 동성애는 일부일처제라는 전통적 부부관계를 넘어 다른 유형의 사회적 공존의 형식을 실험하는 것으로 이해되기도 했었다.

레즈비언과 게이의 해방운동을 시민적 가치나 의무 그리고 시민적 권리 등으로 환원하는 것은 역사적으로 에이즈에 대한 반응으로 이해할 수 있다. 에이즈가 성적 접촉으로 전달되는 질병으로 이해되면서 동성애를 다시 범죄로 만들도록 자극했다. 1980년대 미국인 반수 이상이 동성의 접촉을 처벌해야 한다는 데 동의했다. 이것은 희생자를 가해자와 뒤바꾸는 것이었다(Bersani 2010). 19세기 이래 서구의 의학과 심리학 담론에 따라서 동성애는 비정상(/비규범)적 성행위라는 잠재적 위협요소로 부각되었었는데, 이번에는 전염병을 야기하는 것으로 상상되었다.

이런 담론적, 정치적 그리고 물리적 폭력에 대한 반응으로 게이와 레즈비언은 서구사회에서 사회의 주류와 거의 담을 쌓게 되었다. 그들은 사회적이고 성적인 영역에서 실험적인 삶의 형식들을 과제로 제시하면서 시민사회를 보호하고자 했는데, 여기에는—단계적으로—자신들의 동반자 관계와 가족 형식들이 법적으로 동등한 지위를 누려야 한다는 주장을 포함한다. 1993년 에이즈를 다룬 최초의 할리우드 영화 〈필라델피아〉는 이미 이 운동을 보여준다. 영화 말미에 톰 행크스가 연기한 앤드루 베케트의 장례식에서는 게이로서의 삶이 아니라 가족과 함께하는 삶이 사진으로 제시된다. 그의 게이로서의 삶은 매장과 더불어 추방되어 버린다.

1990년대 이후 동성혼 프로젝트의 동화정책은 이성애가 아니어서 당혹스럽게 받아들여지는 성애(예컨대 동성애)를 시민적 결합이라는 신뢰받는 상으로 순화시키는 것이었다. 이 시민적 결합에는 사랑은 하지만 (성관계가 없다는 의미에서) 순진한 부모들 연합이라는 형태도 있다. 여기서 성적 소수자의 동등한 정치적 권리는 다른 부류의 성애를 정치화하지 않고서 이뤄져야 한다고 한다.

에이즈 결과 생겨난 성관계 없는 동성애를 대표하는 이 조직은 행위와 정체성의 구분에 기인한다. 레즈비언과 게이들이 눈에 띄게 행동하지 않는다는 조건 아래서 그들의 정체성이 인정된다. 이렇듯 1990년대 이후—행위의 측면에서—성생활이 없는 동성애를 불러일으킨 사회적 동화정책이 추진되었다. 그런데 눈에 띄는 형식(즉 공개적 가시성의 형식)은 동시에 눈에 띄지 않음(비가시성)을 생산한다(Bersani 1995). 톰 행크스와 안토니오 반데라스는 〈필라델피아〉에서 좋은 친구나 형제처럼 행동한다. 가족이 있는 곳에서 그리고 대중이 그들을 보고 있다고 생각될 때 그들은 키스해서는 안 된다. 동성애 혐오와 관련해서 이런 현상은 사소하지 않다. 왜냐하면 엘리자베스 그로츠에 따르면(Grosz 2012) 동성애에 가해지는 혐오는 인종차별의 경우와 달리 우선 **행위**와 연관되지 정체성과 연관되는 것이 아니기 때문이다.

동성애자들의 동등한 법적 지위를 보장하는 초기 단계에서는 교환행위가, 즉 성적 행위를 하지 않는 대신 주어지는 (적어도 정치와 대의 차원에서의) 인정이 주를 이뤘다. 이런 사실이 맞는다면 두려움에 사로잡힌 판타스마(상상체험)로부터, 특히 이 사회계약을 도입하게 했던 게이들의 성애에 대한 피해망상으로부터 무엇이 생성되었는지 물을 수 있다. 성애에 대한 물음은 동성애자들이 스스로를 이 시민권 운동의 주변으로 밀어내는 정도만큼 이 시민권 운동에 붙잡혀 있다. 에이즈 이후 시민권 운동이 처음부터 성애를 (정체성 문제가 아니라) 행위 차원의 문제로 방어했다면 이 운동은 동성애 혐오 문제와 관련하여 모호한 입장을 취하지 않았을 것이다. 이렇듯 동등한 법적 지위를 얻고자 한 이러한 기획은 이 기획을 만들게 했던 억압을 계속 유지시키고 있는 것은 아닌가?

레즈비언과 게이에 대한 혐오는 이처럼 자기인식과 정체성에 연관되기보다는 행위에—그리고 이 행위의 의미는 설명되어야 할 것이다—연관되어 있음을 알 수 있다. 이러한 사실은 무엇보다 가톨릭교회의 태도에 반영되어 있는 논리이다. 그런 한에서 만약 레즈비언과 게이가 **성적** 소수자가 아니라 인종적 소수자와 유사한 방식의 사회적 소수자라는 의미에서의 주체로만 이해된다면 동성애 혐오의 문제는 어떤 의미에서 전혀 거론될 필요가 없다. 그렇다면 동성애 혐오에 대한 물음은 주제가 되지 않을 것이며, 이 물음은 레즈비언과 게이의 시민권 논의에 국한될 것이다. 따라서 나는 동**성애** 담론에서 성애 문제에 침묵하는 것은 동성애 혐오를 계속 유지시키는 것과 연관이 있다고 주장한다. 동성애 혐오의 문제를 살펴보기 위해 우리는 시민권운동의 대차대조표에 의존할 수 없고, 오히려 성 문화의 분석으로 나아가야 한다. 이 성 문화는 에이즈 히스테리를 일으켰던 1980년대 이후 결정적으로 변했다. 그런데 에이즈 히스테리가 있었던 1980년대는 동성애와 주류 사이에 체결된 오늘날의 사회계약이 만들어진 시기이다. 따라서 동성애 혐오 역시 지난 수십 년의 맥락에서 새롭게 고찰되어야 한다.

나는 이 관점을 두 단계로 전개하고 싶다. 첫 번째 단계에서 나는 오늘날 미국 문화에서 나타나는 성애 논쟁을 다루고, 이 연관에서 종교적 우파의 역할을 살피고자 한다. 이때 나는 『성의 위기: 새로운 성 혁명과 미국 정치의 미래』(Herzog 2008)에서 수행된 다그마 허조그(Dagmar Herzog)의 분석에 의지할 것이다. 두 번째 단계로 나는 대중문화에서 한 예를 들어 미국사회의 이러한 초상을 설명할 것이다. 그 예는 뱀파이어 시리즈인 〈트루 블러드〉(True Blood, 미국 2008-2014)이다. 허조그는 오늘날 종교적 우파가 미국의 성 문화를 자신들의 적대적 상으로 여긴다고 주장한다. 나는 〈트루 블러드〉가 종교적 우파가 적대시하는 미국의 바로 이런 성 문화를 대변한다고 생각한다. 그런데 이 TV 시리즈는 동성애 시민권 운동을 다시 한 번 비판적으로 볼 수 있게 하는 대항서사를 기획한다.

### 오늘날 미국 문화에서 성애

성에 대한 역사가인 다그마 허조그는 동성애 해방운동과 상관없는 미국의 일반적 성 문화라는 맥락에서 현재의 동성애 혐오 문제를 고찰한다. 그녀가 기술한 성도덕의 변화의 역사 및 동성애에 대한 태도의 역사는 상당히 비관적인 것으로 드러나는데, 이는 역사가 조지 천시(Chauncey 2009)의 상세한 설명과 구별된다. 천시는 미국에서 지난 50년간 레즈비언과 게이의 동등한 법적 지위가 전례 없이 신장되었다고 기술한다. 허조그에 따르면 미국에서—동등한 법적 지위의 성공에도 불구하고 혹은 그런 성공 때문에—성에 대한 논쟁은 극도로 빈곤해졌다. 허조그는 종교적 우파가 이러한 양상에 책임이 있다고 평가한다. 그녀는 이런 방식의 집단화를 종교적 운동과 정치적 운동으로만이 아니라 특히 1970년대 이후 성 정치 운동으로도 파악한다. 이런 집단화의 영향은 무엇보다 건강정책, 사회정책, 가정정책 등에서 두드러지게 드러날 수 있다. "종교적 우파가 반흑인 인종주의에 뿌리를 두고 있는 반면, 미국의 국가 정책에서 성 정치의 출발점은 낙태와 동성애에 저항하는 가운데 조직되었다."(같은 책: 165). 2000년에 부시가 미국의 대통령 선거에서 거둔 종교적 우파의 승리가 지금까지 정치적으로 가장 눈에 띈다.

그는 대통령 선거에서 승리를 거둔 최초의 복음주의자이다. 그 이후 종교적 우파의 입장들은 미국에서 정치적 논쟁의 확고한 구성요소로 정착되었다. 2016년 미국의 공화당원들의 대통령 후보 유세에서 텍사스의 상원의원인 테드 그루즈는 이러한 경향을 가장 분명하게 보여주었다.

허조그는 지난 20년간 종교적 우파가 어떻게 성애에 대한 공개적 논란을 각인시켰는지 보여주는 자료들을 수집하였다. 여기에는 성교육, 금욕, 낙태 그리고 동성애자를 위한 재교육 등의 주제들이 나열된다. 그런데 그녀의 시선은 우파의 이데올로기에만 맞춰져 있지 않다. 그녀는 또한 성 문제와 관련하여 보수로의 이러한 방향전환에 저항하지 않고 성 정책 문제와 관련하여 우파에게 해석의 권위를 위탁해 버리고 만 진보주의자들도 표적으로 삼는다. 우파들은 자신들의 논의의 힘을 이중의 전략으로 확고히 하는데, 한편으로 성적 다양성을 강제적으로 억제함으로써 억압적이고 동성애 혐오적으로 행동하지만, 다른 한편으로 그들의 태도는 다소 놀랍게도 철저하게 성 문제에 적극 찬동하는 것으로 드러난다. "그런 쾌락의 약속이 없었다면 종교적 우파는 현재와 같은 많은 추종자들을 거의 발견하지 못했을 것이다. 억압만으로는 충분한 호소력이 없다."(같은 책: 164)

따라서 종교적 우파의 문화에서 중요한 것은 도덕 명세서에서 몇몇 통제된 쾌락을 약속하는 억압적 탈승화이다. 허조그는 여기서 1960년대 서구사회의 그리고 역사적으로 다른 시기와 사회의, 예컨대 독일 나치시대의 저항문화에 대해 숙고했던 허버트 마르쿠제를 따라서 하나의 전략을 발견한다(Herzog 2005).

그런데 이제 우파들이 어떻게 여론 형성에서 이런 우위를 점하는 데 성공했는가를 물을 수 있다. 비록 종교가 미국의 문화와 공적 담론에서 유럽에서보다 더 큰 역할을 수행한다고는 하지만, 허조그가 성적인 운동으로도 이해한 종교적 우파가 왜 미국의 문화에서 탁월하게 강력한 목소리를 낼 수 있었을까? 허조그는 새로운 약리적-매체적인 생명정치적 체제를 조건으로 거론한다. 그에 따르면 현재의 **성을 둘러싼 전쟁들**은 세 가지 요소에 의해 촉발된다.

1. 피임약을 도입한 지 거의 30년이 지나서 성적인 풍경을 변화시킨 일련의 새로운 약리적 전개양상이 생겨났다. 즉 1996년 이래 혼합약물치료법을 통해 HIV는 생명을 위협하는 감염에서 만성적 질병으로 변했다. HIV의 경우에서처럼 만성적 질병의 증상이나 그 약물의 부작용을 완화하기 위해 테스토스테론이 투여될 뿐 아니라 또한 이 약물은 유행처럼 번지는 노화방지 치료로도 시장에 등장한다. 1990년대 말 이래로 성 기능 강화제인 비아그라가 허용된다. 2010년대에 HIV 치료로부터 알려진 약품인 트루바다(Truvada)는 이 질병의 예방에 뛰어나다는 것이 드러났다. 따라서 1980년대 나타난 섹스와 죽음의 강력한 제휴는 오래지 않아 후퇴하고 말았다. 이 의약품들을 취급할 수 있게 되면서 질병과 노화는 무엇보다 남성들에게, 특히 게이들에게 더 이상 성적 활동의 한계로 간주되지 않게 되었다.

2. 성애에 대한 일반적 취급방식은 재현(표현)의 차원에도 반영된다. 값싸게 탑재하여 상영하는 기계로 이미지의 세계를 디지털화함으로써 그리고 인터넷을 통해 포르노그래피는 일상에 편재하게 되었다. 예를 들어 Cam Chat(영상채팅앱)이나 Sexting(핸드폰으로 성적 스냅샷을 보낼 수 있

는 앱)은 이러한 사실을 분명하게 드러낸다. 매체와 문화의 이런 전개양상은 대안적인 다른 육체와 욕망형식들을 가시화하도록 촉진할 뿐 아니라 성애의 시장성을 강화한다.

3. 표현방식의 이런 정치적 체제 교체는 포르노그래피의 소비에만 국한되지 않는다. 오히려 1980년대 이래 대중문화가 포르노그래피화 되었다고 진단할 수 있다. 예를 들어 여성 팝스타의 과도한 성애화(hyper-sexualisierung)는 이를 잘 보여준다. 청소년들의 하위문화가 아니라 주류문화로 이해되어야 하는 포르노-팝(Porno-Pop)에서 포르노그래피와 팝의 경계는 사라진다(Metelmann 2005).

종교적 우파는 약리적-포르노그래피적 대중문화가 제공하는 충동, 정념, 상징 등에 대한 대안적 성 정치로 등장한다. 따라서 우파의 인기는 그저 시민권 운동과 이 운동이 약속하는 성 해방에 대한 반발이 아니다. 현재의 성 정치는 오히려 새로운 대상을 갖는다. 이성애의 도덕을 가진 우파의 안정적인 성 정체성 논의들은 사회적 저항과 정치적 요구의 형식으로 제기되는 것이 아니라 무엇보다 기술적, 매체적, 약리적 그리고 문화적으로 수행되는 새로운 "성 혁명"에 대한 대항기획으로 이해될 수 있다.

우파가 이런 문화적 상황에 대한 보수적 저항운동으로 자리매김 된다면 이들의 성 정치적 비판의 핵심은 일단 레즈비언이나 게이의 시민권 운동에 맞춰져 있지 않다. 오히려 종교적 우파는 레즈비언과 게이의 상황을 훨씬 넘어서는 포르노그래피화와 성 일반화라는 포괄적 문화현상에 대한 대항에 맞춰져 있다. 물론 동시에 동성애는 여전히 성 문화에 대한 우파적 선전선동의 표적이며, 따라서 동성애는 비정상(/비규범)적 성애로서 성적 과도함의 상징으로 등장한다. 그런데 이때 동성애는, 게이가 (레즈비언보다 더 많이) 등장하기는 하지만 게이가 유일한 주인공은 아닌, 새로운 약리적-매체적-대중문화적 "혁명"의 상징으로 등장한다.

우파들이 보여주는 현재의 동성애 혐오는 변화된 약리적, 매체적 그리고 문화적 상황에서 생겨났다고 할 수 있다. 그렇다면 동성애자 해방운동이 어떻게 동성애 혐오에 대응할 수 있는지 물을 수 있다. 법적 인정을 위한 투쟁에서 이 현상은—성 전체 문제에서와 마찬가지로—결코 주제가 될 수 없다. 그렇다면 성애를 자신의 프로그램에서 추방하는 것이 아니라 (우파들의 동성애 혐오를 촉발한) '포르노 2.0'의 문화에서 출발하는 동성애 운동은 어떤 모습일까? 말하자면 우파들의 동성애 혐오에 대해 이들을 그렇게 만든 영역에서 반격을 가하는 모습은 어떤 형태일까? 나는 TV 드라마인 〈트루 블러드〉가 어떻게 이 길을 정확히 걸어가는지를 보일 것이다.

이 자리에서 나는 현재의 동성애 혐오의 원인들을 이루고 있는 것뿐 아니라 이를 넘어 현재의 문화적, 매체적 전제들 하에서 어떻게 대응전략을 짤 수 있을지에 대해서도 생각해 볼 것이다. 이때 대응전략은 1990년대 이래 전개된 동성애자 시민권 운동과 달리 성애의 정치화에 대한 투쟁을 피하지 않고 수용한다.

그런데 약리적-매체적 대중문화를 이 기획에 유용하게 사용한다는 것은 무슨 말인가? 이 새로운 문화의 지위는 종교적 우파들의 측면에서만이 아니라 전반적으로 확고하게 유지된다. 폴크마 지구슈(Volkmar Sigusch)는 온라인 섹스와 비아그라의 지속적 투약가능성으로 대표되는 주체의 새로운 성적 입장을 "새로운 성애"(Neosexualität)라고 불렀다(Sigusch 2005). 이때 그에게 문제되는 것은 이 새로운 성 문화의 추정적 위험보다는 오히려 이 문화가 주는 잘못된 유토피아적 약속이다. 지구슈는 과거의 도착들의 매체적, 의약적 정상화를 여전히 정치적으로 영향이 없는 것으로 간주한다. 왜냐하면 이 정상화가 언제나 자본주의적 가치평가라는 관심에서 움직인다고 보기 때문이다. 이에 반해 폴커 볼터스도르프(Volker Woltersdorff)는 매체화된, 성적으로 새로운 주체의 입장들과 관련해서 어떻게 정치적 공동체의 형식들을 시민적 동성애 운동의 대안으로 형성할 수 있을지를 숙고했다(Woltersdorff 2011). 샤카 맥글로튼(Shaka McGlotten) 같은 동성애 이론가들은 주체성과 사회성의 재명료화의 문제를 새로운 매체의 맥락에서—물론 지구슈와도, 볼터스도르프와도 다르다—근본적으로 계속 파고들었다. 이들은 새로운 매체에서 공동체 개념을 새롭게 정의할 수 있는 가능성을 본다(McGlotten 2013).

따라서 기술적 발전과 약학적 발전이 상업화되었다고 해서 이 새로운 문화의 잠재력을 진지하게 다루지 못할 이유는 없다. 나는 여기서 이뤄지는 논의를 동성애 이론의 영역에서 계속 수행하지는 않고 〈트루 블러드〉를 분석하는 것으로 대체할 것이다. 처음에 대략 말했듯이 이 TV 드라마를 분석함으로써 허조그의 몇몇 관찰들은 미국적 대중문화의 시각에서 추적될 수 있을 것이다. 현재의 동성애 혐오가 새로운 매체적, 약리적 그리고 포르노화된 대중문화에 대한 반작용으로서 미래에 대한 두려움의 표현으로도 이해될 수 있다는 사실이 드러날 것이다.

## 포르노 2.0의 문화: 〈트루 블러드〉

우리는 주체의 상이한 입장들과 항구적 변화가능성 등을 수용함으로써 새로운 성 문화의 약속을 항구적 흥분상태로서의 쾌락의 지속적 산출을 초월하는 것으로, 나아가 안정적으로 동일화할 수 없는 대상 및 상황들과의 순간적인 정념적 결합으로 이해할 수도 있다. 그럴 경우 우리는 매체-약리적, 포르노화된 대중문화의 이러한 구조적 계기들을 미국의 몇몇 TV 방송에서 재발견할 수 있다.

〈히어로즈〉(Heroes, 미국 2006-2010) 혹은 〈아메리칸 호러 스토리〉(American Horror Story, 미국 2011)와 같은 2000년대와 2010년대의 미국 쇼들은 리비도적-질료적 변형들이라는 요소들을 다룬다. 하지만 특히 뱀파이어 영화 장르는 성애와 정체성 입장들의 유연성을 보여준다. 〈트루 블러드〉(2008-2014)는 이러한 사실을 잘 보여주는 예다. 이 작품은 1990년대 후반 이후 붐을 일으킨 뱀파이어 필름의 일부분이다. 이 시기에 나온 필름으로는 TV 드라마 〈뱀파이어 해결사〉(Buffy the Vampire Slayer, 미국 1997-2003)와 〈뱀파이어 다이어리〉(The Vampire Diaries, 미국 2009) 혹은 영화관에서 상영된 〈트와일라잇 시리즈〉(Twilight Series, 미국 2008-2012) 등이 있다.

뱀파이어 신화의 다른 버전들과 마찬가지로 수키와 그의 뱀파이어 연인 빌의 이야기는 우선 이성애적 정체성을 충분히 드러내 준다. 그런데 연속극을 질서 짓는 이성애 정상성은 사건을 전반적으로 포르노로 만들 뿐 아니라 장르의 캠프식 과장묘사로 인해 흔들린다.[1] 〈트루 블러드〉는 패러디가 넘치고 개연성이 떨어지며 코미디를 가미하고 있는데, 이러한 특성으로 인해 이 필름은 규칙적으로 이 장르의 인용처로 인식

되며, 이성애 옹호자들에게 자신이 여성 희생자와 남성 가해자로 구분하여 제공할 수밖에 없는 남성성과 여성성의 상징적 장소에 부분적으로만 설 수 있게 한다. 비록 〈트루 블러드〉에서 소재의 드라마적 요소는 대체로 누가 수키를 구하게 될 것인지 하는 물음에 모아지지만, 이 드라마를 지배하는 상징적 입장들의 무신뢰성으로 인해 이 물음에 대한 어떤 분명한 대답도 주어지지 않는다. 오히려 수키는 스스로를 구조하며, 적어도 첫 번째 국면의 마지막에는 그렇게 한다. 남자들, 즉 뱀파이어 빌, 시프터 샘 혹은 그녀의 형제 제이슨 등은 여기서 돌아가며 도움을 주는데, 어쨌거나 이들에게는 어떤 신뢰도 줄 수 없다. 이렇듯 수키가 아니라 제이슨도 이 드라마에서 금발의 바보일 뿐이다(수키는 흡사 아무것도 모르는 사람으로 등장하는데, 이 역시 생각을 읽을 수 있는 그녀의 능력을 위장하는 것으로써 효과만점이다).

〈트루 블러드〉는 처음부터 피로 얼룩진 공포스런 장면 때문만이 아니라 무엇보다 성에 대한 공개적인 묘사 때문에 비판을 받아왔다. 포르노적 경향은 여기서 이성애적-남성적 시각에서만 드러나는 것이 아니다. 여성의 육체만큼이나 남성의 육체도 성애화된다. 남성적-관음증적 입장은 사건의 일반적 포르노그래피화로 인해 그 권위를 많이 상실한다. 이성애를 정상으로 그리는 상징적 공간을 캠프 형식으로 재조직함으로써 〈트루 블러드〉에서 포르노그래피적인 스펙터클은 새로운 성애의 매체문화와 비교될 수 있는데, 지구슈는 이 매체문화를 자신의 다양

1 [역자 주] Camp(캠프)는 고급예술과 저급예술의 구분, 예술의 정형성, 미, 가치 등의 추구에 기초한 모더니즘을 비판하며 등장한 예술양식이다. 이런 점에서 1960년대 이래 유행하는 이 예술양식은 특정한 정형성과 규범성에 의존하는 사회에 대한 저항운동으로 간주되기도 한다. 이 개념을 유포한 미국 작가 수전 손택(Susan Sontag)은 「Notes on "Camp"」(1964)에서 인공성, 경박함, 허세, 키치, 충격적 과잉 등을 캠프의 특징으로 강조했다.

한 성적 입장과 스타일 속에서 정상적 성애와 도착적 성애를 서로 대비시키는 배치의 해체로 이해한다.

이성애를 대표하는 체제가 불안정해짐으로써 〈트루 블러드〉 역시 19세기 이래 뱀파이어 형상 속에 각인된 성적인 타자존재(이 타자성은 예컨대 양성애와 동성애의 형태로 등장한다)에 여지를 준다(Leavenworth und Isaksson 2013: 118). 이 작품에서 성적 행위들은 구강을 통해 이뤄지는 데—키스는 무는 것으로 나타남—이런 구강적 특성은 성기 중심을 벗어나 신체 개방과 체액을 중심으로 조직된다. 뱀파이어들 역시 일부일처로 살지는 않는다. 비록 뱀파이어들과 그 희생자들 사이의 성적 욕망이 침실이라는 사적 공간에서 주로 밤에 이뤄지기는 하지만, 혼인의 형식으로는 거의 이뤄지지 않는다.

이때 뱀파이어는 자신의 희생자가 남성인지 여성인지에 대해 궁극적으로 무관심하다. 도착적, 일부다처적 양성애를 넘어서 다양한 견지에서 그의 상징적 입장은 특히 동성애를 함축한다. 예컨대 게이의 커밍아웃과 극적으로 유사한 실존의 진리로서 뱀파이어의 정체성은 은폐되면서 나타난다. 이런 의미에서 뱀파이어를 공격하는 가운데 사회적으로 억압된 성애가 전면으로 등장한다. 리처드 다이어(Dyer 1988: 53)는 이 장르의 전통을 다음과 같이 요약한다. "명백히 게이 뱀파이어 글쓰기와 읽기의 전통이 있다."

그러나 뱀파이어 이야기는 게이의 욕망을 보여주는 공간으로만 있는 것이 아니다. 뱀파이어라는 상징적 장소는 무엇보다 자신의 불법성과 자기 실존의 의문스러움에서 이해되어야 하는 비(非)-장소이다. 뱀파이어로서의 동성애자에게는 삶의 권리가 결코 주어지지 않는다. 그런 한에서 뱀파이어 이야기들은 게이의 욕망의 (은밀한) 표현으로만 이해되어서는 안 된다. 오히려 그 이야기들은 뱀파이어의 동성애에 대한 공격적 공포를 말하고 있다. 따라서 그 이야기들은 동성애 혐오를 연출하는 장소이다. 이런 상징적, 성 심리적 의미는, 엘리스 핸슨(Hanson 1991)이 서술했듯이, 무엇보다 1980년대 에이즈 위기와 연관하여 재활성화되었다.

〈트루 블러드〉는 여러 관점에서 뱀파이어 이야기에 대한 이미 알려진 서술방식 및 게이적 함의들과 구별된다. 이 드라마는 게이임을 천명하는 몇몇 인물들을 제시하지 않을 수 없는데, 예컨대 라파예트와 이후의 그의 연인 지저스와 같은 사람들에서 뿐 아니라 고드릭, 러셀 그리고 그의 파트너인 탤벗과 같은 뱀파이어들에서도 그런 특성이 드러난다(Elliot-Smith 2012: 142). 하지만 이렇게 사회사적으로 업데이트할 경우, 만약 뱀파이어 시리즈가 은닉된 동성애의 상징으로 더 이상 필요치 않다면, 뱀파이어 존재가 어떤 의미를 갖는지 물음이 제기된다(같은 책: 139).

뱀파이어의 의미에 대한 물음이 동성애의 상징화와 연관이 있다면 〈트루 블러드〉에 나오는 이런 종류의 뱀파이어들과 더불어 1990년대 이래 동성애자들의 시민권 운동 내부에서도 발견되는 그리고 버사니(Leo Bersani)와 다른 동성애 이론가들에 의해 진단되는 그런 분열, 즉 동성애의 정상성과 동성애적 저항이라는 분열이 반복된다고 말할 수 있을 것이다.

〈트루 블러드〉에서는 한편으로 사회적 인정을 받기 위해 노력하는 "미국 뱀파이어 연맹"(American Vampire League)에 의해 대표되는 동화된 뱀파이어들이 있다. 수키의 연인인 빌 컴튼은 이 드라마의 시작부터 이러한 유형을 탁월하게 체현하고 있다. 버사니가 확인해 주고 있는 1990년대의 비게이적 게이들과 마찬가지로 빌에게서 뱀파이어의 고유한 특징들이 뒷면으로 사라진다. 십자가와 마늘은 그를 거의 힘들게 하지 않으며, 피 대용 약품인 트러 블러드(Tru Blood) 덕분에 피에 굶주린 그의 욕망이 길들여진다. 그의 흡혈 치아들은 특별한 이유가 있을 때만 뻗어 나오며, 그의 뱀파이어로서의 정체성을 예감케 하는 유일한 것은 어느 정도의 창백함뿐이다. 동화된 게이들의 경우에서처럼 자신의 정체성에 대한 지식은 어떤 공개적 행위들에 의해 강화되지 않는다.

리사 더건(Lisa Duggan)과 자스비르 푸아(Jasbir Puar)와 같은 동성애 이론가들은 이 "선한" 뱀파이어들 내지 지나친 성애와 결별한 동성애자들에게서 신자유주의적 주체의 체현을 목도했다. 특정한 조건 아래서 몇몇 동성적 생활양식이 국가기구에 의해 보호된다(Campbell 2013: 100 이하). 하지만 〈트루 블러드〉에서는 선한 뱀파이어 내지 게이들 외에도 뱀파이어의 기존의 과도함을 모자람 없이 보여주는, 따라서 주변화된 집단 내에서도 주변화된 형식(일종의 "이차적 주변화")을 노출하는 비순응적 뱀파이어들도 있다(같은 책: 103). 이 장르의 전통에 따라 뱀파이어를 과도한 성애의, 특히 동성애의 상징화로 읽을 경우 〈트루 블러드〉에서 뱀파이어 인물의 두 번째 변형에는 근원적인 변혁의 잠재력이 계속 살아 숨 쉰다. 이때 그 근원적 변혁은 성적 난교와 몰도덕적 쾌락 그리고 무절제한 약물사용 등으로 표시된다.

따라서 전체적으로 볼 때 뱀파이어라는 인물은 여기서 더 이상 은밀한 동성애의 대표(표현)로 나타나지 않는다. 반대로 그것은 예외가 없지는 않지만 길들여진 신자유주의적 주체의 체현으로 간주될 수 있다. 오히려 뱀파이어는 동화와 동성애적 전복이 대결하는 스펙터클이 된다.

동성애의 표현(대표)은 모호하게 남아 있으며, 서구사회에서 동성애자들의 모순적 지위를 상당히 정확하게 반영한다. "그러나 서구사회에서 동시대의 많은 게이들처럼 〈트루 블러드〉의 뱀파이어들은 용인되면서도 동시에 아직 용인될 수 없다."(Elliot-Smith 2012: 139)

뱀파이어 플롯은 〈트루 블러드〉의 가장 중요한 이야기 전개 라인이며, 이 드라마에 '인공의 피는 인간과 뱀파이어의 공동의 삶을 가능하게 한다'는 제목을 부여한다. 유토피아적 우주는 의약품 덕분에 가능해지며, 이 약물 없이는 뱀파이어와 인간 사이의 어떤 사랑 이야기도, 어떤 공동의 삶의 계획도 가능하지 않을 것이다. 〈트루 블러드〉는 의심의 여지없이 HIV 혼합약물치료의 의료적 성공에 대한 이야기로 인식될 수 있는데, 이 치료법은 20세기 서구 세계에서 과거에 죽음을 불러온 감염을 만성적 질병으로 만들었다. 게이의 경우처럼 뱀파이어들의 동화의 이야기도 의약품의 문제와 연결되어 있다.

그런데 뱀파이어의 경우와 유사하게 의약품 내지 마약의 기능 역시 모호하다. 트러 블러드(Tru Blood)라는 불사의 약 외에도 그런 의약품들은 중요한 역할을 한다. 뱀파이어는 순응이라는 목적을 위해 피의 대용품을 소비할 뿐 아니라 뱀파이어의 신체 자체가 일종의 움직이는 마약 제조기로 기능한다. 그에게서 뽑아낸 피는 인간에게 치유제이기도 하고 정력제로, 환각제로 작용하기도 한다. 그리고 그 피는 마약 "V"로 불법적으로 취급된다. 동성애자 라파예트가 V와 다른 약품들의 판매자로 생활비의 일부를 벌고 제이슨 스택하우스가 V에 중독된 사람일 때조차도 뱀파이어의 육체 주변에서는 무엇보다 마약 소비와 생산이 조직화된다. 뱀파이어의 신체와 결합된 환상, 두려움 그리고 쾌락들은 약물문화의 핵심이다. 이와 더불어 〈트루 블러드〉는 비아그라, 테스토스테론만이 아니라 HIV 치료제로 대표되는 새로운 성 문화의 약리적 측면을 뱀파이어리즘의 문제로 다룬다. 뱀파이어라는 인물처럼 여기서도 의약품의 의미는 모순적이다. 의약품들은 동화에도 봉사하지만 반대로 환각적이고 정상성에 저항하는 작용을 하기도 한다.

〈트루 블러드〉는 불사의 약인 트러 블러드를 취급할 수 있는 조건으로 뱀파이어들에게 일부일처제적 이성애를 정상적인 규범으로 보는 모델을 제공한다. 하지만 이러한 삶의 기획은 동성애자로 머물고 싶어 하는 뱀파이어들이나 V를 소비함으로써 뱀파이어라는 존재의 리비도적 초과에 참여하고자 하는 사람들에 의해 거부될 뿐 아니라 예컨대 색기 어린 여인들이 본 템스 마을의 주민들을 유혹하는 광란의 축제에 등장하는 거의 모든 인물들에 의해서도 거부된다(Ruddell und Cherry 2012: 51 이하).

허조그의 진단과 유사하게 일부다처적인 뱀파이어적 쾌락주의는 보다 일반적으로 새로운 성적 자유로 나아간다. 이런 성적 자유는 이 드라마에서 때로는 디스토피아로, 또 때로는 유토피아로 등장한다. 이는 새로운 성애에 대한 정치적 논쟁과 평행을 이룬다. 남성적, 여성적, 이성애적 그리고 동성애적 뱀파이어들과 인간들은 밤마다 죽지도 않고 지속적으로 상대를 바꾸어가며 성애를 즐긴다.

〈트루 블러드〉를 21세기 첫 10년대 미국 문화의 초상으로 읽어보라. 그러면 여기서 성애만이 아니라 종교성도—허조그가 진단하듯이—드러난다. 〈트루 블러드〉는 첫 장면들에서 보이듯이 제도화된 종교에 통속적인 영성의 형식을 대비시킨다. 예컨대 수키가 살해된 할머니를 애도

하며 홀로 과자를 먹는 사적인 의례를 하는데, 이는 기독교적 성찬의 기능을 받아들인 것이다. 초월의 경험은 여기서 제도화되지 않은 행위로 나타난다. 이런 방식으로 종교와 영성은 〈트루 블러드〉에서 성애와 밀접하게 결합되어 있다. "〈트루 블러드〉는 성찬식, 예배 그리고 초월 등과 같은 종교적 주제를 교회나 기독교적 신앙을 통해 드러내는 대신 섹스와 폭력과 욕망과 약물 등을 통해 보여준다."(Erickson 2012: 75)

하지만 영적-성적인 우주를 이렇게 통속화함으로써 이 드라마는 또한 조직된 종교의 형식들이 대립적 힘임을 드러낸다(Koven 2012: 64). 제도화된 종교, 여기서는 제도화된 기독교는 근본주의 종파인 "태양회"(Fellowship of the Sun)와 그 위선적이고 쾌락적인 지도자들을 대표한다(Primiano 2011 [2000]: 45, 50). 종교적 우파에 대한 허조그의 분석에 따르면 〈트루 블러드〉에서도 성애의 일반적 억압보다는 정상적 조건에서의 향유의 보호가 더 중요한 문제가 된다.

웨스트보로 침례교회의 슬로건인 "신은 동성애자를 혐오한다"(God hates Fags)에 기대어 볼 때 〈트루 블러드〉에서 뱀파이어들의 동등한 권리에 투쟁을 선언한 교회의 관점에서 이는 "신은 (뱀파이어의) 송곳니를 혐오한다"(God hates Fangs)를 의미한다. 동성애(Fags)에서 송곳니(Fangs)로의 이동은 동성애자에서 뱀파이어로의 유비에서 오는 것인데, 이 이동은 다시 한 번 성적 소수자로서의 동성애가 포르노그래피적-약리학적 대중문화로서 독특한 역할을 수행하는지의 질문을 제기한다. 왜냐하면 종교적 우파가 미국사회에서 그리고 가상의 세계인 〈트루 블러드〉에서 현재의 이런 문화의 대척점에 위치한다고 할 경우, 이는 이 종교적 우파가 무엇보다 동성애자들—내지 뱀파이어들—에 대립하는 입장을 취하기 때문이다. 허조그가 기술한 그리고 〈트루 블러드〉에서 상징적으로 재현된 현재의 성 문화는 이 담론에서—비록 이 담론이 그 문화를 훨씬 넘어가는 때조차도—무엇보다 게이들이나 뱀파이어들에 의해 대표된다. 현재의 성 문화에 대한 두려움은 게이들에 대한 두려움으로, 따라서 동성애 혐오로 나타난다.

의심의 여지없이 이것은 결코 새로운 현상이 아니다. 19세기에 성에 관한 학문들이 생겨난 이후로 동성애자들에 대한 성적 두려움은 그런 동성애를 제거하는 방식으로 통제된다. 동성애를 위협적인 성 문화의 체현으로 보는 오늘날 이런 정세는 동성혼과 입양의 법적 인정을 둘러싼 담론의 탈성애적 동성애의 대립적 상으로 드러난다. 〈트루 블러드〉에 선한 뱀파이어들과 악한 뱀파이어들이 있듯이 현재의 성 문화에도 선한 동성애자와 악한 동성애자가 있다.

## 결론

허조그에 따르면(Herzog 2008: 89) 약리적-매체적-포르노그래피적으로 각인된 현재의 성 문화의 세계는 종교적 우파의 성 정치적 투쟁의 대상이 되는데, 이성애가 동성애화되는 것으로도 이해되어야 한다. 이런 맥락에서 동성애자를 보는 이성애적 시각은 더 이상 구역질이나 편집증의 하나로만 서술될 수 없다. 따라서 이 새로운 성 문화에 대한 방어적 반응은 거세 이야기를 따르는 가운데 나타나는 입장들의 엄격한 분리를 좇지 않는다. 그 드라마는 인물들을 다양화함으로써 성적 차이를 전제하는, 혹은 이성애와 동성애에 대한 주체의 입장들에 기초하여 구축된 성과 성애에 대한 정신분석학적 이해와 거리를 둔다. 〈트루 블러드〉의 맥락에서 이 점이 의미하는 것은 오로지 뱀파이어만이 중요한 것이 아니라, 신체적 방종이 처음부터 뱀파이어의 신체를 둘러싸고 조직된 성애를 넘어서고 있다는 점이다.

〈트루 블러드〉의 인물들은 판타지, 동화 그리고 공포영화와 같은 다른 장르에서 사용된다. 루이지애나에 정착된 이 드라마는 괴물들과 초자연적 존재들과 같은 유명한 주제들을 다루는 "남부 고딕"(Southern Gothic)에도 유사하게 나타난다(Ruddell und Cherry 2012: 41). 성애, 욕망 그리고 신체 형태 등은 여기서 거의 모든 존재가 자신만의 고유한 실존 형식을 간직할 수 있는 피조물의 세계이다. 이 세계에서는 예컨대 시프터 샘은 개로 변할 수 있고, 수키는 요정으로 바뀔 수 있다. 뱀파이어로의 인간의 변신을 제외하면 이 이야기 전체는 기본적으로 모험적 변형들에 의해 규정된다.

질료적으로 변형되는 등장인물들의 특성은 언제나 생성 가운데 있는 우주를 대변한다. 〈트루 블러드〉의 세계는 "덧없음의 영원한 공간"(Missari 2015: 88)으로 드러난다. 자연적 육체와 비자연적 육체, 이성애와 동성애, 인간과 동물, 죽음과 삶 등, 이것들 사이의 경계는 그렇게 안정적이지 않다. 이와 더불어 이 드라마는 허조그와 지구슈가 새로운 성 혁명의 본질적 요소로 규정할 수 있었던 저 계기들을 상징적으로 변화시킨다. 종교적 우파는 이에 대해 성 정치적으로 대립한다. 따라서 종교적 우파의 투쟁은 괴물과 사이보그에 대항하는 투쟁이다!

괴물들의 약속은 힘들을 밀어내어 재조직할 수 있다는 데 있다(Rai 2013: 16). 해러웨이가 영향력 있는 에세이 「사이보그 선언」에서 말한 것처럼 21세기 괴물 같은 것이 우리의 존재론으로 이해될 수 있다면(Haraway 1995 [1985]; Levina und Buy 2013: 2), 우리는 이 존재론을 들뢰즈적인 의미에서 형태들을 다양하게 변형시키는 정향되어 있지 않은 충동(리비도)으로 이해해야 할 것이다. 우리가 〈트루 블러드〉에서—뱀파이어들을 포함하여—언제나 생성 가운데 있지 결코 고정되어 있지 않은 변형 가능한 피조물들을 이런 의미에서 괴물들로 독해한다면, 현재의 매체적-약리적-포르노그래피적 복합체가 우파의 성 정치의 본래 목표라고 하는 허조그의 논의는 한 걸음 더 나아갈 수 있다. 즉 우리는 그것을 21세기 초에 우리에게 주어진 질료적, 기술적 그리고 문화적 소여물들에 대한 방어작용으로만 다뤄서는 안 될 것이다. 우리 시대의 이런 문화적 소여물들은 포로노화된 매체 환경과 그 낙관적 성 환경으로 드러난다.

혐오(공포)가 괴물에 맞춰져 있지만 괴물이 미래의 형상으로 머문다면, 여기서 문제가 되는 것은 극단적-구체적으로 예측 불가능한 미래성이라고 할 수 있을 것이다. 그렇다면 이때 이러한 사실을 상징적으로 자주 대표하곤 하는 게이 뱀파이어는 19세기에서 다시 살아나 난리를 피우는 자나, 자신의 유령과 함께 성적 주체의 탄생을 상기시키는 걸어 다니는 시체가 아니라 오히려 미래를 향한 경계에 놓여 있는 형상일 것이다. 따라서 정신분석학적으로 주체의 과거에 자리 잡고 있는 탈경계는 새로운 성적 주체의 미래로 이해되어야 한다. 〈트루 블러드〉에서는 어린 아이 같은 자가 아니라(Edelman 2004) 괴물이 정치적인 것의 미래의 상징으로 된다. 이런 의미에서 우리는 동성애 혐오를—새로운 성적, 상징적 가능성들에 대한 두려움을 대표하는 것으로서—〈트루 블러드〉와 더불어 과거의 문제가 아니라 미래에 대한 두려움으로 이해해야 할 것이다.

하지만 〈트루 블러드〉는 드라마로서 성적 편집증만을 다루는 것이 아니다. 이 드라마는 자극적인 이 새로운 세계에 거주하는 가운데 유혹에 빠지는 피조물들의 파노라마를 보여준다. 우리가 이 성 유토피아적 기획을 국가 차원의 동성애 혐오와 관계시킬 경우 다음과 같은 말을 할 수 있을 것이다. 즉 새로운 성 문화는 뱀파이어나 게이들만이 만들어낸 것도 아니며, 이들이 주도한 것도 아님에도 불구하고 항상 이들에게 책임이 지워지고 있으며, 이는 국가 차원의 현상이 아니라 전 지구적 현상이라는 것이다. 성 정치적 투쟁을 통해 계속 동성애 혐오를 이끌어가는 종교적 우파는 그런 전 지구적 현상에 대한 잘 조직된 미국적 반응이다. 그런데 〈트루 블러드〉는 미국의 문화가 우파들의 성 정치적 트집에 대한 다른 대답도 준비하고 있음을 보여준다. 이 드라마는 탈성애화된 동성애적 시민권 운동을 넘어서서 들뢰즈적인 괴물 존재론을 유럽의 대중문화에서는 (내가 보기에) 아직까지 발견되지 않는 우리의 미래로 칭송한다.

번역_정대성

## 참고문헌


Bersani, Leo 1995: Homos. Cambridge und London: Harvard University Press.

Bersani, Leo 2010: Is the Rectum a Grave?, in: ders.: Is the Rectum a Grave? And Other Essays. Chicago: University of Chicago Press, 3–30.

Campbell, Peter Odell 2013: Intersectionality Bites. Metaphors of Race and Sexuality in HBO's True Blood, in: Marina Levina und Diem-My T. Bui (Hg.): Monster Culture in the 21st Century. A Reader. London: Bloomsbury, 99–114.

Chauncey, George 2009: Why Marriage. The History Shaping Today's Debate Over Gay Equality. New York: Basic Books.

Duggan, Lisa 2003: The Twilight of Equality? Neoliberalism, Cultural Politics, and the Attack on Democracy. Boston: Beacon Press.

Dyer, Richard 1988: Children of the Night. Vampirism as Homosexuality, Homosexuality as Vampirism, in: Susannah Radstone (Hg.): Sweet Dreams. Sexuality, Gender, and Popular Fiction. London: Lawrence & Wishart, 47–73.

Edelman, Lee 2004: No Future. Queer Theory and the Death Drive. Durham und London: Duke University Press.

Elliot-Smith, Darren 2012: The Homosexual Vampire as a Metaphor for … the Homosexual Vampire? True Blood Homonormativity and Assimilation, in: Brigid Cherry (Hg.): True Blood: Investigating Vampires and Southern Gothic. London und New York: I. B. Tauris, 139–154.

Erickson, Gregory 2012: Drink in Remembrance of Me: Blood, Bodies and Divine Absence in True Blood, in: Brigid Cherry (Hg.): True Blood: Investigating Vampires and Southern Gothic. London und New York: I. B. Tauris, 74–89.

Grosz, Elizabeth 2012: Experimental Desire. Rethinking Queer Subjectivity, in: Donald E. Hall, Annamarie Jagose, Andrea Bebell und Susan Potter (Hg.): The Routledge Queer Studies Reader. New York und London: Routledge, 194–211.

Hanson, Ellis 1991: Undead, in: Diana Fuss (Hg.): Inside / Out: Lesbian Theories, Gay Theories. New York: Routledge, 324–340.

Haraway, Donna 1995 [1985]: Ein Manifest für Cyborgs. Feminismus im Streit mit den Technowissenschaften, in: dies.: Die Neuerfindung der Natur. Primaten, Cyborgs und Frauen. Hg. und eingel. von Carmen Hammer und Immanuel Stieß. Frankfurt a. M. und New York: Campus, 33–72.

Herzog, Dagmar 2005: Sex After Fascism. Memory and Morality in Twentieth-Century Germany. Princeton und Oxford: Princeton University Press.

Herzog, Dagmar 2008: Sex in Crisis. The New Sexual Revolution and the Future of

American Politics. New York: Basic Books.

Hocquenghem, Guy 1974 [1972]: Das homosexuelle Verlangen. München: Hanser.

Koven, Mikel J. 2012: »I'm a Fairy? How Fucking Lame!«: True Blood as Fairytale, in: Brigid Cherry (Hg.): True Blood: Investigating Vampires and Southern Gothic. London und New York: I. B. Tauris, 59–73.

Levina, Marina und Diem-My T. Buy 2013: Introduction. Toward a Comprehensive Monster Theory in the 21st Century, in: Marina Levina und Diem-My T. Bui (Hg.): Monster Culture in the 21st Century. A Reader. London: Bloomsbury, 1–14.

Lindgren Leavenworth, Maria und Malin Isaksson 2013: Fanged Fan Fiction. Variations on Twilight, True Blood and The Vampire Diaries. Jefferson und London: McFarland & Company.

McGlotten, Shaka 2013: Virtual Intimacies. Media, Affect, and Queer Sociality. Albany: SUNY Press.

Metelmann, Jörg (Hg.) 2005: Porno-Pop: Sex in der Oberflächenwelt. Würzburg: Königshausen & Neumann.

Missari, Stacy 2015: Queer Resistance in an Imperfect Allegory. The Politics of Sexuality in True Blood, in: Barbara Gurr (Hg.): Race, Gender, and Sexuality in Post-Apocalyptic TV and Film. Houndmills, Basingstoke: Palgrave Macmillan, 87–98.

Primiano, Leonard Norman 2011 [2000]: »I Wanna Do Bad Things With You«: Fantasia on Themes of American Religion From the Title Sequence of HBO's True Blood, in: Eric Michael Mazur und Kate McCarthy (Hg.): God in the Details. American Religion in Popular Culture. London und New York: Routledge, 41–61.

Puar, Jasbir K. 2007: Terrorist Assemblages. Homonationalism in Queer Times. Durham und London: Duke University Press.

Rai, Amit S. 2013: Ontology and Monstrosity, in: Marina Levina und Diem-My T. Bui (Hg.): Monster Culture in the 21st Century. A Reader. London: Bloomsbury, 15–31.

Ruddell, Caroline und Brigid Cherry 2012: More Than Cold and Heartless. The Southern Gothic Milieu of True Blood, in: Brigid Cherry (Hg.): True Blood: Investigating Vampires and Southern Gothic. London und New York: I. B. Tauris, 39–55.

Sigusch, Volkmar 2005: Neosexualitäten: Über den kulturellen Wandel von Liebe und Perversion. Frankfurt a. M. und New York: Campus.

Woltersdorff, Volker 2011: Paradoxes of Precarious Sexualities. Sexual Subcultures Under Neo-Liberalism, in: Cultural Studies 25. 2, 164–182.

# 2부

# 2부 논단 / 해방의 가능성에 관한 탐구

# 〈브레이킹 배드〉[1]
## 해방에 대한 시도[2]

크리스토프 멘케

해방이란 노예상태로부터의 탈출이다. 따라서 해방은 저항을 수반한다. 모든 해방은 싸워서 얻은 것이고, 모든 해방의 행위는 어렵게 이루어진다. 하지만 해방을 통해 노예상태와 단절한다는 것은 이 단절이 대항하는 권력이 외부의 권력인 경우, 즉 지배하고 예속시키는 타인의 권력일 경우엔 이해하기는 쉽다.[3] 왜냐하면 여기서 해방이란 자유롭다는 사실에 대한 인정을 의미하기 때문이다. 노예상태에 있는 자들이 그들의 주

1 [역자 주] 미국 드라마. 〈브레이킹 배드〉는 시리즈 전체에 걸쳐 대단한 호평을 받은 작품으로, 역대 최고의 드라마 중 하나로 꼽는 평론가들도 있다. 특히 시즌 4는 96점, 시즌 5는 99점을 기록하며(99점은 TV 드라마 역대 최고점이다) TV 드라마 부문 2010년 2위, 2011년과 2012년 1위로 선정되었다. 스티븐 킹이 특히 좋아하는 드라마로 유명한데, 〈트윈 픽스〉에 비견될 유일한 드라마라고 극찬한 바 있다. 이러한 호평 속에 2014년에는 기네스북에 최고로 높은 평가를 받은 TV 시리즈로 등재되었다. 주인공 월터 화이트 역을 맡은 브라이언 크랜스턴은 3연속 에미상 남우주연상을 수상했고, 제시 핑크맨 역의 에런 폴은 에미상 남우조연상을 3회 수상하는 등 각종 상에 262회 후보 지명되어 110개의 상을 수상했다.

인으로부터 자신을 해방시킬 때 사실 그들은 이미 자유**롭다.** 외부의 지배로부터 해방되는 과정은 지배당하는 자들의 자유가 [이미] 존재한다는 사실에서 출발한다. 이렇게 자유가 [이미] 주어져 있다는 사실에 해방의 확실한 근거가 있다.

하지만 주인으로부터의 해방 이후 노예상태가 단지 외부로부터 부과된 상태가 아니었다는 점이 입증된다면 어떻겠는가? 노예상태가 강제적으로 주인에게 종속되어 있다는 것뿐만 아니라, [내면마저도] 노예임을 의미한다면? 외관과 달리, 노예상태가 단지 (외적인) 관계일 뿐만 아니라 그 자체로 존재하는 상태라는 사실이 드러난다면? 주인 없는 노예들의 존재가 드러난다면? 노예의 미성숙함이 자기 자신에게 원인이 있는 것이라면? 이 미성숙함이 노예 자신에 의해서 만들어지고 유지된다면? 그렇다면 해방은 이미 존재하는 자유를 단지 관철시키기만 하면 될 일이 아닌 것이다. 차라리 해방은 자유를 창출해내야 한다. 게다가 해방은 자기에게 원인이 있는, 따라서 스스로 만들어낸, 스스로 유지하는 노예상태로서 자신의 의사에 따른 노예상태, 즉 자유**에 따른** 노예상태에 대한 투쟁 속에서 자유를 창출해내야 한다. 해방은 노예상태로부터 바

2 [역자 주] 멘케는 글의 제목을 '해방을 위한 시도'(Versuch zur Befreiung)라 하지 않고 "해방에 대한 시도"(Versuch über die Befreiung)라 하고 있다. 이는 해방이 성찰 및 반성의 대상이 될 때만 ("해방에 대한…") '해방을 위한 시도'가 진정으로 이루어질 수 있다는 것을 함의한다. 해방은 단지 시도되어야 하는 것이 아니라, 해방이 시도되기 위해서는 해방**에 대해** 반성되어야 한다. 멘케는 〈브레이킹 배드〉의 시리즈 형식이 이러한 반성성을 보여주는 방식이라고 보고 있다. 근대성은 반성성 혹은 성찰성을 포함한다. 근대 초 드니 디드로(Denis Diderot)가 배우의 연기에 대해 고찰하는 자신의 글의 제목을 '배우의 역설'이라 하지 않고 '배우에 대한 역설'(paradoxe sur le comédien)이라고 한 것도 유사한 맥락이라고 할 수 있다.

3 가령 프란츠 파농(Fanon 1966 [1961])은 피식민자들의 해방투쟁을 그렇게 기술한다. 이 기술이 올바르건 그렇지 않건, 우리의 상황[〈브레이킹 배드〉의 상황]은 다르다.

깥으로 이끌어내야 하지만, 노예상태 자체가 이미 자유에 근거하고 있음이 드러난다. 해방은 노예상태로부터 벗어난 것이지만, 노예상태는 다시금 이미 해방된 자유의 상태 속에서 주체에 의해 만들어진 것이다. 이것이 해방의 역설이다.

이 역설은 두 겹으로 읽을 수 있다. 첫 번째 독법에서 이 역설은 해방이 **노예상태의 귀환**임을 의미한다. 즉 해방은 해방이 맞서 싸우는 노예상태 자체를 다시 창출해낸다. 노예상태는 해방의 외적인 타자가 아니라, 해방의 실패(또는 실패라는 양태를 지닌 해방)이다: 해방 스스로에게 원인이 있는 해방의 실패. 두 번째 독법에서 해방의 역설은 해방의 성공이 [첫 번째 독법에서 말한] 바로 그런 이유 때문에 단지 **해방의 귀환**일 뿐일 수 있음을 의미한다. 해방은 해방의 실패 후에 시작되고 바로 그렇기 때문에 해방은 하나의 귀환이다—해방은 해방이 실패하기 이전의 해방을 반복하는 것이다. 노예상태가 외적 지배를 통해 창출되고 유지되는 것이 아니라면, 즉 노예상태가 스스로에게 원인이 있는 것이라면, 해방은 자기 자신에 대항한 것이 된다. 첫 번째 독법에 따르면 해방은 새로운, 이제부터는 자신의 의사에 따르는 노예상태를 창출해내기 때문에, 해방은 자기 자신에 대항한 것이 된다. 두 번째 독법에 따르면 해방은 자신의 실패에 대항하여 자신을 새로이 창출하기 때문에, 즉 자기로부터 자기를 해방시키기 때문에, 해방은 자기 자신에 대항한 것이 된다. 다시 한 번 노예상태, 그리고 다시 한 번 해방: 이 이중의 귀환, (해방으로부터) 노예상태의 귀환과 (노예상태로부터) 해방의 귀환이 [〈브레이킹 배드〉와 동시대인인] 우리의 현재 상태를 규정한다. 즉 우리의 현재 상태는 해방과 노예상태, 노예상태와 해방 사이에 맺어지는 독특한 시간적 관계 속에서 형성되어 있다.

텔레비전 시리즈 〈브레이킹 배드〉는 바로 이 시간을 다룬다.[4] 〈브레이킹 배드〉는 월터 화이트의 생애 마지막 2년에 대해 이야기한다. 그가 최종적으로 암을 진단받기 직전의 며칠에서 시작하여 암 진단 때문에 처음부터 확실한, 하지만 전혀 다른 방식으로 닥치게 될 그의 죽음에 이르기까지. 그러나 월터는 삶을 영위하기 위해 암과 싸우지 않고, 오직 그 자신의 자유로운 결정에서 유래하는 삶을 영위하려 한다. 이 점에서 〈브레이킹 배드〉는 해방의 시도에 대한 하나의 이야기이다. 보다 정확히 말하자면, 그것은 어떻게 해방이 시도되는지(1절), 어떻게 그리고 무엇 때문에 해방이 실패하는지(2절과 3절), 그리고 결국 마지막에 두 번째로 시도되는 해방(4절)에 대한 이야기이다. 〈브레이킹 배드〉는 해방의 드라마를 이야기한다. 그러나 〈브레이킹 배드〉는 이것을 완전히 비드라마적인 형식으로, 아니 반(反)드라마적인 형식으로 이야기한다: 〈브레이킹 배드〉는 해방의 실패를 해방의 드라마의 실패로 제시한다. 즉 실패의 제곱(Scheitern in Potenz)으로 혹은 (드라마적인) 실패의 실패로—드라마로 인한(am Drama) 실패로. 〈브레이킹 배드〉에서 해방의 행위는 실패한다. 왜냐하면 해방의 행위는 끝없이 반복되는 사건만을 만들어내기 때문이다. 그 속에선 더 이상 자유로운 행위가 있을 수 없다. 자유의 사건이 시리즈가 된다. 즉 잠재적으로(potentiell) 무한한 반복이 된다. 〈브레이킹 배드〉는 해방의 실패와 성공에 대한 드라마적인 물음을 시리즈성(Serialität)에 대한 물음으로서 다룬다.

따라서 〈브레이킹 배드〉에서 해방에 대해 경험될 수 있는 것에 대해

4 Vince Gilligan과 Mark Johnson에 의해 제작되었고, 시리즈 5까지 62편의 에피소드가 방영되었다. 미국의 케이블 텔레비전 채널인 AMC에서 2008년 1월 20일부터 2013년 9월 29일까지 방영되었다.

결정적인 것은 그에 대해 **어떻게** 이야기되는가이다. 〈브레이킹 배드〉는 텔레비전 시리즈라는 형식을 근본적으로 새롭게 해석하여 이를 수행한다: 해방의 시도와 실패, 해방의 새로운 시도에 대해 오직 그렇게만, 즉 [예전 방식과 다른] (새로운 방식의) 시리즈로만, 이야기될 수 있을 뿐이다. 따라서 오직 이 이야기함의 형식에 주의를 기울일 때만 해방의 실패와 성공에 대해 뭔가를 알 수 있다.

### 1. 영상 속의 시작

사막의 새파란 하늘 아래 나부끼며 날아다니는 밝은색의 남성용 바지, 이 바지를 깔아뭉개고 지나가는 캠핑카, 그 배경에는 점점 다가오는 듯한 경찰차의 사이렌 소리, 팬티만 걸치고 가스마스크를 쓰고 있는 운전석의 남자, 그 옆에 의식이 없어 보이는 두 번째 남자, 뒤 짐칸엔 흥건한 액체 속에서 다른 물건들과 함께 이리저리 쓸려다니는 두 시체, 마지막으로 처음에 등장한 남자가 비디오카메라로 자신을 찍으며 그의 아내와 아들을 위해 그가 행한 끔찍한 "일들"에 대해 말하고 있는 불합리하고 초현실적이며 혼란스런 장면. 긴장감을 조성하는 이 짧은 장면, 드라마가 이렇게 끝나게 될 것을 미리 보여주는 이 장면을 보고 우리는 이야기가 어떤 결말에 다다르게 될지 미리 알게 된다. 그러고 나서, 시리즈는 "3주 전…"이라는 자막과 함께 회고를 통해 1화의 이야기를 시작하는데, 이렇게 결말을 먼저 보여주고 처음으로 되돌아가는 회고방식은 앞으로도 반복적으로 사용될 절차이다.[5] 3주 전에 일어난 일은 에피

5 이에 대해서는 Gertrud Koch (2015)가 잘 밝혀주고 있다.

소드의 첫 장면으로 끝나게 될 사건의 시작이다. (하지만 지금으로선 언제 그렇게 끝나게 될지 알 수 없는 노릇이다. 1화 이야기의 끝에? 시즌 1의 끝에? 시리즈 전체의 끝에? 시리즈 전체가 언젠가 끝나게 되기는 할까?)

회고는 모든 이야기하기의 본질이다. 이야기가 시작될 때 사건은 다 진행되어 이미 끝나 있다. 이야기하기는 사건을 과거로 변화시키고 이로써 동시에 시간적으로 연속적인 시퀀스로 만든다. 이야기하기는 이전의 것을 [나중에] 그렇게 종결되게 될 시작으로, 나중의 것을 [처음에] 그렇게 시작된 끝으로 정의한다. 모든 이야기하기의 이 본질을 〈브레이킹 배드〉의 시작은 자신의 명시적인 절차로 삼는다. 〈브레이킹 배드〉의 시작은 우선 나중의 것을, 그다음 이전의 것을 보여주고 그를 통해 우리가 **어떻게** 이전에 일어났지만 나중에 이야기된 것을 보는가를 규정한다. 회고를 통해 우리는 이야기가 그와 더불어 시작된 [장면의] 혼란을 해소하고 설명할 수 있을 거라고 기대한다. 즉 이야기하기의 회고적 시선은 우리의 시선을, 우리의 보는 방식을 변화시킨다: 첫 장면의 혼란에 내맡겨져서 압도되었으면서도 매혹당한 몰이해의 상태로부터 이해 혹은 설명의 태도로. 회고는 이전에 일어난 일 속에서 다가올 일의 흔적, 암시, 원천, 힘을 구한다. 회고는 시선의 변화, 시선 속에서의 변화를 의미한다: 자기망각적인 바라봄에서 탐구하는 구함으로. 이와 더불어 회고는 보여지는 사건의 존재방식을 변화시킨다. 먼저 일어난 일은 자기완결적인 현재가 아니라, 이야기된 시작으로서, 단순한 '먼저 일어난 일' 이상이다: 먼저 일어난 일은 현실적인 것에서 가능적인 것으로, 다가올 일 및 그 이후의 일을 가능하게 만드는 것으로 변화된다.

예고 장면 이후 시리즈가 회고하는 이야기는 월터 화이트의 50번째 생일날 아침이다. 그러나 그의 머리 위엔 '여느 날 아침과 다름없이…'

라는 말이 마치 조각에 새겨넣은 것처럼 박혀 있다. ("무난한", 일상의 상징들로 채워진) 생일 또한 여느 날과 다르지 않다: 우선 간단한 피트니스 동작,[6] 다음으로 아침식사, 또다시("천 번은…") 수리가 필요한 보일러에 대해 불평하는 반쯤은 성인이 된 아들의 등장, 그리고 직장생활. 게다가 직장생활은 투잡이다: 우선 지루함과 반항 사이를 오가는 학급에서의 화학교사, 오후의 두 번째 직장은 세차장이다. 월터 화이트는 여기서 그가 가르치는 학급의 한 학생이 모는 차의 바퀴를 닦다가 극도의 모욕을 당한다(물론 이 모습은 곧장 학생의 여자친구가 스마트폰으로 찍어 공개한다). 시작점에 노예상태가 있다: 공허한 반복의 법칙을 통해 재생산되는 재정적, 가정적, 직업적, 사회적 곤궁. 월터 화이트가 그의 학생들에게 설명하려고 시도한 바의 "삶의 원칙"이 항상 새로워지는 변화라면, 월터의 삶은 삶이 아닌 삶, 습관의 노예상태이다.

하지만 갑자기 무언가가 일어난다. 시선을 사로잡고 상상력을 일깨우는 영상이 나타난다. 그의 부인인 스카일러가 월터 화이트의 생일날 마련한, 그리고 당연히도 놀랄 일은 아무것도 일어나지 않는 깜짝 파티에서 스카일러의 처형인 허풍선이 경찰 행크는 거기 모인 손님들로 하여금 당일 아침에 있었던 그가 지휘한 메탐페타민이라는 마약의 제조지 일제단속에 대한 텔레비전 뉴스를 보고 놀라워하도록 강요한다. 사람들은 우선 경찰들을, 그러고는 일제단속에서 몰수된 지폐뭉치들을 본다. 단번에 월터 화이트는 정신이 번쩍 든다. 그의 시선이 깨어나고, 집중력을 얻고, 매혹당한다. 조금 전문적으로 보이는 화학약품들과 도

6 월터 화이트는 그가 초라한 러닝머신 위에서 최소한도로 실행하는 피트니스 운동 후에, 이 운동을 따라야 할 하나의 규범을 완수한 것이라고 말한다. 그는 이를 단순한, 공허한 반복으로 규정한다—늘 그렇듯 말이다.

구들 곁에 있는 "저렇게나 많은 돈". 이 시선과 함께 무슨 일인가 일어났다. 습관이 깨어졌고, 무언가 다른 것의 가능성이 나타났다.[7] 시선은 말한다: 무언가 다른 것이, 무언가 새로운 것이 아직 **있다**(그리고 그때부터 월터 화이트도 그것을 **안다**).

매혹된다는 것은 스스로 저지르는 행위가 아니다. 매혹, "영상이 주는 열정"은 수동성이다. 매혹이란 "시선이 무한한 운동 속에 그리고 깊이 없는 근거 속에 빨려들어간다"는 것을 의미한다(Blanchot 2012 [1955]: 25).[8] 그러나 바로 이를 통해 매혹은 습관의 진행을 중단시키고, 이후 월터 화이트는 자신의 행동을 위해 이 중단을 이용하게 될 것이다. 그는 자신을 주체로 정립하기 위해 이 중단을 이용할 것이다. 아니, 매혹을 통해 열린 틈을 이용하는 것이 이미 그의 주체적인 행위, 주체로서의 그에게 귀속되어야 할 행위, 그리고 이후의 사태 진행에 결정적인 행위**이다**. 마치 월터 화이트가 텔레비전 속에서 그에게 모습을 드러낸 다른 세계를 바라보던 그 매혹이 결국 그 자신에 대한 매혹, 즉 그가 텔레비전 속의 이 세계에서 되게 될 [이제까지와는] 다른 자로서의 그 자신에 대한 매혹, 행위할 수 있는 주체로서의 그 자신에 대한 매혹이기나 한 것처럼 말이다. 주체화는 매혹을 통해, 주체가 되는 과정에서 느끼는 매

7 이 점에서 월터 화이트가 텔레비전에서 보는 영상은 우리가, 반복적으로, 이 시리즈에서 보는 영상들과 같다. 시리즈가 시작하자마자 등장하는, 사막의 하늘을 배경으로 펄럭거리며 날아다니는 남성용 바지의 영상도 마찬가지다. 우리를 매혹하는 대상들, 그리고 이런 매혹을 통해 (행위의 장場인) 장면과 특유한 관계에 있는 대상들, 즉 동시에 개시(開示)이자 퇴각 혹은 초과의 관계에 있는 대상들의 영상을 만들어내는 것은 이 시리즈의 눈에 띄는 전략이다. Samuel Chambers는 이 전략을 (랑시에르의 표현을 따라) "나눔의 대상들"(objets du partage)이라 부른다. Chambers (2014)를 보라.

8 영상의 매혹에 대한 블랑쇼의 이론을 사르트르의 상상력 개념과 구별하여 설명한 것으로는 Gelhard (2005: 50 이하) 참조.

혹 이외에 다른 것이 아닌 매혹을 통해 일어난다.

왜냐하면 월터 화이트는 그의 살아 있지 못한 습관적 삶에서 바로 그것, 행위할 수 있는 주체가 아니[었]기 때문이다. 그의 삶의 태도는 여기서 사회적으로 정의되어 있고 그 연관이 경제적 관점에서 정립되어 있는 두 역할 또는 두 정체성의 한갓된, 기계적인 재생산일 뿐이다: 탈가부장적인 소시민적 가정에서 모든 권위를 빼앗겨버린 아버지의 정체성과 학생들에게 교육과 경력에 대한 어떠한 약속도 해줄 수 없는 공립학교의, 마찬가지로 권위 없는 화학교사의 정체성. 그러나 매혹당한 채 다른 세계를 바라보는 시선이 이 관습적인 세계 속에 내는 균열을 월터 화이트가 그의 최초의, 진정한 자신의 행위를 위해 사용할 수 있게 되는 것은 비로소, 사회적 노예상태 속에서 이루어지는 그의 탈주체화가 두 번째 탈주체화를 통해, 즉 그의 육신의 쇠락을 통한 탈주체화를 통해 이중화되고 가속화될 때이다.

그의 신체에 무언가 이상이 있다는 것은 일찍 암시된다(하지만 시리즈의 후반부로부터 거꾸로 보았을 때 비로소 하나의 징후로서, 즉 하나의 기호로서 읽힌다): 기침. 이 기침이 월터 화이트로 하여금 우선 아침운동을 하게 만들지만 그다음엔 반복해서 그의 일상생활을 방해한다. 그는 에키나신(Echinacin)이라는 약으로 기침과 싸우지만 결국 그는 쉰 번째 생일을 맞은 직후 (이 모든 일이 시리즈 1화 초반 20분 내에 일어난다) 쓰러졌고 병원행을 원치 않았지만 (그는 아주 열악한 조건의 보험을 든 상태였고 소득수준도 좋지 않았다) 결국 병원으로 옮겨진다. 병원에서 그는 폐암 말기이고 약물치료를 받아도 기껏해야 "몇 년"을 살 수 있을 것이라는 진단을 받는다. 질병이 일찍이 하나의 은유였다면, 여기서 눈앞에 닥친, 피할 수 없이 가까이 다가온 생물학적 죽음은, 헤겔의 말에 따르자면, 습관 속의 삶인 사회적 죽음의 은유이다: "인간은 또한 습관으로 인해 죽는다." (Hegel 1986 [1820/1821]: 302) 암은 말한다: 너는 동물에 불과하다, 그 죽음이 이미 출생과 더불어 시작된 동물. 너의 사회적 존재는 생물학적 진리를 벗어날 수 없다. 생물학은 사회적인 것의 진리이다. 왜냐하면 사회적인 것은 비진리이기 때문이다. 암은 월터 화이트에게 그의 정체성을 드러내준다: 생물학적으로든 사회적으로든 그의 삶은 살아 있지 못한 삶, 죽음을 향한 질병이다.

이렇게 말하면 사람들은 우선은 '이건 월터 화이트에게 너무 과한 거 아냐' 하고 생각할 것이다. 암 진단을 내리는 의사의 말에 그는 거의 귀를 기울이지 않고, 그의 부인에게는 아무것도 이야기해주지 않는다. 그는 이 사실을 모른 체하는 것으로 보인다. 하지만 사정은 정확히 정반대이다. 월터 화이트에게 그의 질병은, 그의 죽음의 확실성은 모든 것을 변화시키는 기회이다. **이제 그는 행위한다**—이 시리즈의 이야기 속에서 처음으로. 생물학적 경험의 진리에, 그의 사회적 존재의 생물학적 진리를 드러내주는 경험의 진리에 대항하여, 즉 '나는 이미 항상, 처음부터 죽어가고 있는 한 마리 동물, 그 삶이 죽어감에 다름 아닌, 암 또는 습관에 의해 죽어감에 다름 아닌 한 마리 동물'이라는 진리에 대항하여. 죽을 수밖에 없음이라는 이 진리에 대해 월터 화이트는 다른 진리, 주체적 진리를 맞세워 놓는다: '나는 행위할 수 있는 한 주체이다.' 그리고 행위한다는 것은 습관과, 아버지 및 선생이라는 정체성과 단절한다는 것을 의미한다. 행위한다는 것은 새로이 그리고 스스로 시작한다는 것을 의미한다. 진리의 충격—나의 삶은, 생물학적으로 또는 사회적으로, 거의 죽은 것이나 다름없다—은 어떤 분노가 되어 폭발한다. 이것은, 텔레비전 화면에서 본 돈에 대한 매혹 이후에, 월터 화이트가 경험하는 두 번째 감정적 동요이다. 월터 화이트는 직장을 떠난다. 그는, 한마디로, 떠난다. 이것이 그 자신의 최초의 행위, 그의 최초의 자유의 행위이다.

그렇다면 해방은 어떻게 시작되는가? 해방은 두 영상과 더불어, 돈의 영상 및 질병의 영상, 영상으로서의 질병과 더불어 시작된다. 첫 번째 영상은 월터 화이트를 **매혹한다**: 그것은 그를 자신으로부터 앗아간다. 그것은 그에게 다른 가능성을 열어준다기보다는 타자의 가능성을, 나아가, 주어져 있고 재생산되는 현실의 타자로서의 가능성을 열어준다. 그렇기 때문에 매혹하는 영상은 돈의 영상이다. 왜냐하면 돈은 순수한 가능성, 임의적인 모든 것의 가능성이기 때문이다.[9] 영상의 대상과 영상의 효과가 일치한다. 그렇기 때문에 돈에 대한 월터 화이트의 매혹에서 중요한 것은 탐욕도, 특권을 가진 사람이 되고자 하는 생각도, 신분상승

9 메피스토펠레스는 이렇게 말한다: "내가 여섯 마리의 말 값을 치를 수 있다면 / 그놈들의 힘은 내 것이 아닐까요? / 마치 스물네 개의 다리라도 달린 양 / 신나게 달릴 수 있는 어엿한 사나이지요."(『파우스트 I』 4막, 1824-1827행) 마르크스는 이에 대해 다음과 같이 코멘트한다: "**돈**을 통해서 나에 대해 있는 것, 내가 지불할 수 있는 것, 다시 말해 돈이 살 수 있는 것, 그것이 **나이다**, 돈의 소유자 자신인 나. 돈의 힘이 큰 만큼, 나의 힘도 크다. 돈의 속성들이 나—돈의 소유자인—의 속성들과 본질능력들이다. 나**인** 것 그리고 내가 **할 수 있는** 것은 그러니까 결코 나의 개체성을 통해 규정되어 있지 않다. 나는 추**하다**, 그러나 나는 **가장 아름다운** 여인을 살 수 있다. 그러므로 나는 **추하지** 않다, 왜냐하면 추함의 효과, **추함**의 끔찍한 힘은 돈을 통해 소멸된다. 나는—나의 개체성에 따르면—다리가 **마비되어** 있지만, 돈이 나에게 24개의 다리를 만들어준다. 따라서 나는 마비되어 있지 않다. 나는 악한이고 부정직하고 양심 없고 정신을 결여한 인간이지만, 돈은 존경받고, 그러니까 돈의 소유자 또한 존경받는다. 돈은 최고로 좋은 것이므로, 돈의 소유자 또한 좋고, 돈은 게다가 나로 하여금 부정직할 필요가 없도록 만들어 주므로, 나는 정직한 사람으로 받아들여진다. 나는 **정신을 결여**했지만, 돈은 모든 것들의 **실제적인** 정신일진대, 어떻게 돈의 소유자가 정신을 결여하겠는가? 게다가 돈의 소유자는 정신이 뛰어난 사람들을 살 수 있을진대, 정신이 뛰어난 사람들에 대한 권력을 소유한 자는 정신이 뛰어난 자보다 더 정신이 뛰어나지 않은가? 돈을 통해서 인간의 마음이 동경하는 **모든 것**을 할 수 있는 나는 인간의 모든 능력을 소유하고 있지 않은가? 즉 나의 돈은 나의 모든 무능력을 그 반대로 변신시키지 않는가?"(Marx 1968 [1844]: 564 이하)

이나 안정에 대한 희망도 아니다. 이 매혹은 **순수한** 매혹이다. 왜냐하면 이 매혹은 자기 자신에 대해/자기 자신에 의해 매혹당한, 매혹의 매혹이기 때문이다: 이 매혹은 돈 속에서 미규정적인 가능성들의 총합을 보고, 그렇기 때문에 이 매혹을 통해 월터 화이트에게 미규정적인 가능성들이 열린다.

두 번째 영상은 월터 화이트에게 **충격을 준다**. 그것은 죽음의 충격이다. 모든 충격처럼 또한 이 충격도 시간적 지체와 함께 [나중에서야] 작용한다(트라우마의 논리). 이 충격의 효과는 급진적인 자기인식이다. 이 자기인식은 분명한 표시를 통해 알려진다: 우선, 암이라는 의사의 진단이 내려지자마자 이젠 월터 화이트를 둘러싼 환경세계는 그에게 배경에서 들리는 의미없고 둔탁한 잡음으로밖에는 지각되지 않는다. 그 후 그는 무지의 지 속에서 자신을 인식한다. 즉 월터 화이트는 요즘 도대체 어떻게 지내고 있냐는 부인의 물음에 "전혀 모르겠어"라고 대답한다. 그는 이렇게 대답하면서, 나아가, 이렇게 대답하는 것을 통해서, 이제부터 또한 그가 어떻게 살고 있는지에 대해 전혀 모른다는 것을, 아니, 그는 그저 살아가고 있다는 것을 **안다**. 영상의 충격, 그의 질병으로부터 그에게 유래한 이 충격을 통해 그는 마비상태로부터 깨어난다.

영상의 본질적인 면은 그것의 낯섦이다: 영상의 내용이 아니라, 영상이 보여주는 **방식**(혹은 영상이 **거기에** 있다는 사실). 영상은 일종의 비현실화이다. 이는 우선 영상이 보여주는 대상에 해당한다: 영상 속의 대상은 영상의 대상이 됨으로써 비현실적인 것이 된다. 그러나 대상의 비현실화를 통해 동시에 그 영상을 대면하는 사람이 속한 세계에도 비현실화가 일어난다. 왜냐하면 영상은 대상을 비현실화함으로써 그 대상과의 습관화된 접촉방식과 단절하기 때문이다. "영상이 갖는 성질의 (…)

목적은 (…) 한 대상을 그것의 통상적인 지각으로부터 빼내어 새로운 지각의 영역으로 옮기는 것이다." 영상은 "[습관의] 자동성에서 해방된 [생생한] 지각"을 창출한다. 이것이 영상이 하는 일이다. 이를 위해 영상은 (아리스토텔레스가 시적 이미지가 갖추기를 요구했듯) "이국성과 놀라움의 성격"을 가져야 한다(Sklovskij 1971 [1916]: 31).[10] [하지만] 이를 위해 "이국적인 것, 놀랄 만한 것"에 **대한** 영상이 필요한 것은 아니다. 영상이 낯설게 만드는 것은 오히려 영상이 영상으로서 지각될 때, 존재하는 대로의 영상 자체를 통해서이다. 그러할 때 영상은 새롭게 만든다(영상은 각성시킴 혹은 심지어 "부활시킴"이다)(Sklovskij 1972 [1914]: 3-17). 왜냐하면 그때 영상은 습관이 만들어낸, "자동화된" 바라봄, 즉 "[이전에 지각했던 것을] 다시 알아볼 뿐인" 지각을 중단시키기 때문이다. 영상은 지각을 탈자동화하고, 세계의 습관화된 진행을 중단시킨다. 영상을 통한 낯설게 하기와 함께 주체의 해방이 시작된다.

## 2. 월터 화이트의 잘못

봄, 떠남: 월터 화이트의 해방은 이렇게 시작된다. 보고 떠난 이후 월터 화이트는 무엇을 하는가? 그는 통상적인 것(혹은 합당한 것)을 한다: 그는 고심한다.[11] 갑자기 무언가를 결정할 때까지: 그는 마약제조 소굴에 대한 일제단속에 그를 데려가겠다는 그의 동서 행크의 제안을 받아들이기로 결정한다. 그가 무엇을 하고자 원하는지 그가 이미 알고 있다는 사실(물론 그는 그의 예전 학교제자인 제스 핑크맨이 신통치 않은 마약제조업자

10 Sklovskij는 시적인 혹은 예술적인 영상에 대해 말하고 이를 "실천적인" 영상과 대비시킨다. Aristoteles (1982: Kap. 22)를 참조하라.

로 현장에 있을 것이라는 점은 몰랐다. 그는 제스 핑크맨이 도주하는 것을 돕고 그를 통해 그리고 그와 함께 마약제조 및 판매 사업에 뛰어든다)을 행크의 말에 대한 그의 짧은 대답이 보여준다: 월터 화이트는 메탐페타민을 화학적으로 어떻게 제조하는지 이미 정확히 알고 있다. 이와 함께 우리는 그의 고심이 그를 어디로 이끌어갔는지 예감하기 시작한다: 그의 오래된 습관과 정체성에서 해방된 채 그가 하기를 원하는 것에 대한 결정으로. 이것은 그와 더불어 텔레비전 시리즈가 비로소 시작되는 결정이다. 이제까지 이야기(Erzählung)는 아직 전혀 시리즈적이지 않았다. 비로소 월터의 결정이 하나의 행위를, 그에 대해서는 오직 시리즈의 형식으로만 이야기될 수 있는 행위를 창출한다. 월터의 결정이 그의 행위를 시리즈화한다.

이 결정은 이후로 월터 화이트에 의해, 특히 [그의 부인인] 스카일러 앞에서, 즉 가족의 친밀성 안에서, 반복하여 해석되고 정당화된다. 요약해서 말하면, 이 정당화는 이렇다: 월터 화이트는 화학자로서의 그의 지식을 더 이상 지루해하는 학생들에게 소모하지 않고, 암을 치료하고 그가 죽은 뒤 가족의 재정상황을 보장할 수 있는 돈을 벌기 위해 마약 사업에 뛰어드는 데 사용하기로 결정했다(미국의 중산층이 정직한 노동을 통해 이 돈을 충당할 수 없다는 것은 분명하기 때문에). 우리는 이 결정이 정당했나, 심지어 반드시 필요했나에 대해 논쟁할 수 있다. 시리즈를 보는

11 자주 그렇듯, 시리즈는 여기서도 또한, 월터 화이트가 숙고하는 모습을 보여줄 때, 하나의 은유를 우스꽝스러울 정도로 글자 그대로 사용한다: 월터 화이트가 숙고한다는 것은, 그가 앉아서 골똘히 앞을 바라보는 모습에서 드러날 뿐 아니라, 그가 하나씩 그어 불을 붙인 성냥을 몇 년 전부터 분명 사용하지 않았을 풀장(월터 화이트의 집에는 요리를 같이 먹거나 성적인 관계를 나눌 친구가 오지 않는다는 것을 우리는 이미 알고 있다)에—그의 머리 속에 불이 들어오고 그가 무엇을 해야 할지 혹은 하고자 하는지 알게 될 때까지—버리는 모습에서 보여진다.

시청자들은 열정적이고 진지하게 이런 논쟁을 했다—마치 자신들이 텔레비전 속의 한 가족구성원인 양, 월터 화이트의 거실에 함께 앉아 월터를 공격하거나 옹호하는 논거를 통해 사태진행에 개입할 수 있기나 한 듯.[12]

그러나 사람들이 월터 화이트를 그렇게도 거칠게 비판할 때조차, 사람들은 다만 월터 자신과 똑같이 눈멀게 될 뿐이다. 사람들은 왜 월터의 결정이 이 시리즈를 62편의 에피소드를 통해 전개시키는 반복의 논리의 근원인지를 전혀 이해하지 못한다. 도덕적 참여[의 태도]를 통해서는 시리즈의 법칙을 간과하게 된다. 이 법칙은 (더 이상의) 어떠한 결정도 있을 수 없다고 말한다. 월터 화이트의 결정은 역설적이다. 그것은 결정 없는 삶에로의 결정이다. 새로운 것, 옛 것과의 급진적 단절은 시리즈에서 오직 한 번 있었다: 시리즈의 처음에. 그 이후로는 오직 반복만이, 정확히 말하면, 기본 결정을 반복하여 실현하고 확인하는 행위들만이 있을 뿐이다. 월터 화이트의 결정에 대한 물음은 따라서 시리즈 자체의 가능성의 조건에 대한 물음과 다르지 않다.

시리즈는 어디로부터 생기는가? 무엇이 시리즈를 창출하는가? 〈브레이킹 배드〉의 급진성은 그것이 이미 시리즈로서 시작하는 것이 아니라 시리즈 형식의 이야기의 발생에 대해 이야기한다는 데 있다. 〈브레이킹 배드〉는 1화 파일럿 에피소드에서 그곳으로, 시리즈[가 시작되는] 문턱으로 데려간다. 그곳은 시리즈가 시작되기 이전의 지점, 시리즈가 비극으로부터 생겨나는 지점이다. 비극은 자유로운 행위의 개입, 그 무조건

12 월터 화이트를 이야기 속의 인물이 아니라 말을 걸 수 있고 영향을 미칠 수 있는 상대방으로 보는 이러한 참여적 자세를 우리는 "실천 철학"의 시각에서 이 시리즈를 연구하는 일련의 노력들에서 볼 수 있다. Koepsell und Arp (2012)에 수록된 글들이 예시적이다.

성 속에서 필연적으로 실패하게 되는 자유로운 행위의 개입에 대해 이야기하는 형식이다. 이 무조건성과 더불어 비극의 자유로운 행위는 기존의 행위 형식을 자기화한다. 즉 자기 자신의 행위 형식으로 만든다. 오이디푸스가 내린 판단의 과도함[13]에서처럼. [비극에서의] 자유로운 행위는 바로 그 때문에 영웅적이라고 일컬어지는 비극의 주체가 자기 자신을 파괴하는 "커다란 실책"(아리스토텔레스)이다. 따라서 비극적 운명은 자유로운 행위의 역설적 체화이다. 〈브레이킹 배드〉는 이 역설적 구조의 비(非)비극적인 반복이다: 〈브레이킹 배드〉 또한 기존하는 것을 와해시키는 자유의 행위와 함께 시작하기는 한다. 그러나 이 행위는 종국적인, 그러나 그러면서도 동시에 참된 자기파괴—그 속에서 자유가 표현되는, 아니, 보존되는 자기파괴—의 폭력을 [비극에서처럼] 산출하지 못하고, 반대로 끝없고도 공허한 자기반복의 강박(Zwang)을 산출한다. 이것이 시리즈 형식, 행위의 시리즈성을 시리즈로 이야기하는 방식이다. 〈브레이킹 배드〉에서 시리즈 형식은 [미리] 주어져 있지 않다. 〈브레이킹 배드〉는 그 형식이 산출되는 것을 보여준다: 행위와 이야기함의 시리즈성은 자유로운 결정이 산출하는 반복강박의 **비극적이지 않은** 운명이다. 시리즈 형식은 비극적 운명의 아이러니를 객관적으로 패러디한 것이다. [〈브레이킹 배드〉에서] 자유는 비극적이지 않은 방식으로 실패한다: 똑같은 것이 항상 다시 반복되어야만—행해지고 이야기되어야만—한다.

따라서 월터 화이트의 결정에 관해 대답되어야 할 물음은, 이 결정이 도덕적으로 어떻게 평가되어야 하는가, 이 결정을 지지하는 것은 무엇

13 Menke (2005) 참조.

이고 반대하는 것은 무엇인가, 이 결정은 잘못되었다고 판정받아야 하는가, 용서될 수 있는가, 그것은 월터 화이트의 성격의 나쁜 면을 표현하는가 아니면 긴급함에서 나온 것이기 때문에 아마도 정당화되는가 등등이 될 수 없다. 차라리 물음은 이런 것이다. 월터 화이트는 어떤 **종류**의 결정을 하는가 그리고 이 결정은 어떻게 뒤따르는 행위와 사건의 **형식**을 확정 짓는가: 월터 화이트는 그의 옛 습관과 정체성이 뒤흔들린 후에 어떻게 결정에 **도달하는가**? 그리고 어째서 이 결정은 시리즈의 논리, 즉 반복의 논리를 가지는 사건을 **초래하는가**?

월터 화이트의 결정은 자신의 삶에 목적을 줌으로써 그의—사회적이고도 생물학적인—죽음에 저항하는 데 있다. 그의 삶이 이제까지는 한낱 언젠가는 끝날 삶, 한낱 끝을 향한 존재였다면, 그는 이제 이 삶에 하나의 목표를 세운다. 그렇게 그는 자신을 삶을 영위하는 주체로 만든다. 이 목표란 것은—위에서 말했듯—가족을 위해 돈을 마련하는 것이다. 이 목표를 향하는 길은 마약제조 활동이다(이에 관해선 아래 3절 참조). 이보다 더 진부한 것은 없을 것이다: 월터 화이트가 내린 결정의 결과는 정확히 앨버커키(Albuquerque) 교외의 중산층 거주지역에 사는 그의 모든 이웃들 또한 가지고 있는—혹은 가지고 있다고 주장할 법한—목표를 세운 것이다. 가장의 미덕으로서의 재산증식은 그들의 자기이해의 중심에 있는 가정적-경제적(oikonomisch-ökonomisch) 콤플렉스이다. 하지만 이러한 자기이해의 자명성이 여기서는, 습관으로부터 떨쳐 나온 후 그리고 새로운 상황에 대한 오랜 숙고를 거친 후, 명시적인 결정의 결과로서 보여짐으로써, 우리는 이 콤플렉스가 어떤 요소들로 분해될 수 있는지, 그 전제들이 무엇인지를 알아볼 수 있게 된다.

이는 우선 월터 화이트의 목표설정의 내용에 대해서 그렇다. 왜냐하면 돈, 그가 마련코자 하는 돈은 독특한 종류의 목적이기 때문이다. 월터 화이트는 어떤 [특정한] 재화나 좋은 것을 추구하는 것이 아니라, 자산(Vermögen)을 추구한다. 재화들(Güter)은 그 자체가 목적이 되지만, 자산은 하나의 위력—수단, 자원, 능력 등등—그것을 사용하여 우리가 어떤 [특정한] 재화(ein Gut)를 만들어내거나 어떤 [특정한] 좋은 것을 실현할 수 있는 위력이다. 그러니 월터 화이트는 그의 삶을 하나의 [특정한] 재화(Gut)를 향하게 한다기보다는, 무엇을 위해 사용하게 될지는 모르지만 어쨌든 나중의 사용을 위해 가치 있는 자산을 마련하는 데 그의 삶을 사용한다. 그의 목표는 [그 자체로] 목적이 아니라, 그가 경제적으로 정의하는 목적들을 가능하게 만드는 조건이다: 돈은 가치로운 자산의 총괄개념이다.

어떤 것은 그 자체로 가치를 갖지 않고 누군가를 위해 가치를 갖는다.[14] 월터 화이트의 목표설정에서 이 누군가는 그 자신이 아니다. 월터는 자신이 아니라 가족을 위해 돈을 마련하고자 한다. 여기선 가치를 창출하는 자와 [창출된 가치를 사용하면서] 가치를 평가하는 자가 동일하지 않다. 그러나 또한 이 둘은 결합되어 있다: 월터 화이트는 가족을 위한 자산을 창출한다는 목표를 정하면서, 동시에 이것이 가족을 위해 가치를 지닌다고 혹은 지니게 될 것이라고 확정 짓는다. 그는 가족을 대변하여 가치평가한다. 그리고 그렇게 하면서 동시에 그 자신의 정체성, 즉 그는 무엇 혹은 누구인가를 정의한다. 그는 자신의 가족이 미

14 Hobbes (1996 [1651]: Kap. X, 63)는 다음과 같이 정의한다: "한 인간이 가지는 **값어치** 혹은 **가치**는, 다른 모든 사물들에서처럼, 그의 가격이다. 즉 그의 힘을 사용하는 데 주어져 있는 것만큼의 가치가 있다. 따라서 그것은 절대적이지 않다. 한 사물[의 가치]는 다른 누군가의 필요와 판단에 달려 있다."

래에 필요로 하게 되고 원하게 될 것을 현재에 표상하는 가족의 대변자이다. 이로써 장차 가족의 경제적 생존을 위한 노동에서 무엇이 중요한지 보여진다: 월터 화이트에게 중요한 것은 그가 죽고 나서도 지속하게 될 어떤 연관체의 한 구성원으로서의 자신을 창출하는 것이다. 즉 그 자신은 끝나더라도 끝나지 않는 어떤 정체성을 획득하는 것. 왜냐하면 그는 가족의 지속을 위한 노동 속에서 그 자신의 지속을 확보할 수 있기 때문이다. 이러한 정체성의 보존 혹은 실현으로부터 그의 새로운 경제활동은 추동력을 얻는다. **그렇기 때문에** 이전의 노동으로부터 해방하는 떠남은 곧장, 새로운 노동으로, 즉 그의 죽음과 함께 시작될 미래에 가족의 더 나은 삶을 위한 보다 많은 돈을 위해 폭력에 기꺼이 손을 담그는 보다 더러운 노동으로 이끌어간다.

월터 화이트의 결정이 창출하는 경제활동은 아래에서 스케치될 반복적 역학에 종속된다. 그것은 시리즈성의 역학과 다른 것이 아니다. 하지만 이 역학을 스케치하기 전에, 목표를 정하는 월터 화이트의 결정이 어떻게 습관과의 해방적 단절, 이 결정에 선행하여 이 결정을 비로소 가능하게 만든 이 단절과 어떤 모습으로 다시 관련을 맺게 되는가를 분명히 해야 한다. 결정은 정체성 확정에 근거한 가치설정이다. 결정은 무엇에 근거하는가? 결정은 앎을 표현한다: 월터 화이트는 진정 누구인가 그리고 그는 이에 따라 무엇을 진정 원하는가에 대한 앎. 월터 화이트가 마당의 풀장에 앉아서 성냥개비를 하나씩 켜면서 무엇에 대해서 (혹은 더 정확히 말하자면: **어떻게**) 숙고했는지가 이와 함께 분명해진다: 그의 숙고는 확실한 앎을 얻기 위한 것이었다. 숙고와 이를 통해 얻은 앎은 그를 매혹시켰고 충격에 빠뜨렸던 두 영상들 때문에 일어난다고 생각하는 것이 합당해 보인다.[15] 숙고를 통해 정체성을 확정하는 저 가치

평가에 이르렀다면, 월터 화이트는 저 영상들 속에서 자기 자신에 대한 진실을 발견할 수 있다고 믿고 있음에 틀림없다. 매혹과 충격이 "의미를 부여하는 능력을 우리에게서 앗아가버리는"(Blanchot 2012 [1955]: 25) 반면, 월터 화이트의 결정은 소급적으로 작용하여 영상들을 기호들로, 그것들 안에서 그가 자기 자신을 이 영상들의 숨은 의미로 읽을 수 있는 기호들로 만든다. 죽을 수밖에 없다는 충격은 그가 죽은 후에도 지속하는 가족 연관체의 한 구성원으로서 [자신의] 참된 정체성을 열어 보여주고, 순수하고 무규정적인 가능성으로서의 돈에 의한 매혹은 이제 자산의 가치를 드러내준다. 월터 화이트는 영상들을 기호화한다[의미를 지닌 기호로 만든다]. 영상들은 그가 누구인지 그리고 그가 무엇을 원하는지, 그의 정체성과, 따라서 그의 가치들은 무엇인지를 그에게 말해주어야 한다.

아리스토텔레스는 비극적 영웅들의 삶이 불행에 빠지게 되는 계기인 "커다란" 잘못은 그들 성격의 "나쁨과 비천함"에서 나오는 것이 아니라 "일종의 오류"라고 말했다(Aristoteles 1982: 13장). 그것은 판단의 방식에서 일어나는 오류이다. 이와 똑같이, 모든 것을 결정 짓는 월터 화이트의 오류는 그가 자기 자신을 어떻게 해석하는가에, 즉 자기 자신에 대해 숙고하면서 자신의 충격과 매혹을, 바로 그가 진정으로 원하는 것이 무엇인지 알게 해주는 매체들로서의 충격과 매혹을 어떻게 정리하는가에 있다—여기에 그의 정체성, 그와 함께 그의 목표들이 달려 있다. 그

15 이것은 월터 화이트의 내적인 삶에 대한 추측이 아니다—왜냐하면 가공의 인물로서 그는 우리에게 나타나 보이는 것을 넘어선 내적 삶을 가지고 있지 않기 때문이다. 그것은, 〈브레이킹 배드〉가 영상의 경험과 정체성 확립 사이에서의 숙고로 보여주는 것을, 시청자인 우리가 어떻게 받아들여야 하는가에 대한 언명이다.

의 결정의 핵심은 그의 매혹과 충격을 기호화하는 것이다. 이 기호화를 통해 그는 매혹과 충격이 가진 해방시키고 탈자동화하는 힘을 왜곡한다. 이는 과연 자기 자신에게서 이 힘을 빼앗아버린다. 월터 화이트의 잘못은 일종의 범주착오이다: 그는 우리에게 변경불가능한 것으로 주어져 있는 것이 [무규정적인] 가능성을 향해 열리는 것을, 그 속에서 매혹과 충격이 사회적 습관을 중단시켜버리는 이 열림을 보다 깊은 차원에서 보다 참된 것으로 주어져 있는 무언가의 드러남으로 본다. 그는 그를 매혹하고 경악케하고 그를 통해 해방시키는 영상들의 중심에 있는 무와 공허, 무규정성을 무언가로, 그에게 보다 확실한 근거와 분명한 방향을 제공해 줄 규정으로 메꾼다.[16] 월터 화이트의 잘못은 그의 허위의식—그의 부정직성, 경악과 매혹을 **따를** 용기의 결여이다.

월터 화이트의 잘못은, 그의 허위의식이라는 것은, 그가 가족과 돈을 위해, 가족을 위한 돈을 위해 마약사업에 뛰어든다는 결정을 통해 자기 자신을 망각한다는 것을 의미한다. 그의 목표정립적 결정은 자기 자신을 부인하는 자기확정에 발딛고 있다. 그 결정은 하나의 정체성을 확정하는 결정이다. 이러한 정체성의 확정이 확정하는 자기를[자기의 확정하는 활동 자체를] 백안시하고, 나아가 억압할 수밖에 없게 된다. 왜냐하면 자기는 자유롭거나 혹은 해방된 것이기 때문이다. 즉 자기는 그의 매혹과 경악을 통해 그의 습관을 폭파시키며 밖으로 나온 자기이고, 부정성의 자리 혹은 장소로서의 자기이기 때문이다. 월터 화이트의 커다

16 여기서 월터 화이트는 비극적 잘못의 거울상이다—다시 한 번 비극적 잘못이긴 하지만 뒤집힌 비극적 잘못이다: 비극적 주인공의 잘못이 (횔덜린에 따르면) 유한한 것을 무한하게 받아들이는 데에 있다면, 시리즈 주인공의 잘못은 무한한 것—즉 자기 자신—을 유한하게 만드는 데 있다.

란, 모든 것을 결정 짓는 잘못—결정에 이르는 숙고 속에서 그가 저지르는 잘못—은 하나의 규정을 정립한다는 데 있다. 왜냐하면 이 규정의 정립이 모든 정립에 선행하는 해방적 부정성—정립이 전제하는 부정성—을 은폐하고 무화시키기 때문이다. 이것이 "브레이킹 배드"가 의미하는 바이다: "브레이킹 배드"는 나쁜 짓을 저지른다는 뜻이 아니다. 그것은 나쁘게 행위한다는 것, 나쁜 방식으로 행위한다는 것을 의미한다. 즉 마치 행위하지 않는 것처럼 행위한다는 것을 의미한다. 행위이되, 자신의 것을 실현하고 보존하는 행위이지, 행위의 자유[자체]로서의 행위는 아니다.

이것이 월터 화이트가 그를 통해 자신에게 운명을 부여한 결정이다. 그러나 이 운명은 한 시리즈의 인물이 되는 운명, 그의 삶이 오직 시리즈로 이야기될 수밖에 없는 인물이 되는 운명이다. 한 시리즈의 인물이라는 것은 부정직하다는 것을 의미한다. 시리즈는 부정직함의 형식, 부정직함의 행위 형식이자 이야기 형식이다. 시리즈는 의지하고 행위하면서 해방을 억압하는 주체성의 형식이다. 이 해방을 통해 주체성이 비로소 가능해졌음에도 불구하고 말이다.

### 3. 시리즈의 법칙

첫 번째 에피소드의 중간쯤에 이루어지는 월터 화이트의 결정과 함께 비로소 시리즈가 시작된다. 그럼으로써 "새로운 시리즈"의 형식을 띤 이야기가 시작되는 것이다. 텔레비전 시리즈의 기본구조, 이미 옛 세대의 비판(아도르노, 안더스, 카벨)이 텔레비전 시청 자체의 구조로 인식했던 기본구조—텔레비전에서 보여주기(Darstellen)의 원리는 시리즈성이다—는 동일한 공식의 반복에 있다.[17] 이 반복이 시리즈로 이야기하기의 가지성(可知性)의 조건이다. 우리가 시리즈의 형식으로 이야기되는 줄거리를 이해하는 것은, 그것을 하나의 끝을 향한 전개로 해석하거나 어떤 숨겨진 근원으로 되보냄으로써가 아니라, 시리즈의 모든 에피소드들에서 동일하게 반복되는 기본모형—한 인물의 전형적 태도, 여러 인물들 간의 관계배치, 사회적 연관관계의 기능 등—을 인식함으로써이다.

"새로운" 텔레비전 시리즈의 이야기 방식은 이 옛 모형과 구별된다. 즉 "새로운" 시리즈에서 시리즈 이야기 방식은 그 기본공식을 위협할 정도로 변주되면서 보여진다. 반복한다는 것은 변주한다는 것이다. 왜냐하면 단 하나의 기본공식이 항상 달라지는 맥락들 안에서, 항상 다른 소재들과 함께 반복되어야만 하기 때문이다. 하지만 이를 통해 기본공식은 단지 매번의 반복 속에서 항상 달리 나타나는 것에 그치지 않는다. 이는 또한 이미 옛 시리즈에 대해서도 제한적이나마 해당되는 것이기도 하다. ["새로운 시리즈"에서] 반복은 차라리 반복하는 **행위**, 지나간 것에 결합되고 다가올 것을 선취하면서 항상 다시금 이루어져야 하는 반복 행위가 된다. 동일한 공식이 옛 시리즈에서는 하나의 주어진, 확보된 토대였다면, "새로운 시리즈"에서 그것은 비로소 만들어져야 하는, 항상 다시금 산출되어야 하는 효과가 된다. 시리즈적 반복은 반성적[자기지시적]이 된다. 이 반복은 자기 자신을 반복하고, 반복을 통해 반복의 공식이 산출된다. 이것이 〈브레이킹 배드〉가 "가족을 위한 돈"이라는 가치를 위해 살 것이라는 월터 화이트의 결정과 함께 시작하도록

17 이에 대해서 그리고 뒤따르는 서술에 대해서는 Engell (2012: 17)을 보라. Cavell 및 Adorno와 Anders에 대해서는 같은 곳: 204 이하 참조.

만들어주는 시리즈의 형식이다. 그의 결정을 통해 월터 화이트는 자신을 오직 시리즈의 인물일 수밖에 없는 주체로 **만든다**. 그는 자신의 삶에 텔레비전 시리즈의 형식을 준다. 그의 결정은 그의 행위를 시리즈성의 법칙에 종속시킨다. 이를 통해 그의 행위 속에서, 하지만 완전히 새로운 방식으로, 습관의 노예상태가 재생산된다—**그가** 이 습관의 노예상태를 재생산한다. 정확히 이 점에서 〈브레이킹 배드〉는 현대에 대한 분석이다: 시리즈는 어떻게 해방이 습관으로, 그것도 다른 것이 아닌 자신의 결정을 통해, 전도되는지 보여준다.

이번 절에선 이 점을 우선 그 한 측면인 경제적 행위의 구조라는 측면에서 간략히 스케치할 것이다. 이를 통해 우리는 경제적 행위의 중심엔 권력에 대한 질문 및 권력의 역학이 자리하고 있다는 점을 보게 될 것이다. 그러나 〈브레이킹 배드〉에서 해방의 현재에 대한 분석에 결정적인 것은—뒤따르는 절(4절)에서 보여줄 것처럼—시리즈성에 대한 이 첫 번째 경험이 두 번째의 경험, 시리즈성에 거스르는 두 번째 경험을 통해 지워진다는 점이다: 〈브레이킹 배드〉는 시리즈적 반복의 논리를, 서로 완전히 대립해 있으면서도 동시에 그만큼이나 서로 얽혀들어 있는 두 논리가 교차하는 장으로서 드러낸다.

월터 화이트는 그의 결정의 형식을 통해 그의 행위를 시리즈성의 법칙에 종속시킴으로써, 그의 행위를 경제적인 행위로 정의한다. 시리즈성은 그의 경제적 행위의 법칙 혹은 그의 행위의 경제적 법칙이다. 사업에서의 성공을 추구하겠다는 결정의 내용은 그가 죽은 이후에 그의 가족이 생존할 수 있도록 노동한다는 것이다. 하지만 여기서 중요한 것은 이 노동을 통해, 활동이 완수되고 중지될 수 있는 하나의 재화(Gut)에 도달하거나 실현하는 것이 아니다. 월터 화이트의 경제활동은 근대적이다. 즉 목표가 없다. 그의 활동은 활동의 계속적인 자가연장 이외에 다른 목표가 없다. 왜냐하면 오직 이러한 연장 속에서만 그는 자신의 정체성을 실현한다: 오직 그가 경제적 가치인 "돈"을 좇는 한에서만 그리고 그 속에서 가족이 그에 대해 갖는 가치를 알게 되는 한에서만, 그는 자신이 죽을 수밖에 없다는 충격에 대항하여 정립할 수 있는 정체성을 **갖는다**. 가족의 한 구성원으로서의 그의 정체성, 동시에 그 자신의 생존을 넘어 그가 한 부분인 전체연관[가족]을 보장하고 보존하는 그의 정체성은 오직 반복의 나쁜 무한성, 항상 동일한 경제적 추구라는 나쁜 무한성 속에서만 자각된다.

이와 더불어, 월터 화이트가 그 자신의 목적을 정립하고 자유로운 결정 속에서 자신의 정체성을 규정함으로써 정확히 습관으로서의 사회적인 것의 구조가, 이전에 매혹과 경악이 한순간 그로부터의 해방을 맛보게 해주었던 그 구조가 재창출된다. 왜냐하면 습관은 행실의 규칙, 각각의 개별 행위가 추상적인 동일성 속에서 반복하는 행실의 규칙이기 때문이다. 각각의 새로운 행위는 그에 앞선 것들의 단지 "값싼 모방"(길버트 라일)이며, 따라서 처음부터 이미 낡은 것이다. 습관적인 행실은 하나의 동일한 일반성을 항상 동일하게 반복한다. 월터 화이트의 해방은 그를 하나의 습관으로부터 다른 습관으로 이끌어 간다: 그는 하나의 노동에서 거의 벗어난 적이 없다. 왜냐하면 그는 이미 다른 노동의 메커니즘 속에 파묻혀 있기 때문이다. 달라진 것은 오직, 이 새로운 습관, 새로운 노동의 습관이 이제 그 자신의 진정한 습관, 그의 참된 정체성을 표현하기 때문에 그의 고유한 가치들을 표현하는 그의 진정한 습관이라는 점이다.

그리고 이를 통해 그의 새로운 습관은 동시에 옛 습관과 완전히 달라진다. 왜냐하면 그의 새 습관은 새로운 형식을 가진 시리즈의 대상, 즉 새로운 형식을 가진 시리즈의 내용이자 [반복적으로 산출되어야 할] 효과이기 때문이다. 그래서 그의 새 습관은 달리 기능한다. 그것은 달리 나타나 보이며, 달리 느껴진다. 옛 습관이 우리에게 먼저 나타나 보이고, 그다음에 월터 화이트 자신이 하나의 "메커니즘"(헤겔)으로, 그의 (그리고 우리의) 추가행위 없이 자동적으로 진행되는 "메커니즘"으로 나타나 보인다. 여기서는 어떠한 주체도 필요 없다(혹은 주체는 이미 오래전에 죽었다: 그의 정체성[동일성] 때문에 죽었다). 그에 반해 새로운 습관은 주체를 필요로 한다. 그것은 월터 화이트를 주체로서, 반복의 강제 자체에 자신을 종속시키는, 아니 이 강제 자체를 산출하고 행사하는 주체로서 요구한다. 옛 습관의 시리즈성이 기계적이었고, 옛 습관의 반복이 자기산출적이었다면, 새로운 습관의 시리즈성은 적극적 혹은 주체적이다. 새로운 습관의 시리즈성은 오직 주체의 지속적이고 적극적인 공동작용을 통해서만 진행된다.

전통적인 시리즈가 이야기했던 경제적 행위는 제도적으로 혹은 영역별로 규정되어 있었다—화학교사인 월터 화이트가 습관적으로 제도적 규정들을 재생산했던 것처럼. (시리즈가 시작하자마자 우리는 월터 화이트가 이 영역별로 구분된 제도적 구조를 상징적으로 표현하는 활동을 하는 것을 본다: 시험성적 매기기) [그렇다고 해서] 자유로운 결정을 통해 감수하는 월터 화이트의 새로운 노동, 마약사업에서의 노동은 분명 덜 강압적인 것이 아니다: 그렇지 않다면 그는, 심지어 [암이] 치료되었다는 진단을 받고 나서도, 왜 그 일을 그만둘 수 없을까? 그러나 그가 더 이상 종업원으로서가 아니라 진정으로 포스트포디즘적인 자기경영자로서 그 일을 수행한다는 것은, 그가 이제 또한 스스로 습관의 존속 및 기능함을 보장하는 데 책임이 있다는 것을 의미한다. ["옛 시리즈"에서] 습관 속에서의 탈주체화는 ["새로운 시리즈"에서] 주체의 책임인수가 된다.

습관은 "**많은 개별적인 것들의 반복**으로부터 **반성**을 통해 산출된 **추상적 일반성**"을 실현하는 식으로 기능한다. "서로 외면적인 개별적인 것들과 관계 맺는 일반적인 것은 **필연적인** 것이다."[18] 이는, 습관에서 일반적인 것과 특수한 것의 관계는 권력의 관계이지, 자유의 관계가 아님을 의미한다: "형식활동"—일반적인 것과 특수한 것의 통일 속에서 형식의 형성—은 여기서 "필연성의 권력"으로서 일어난다(헤겔). 습관 안에서의 반복은 일반적인 것이 특수한 것 속에서 행사하는 권력을 통해, 따라서 필연성의 양태로[19] 실행하는 형식활동이다. 다른 모든 권력행사처럼 반복도 따라서 결코 보장되어 있지 않다. 권력은 장애와 저항을 불러오고, 반대권력을 부추긴다. 이 권력이, 그와 더불어 항상성의 보장이 월터 화이트의 옛 습관 속에서 제도적으로 보장되어 있었다면, 이제 권력의 행사가, 아니 이미 권력의 산출이 월터 화이트 자신의 과제가 된다. 새로운 시리즈의 새로운 경제 속에서 주인공은 진정으로 습관의 주체가 된다: 일반적인 것의 권력을 자기에 대해 행사하는, 그와 함께 반복의 강제를 스스로 행사하는 심급이 된다.

그런 연유로 월터 화이트의 행위는, 그가 점점 더 이 행위의 경제적 논리 속에 사로잡히게 되면서, 반성적이게 된다: 경제적 성공의 자리에 이 성공의—주관적 및 객관적—조건들의 보존과 강화에 대한 근심이 들어선다. "자본주의 시대에 고유한" 근심, "정신적 질병"(Benjamin 2003

18 Hegel (1986 [1817/1830]: 188 이하). 습관의 기계성에 대해서는 Menke (2012)를 보라.

19 [역자 주] 일반성은 보편성과 필연성을 띠므로.

[1991]: 17)은 더 많은 자산획득을 위한 권력으로서의 자산에 대한 근심이다. 월터 화이트는 더 이상 단지 그의 경제적 성공, 그를 통해 그가 자신의 가족과 그 한 성원으로서의 자신을 먹여살리고자 하는 경제적 성공만을 위해 일하지 않는다. 그는 이제 무엇보다도, 그의 경제적 성공을 위해 일할 수 있도록 일한다. 즉 수단과 조건을 확보하기 위해, 특히 자신의 생존을 확보하기 위해 일한다. 가족의 미래의 보존을 위한 노동이 지금 여기서 자신의 안전에 대한 근심에 의해 밀려난다. 월터 화이트는 놀이하는 자로부터 자기보존의 광신자가 된다. 그가 일찍이 자유의 행위를 통해, 노동의 습관과 단절함으로써 대응했던 암에 대한 끔찍한 공포[20]는 새로운 경제적 관계, 월터 화이트 자신이 창설하고 그리하여 또한 혼자 떠받쳤던 관계의 내부에서 되돌아온다. 이 의존적 관계 안에 그는 출구없이 연루되어 있다. 자기보존은 여기서 자기에 대한 과잉요구를, 결코 탕감될 수 없는 부채로서의 자기에 대한 과잉요구를 의미한다.[21] 결국 월터 화이트는 따라서 그 자신의 보존을 오직 다른 사람들의 삶을 파괴함으로써만 확보할 수 있다고 믿게 된다. 자기보존의 권력은 다른 사람들에 대한 폭력으로서 나타난다. 자기보존의 마지막 수단은 가장 안전하지 않은 것이다: 그의 자기보존에 대한 염려는 월터 화이트

20 불안은 안전[을 희구하는] 정념이다. 월터 화이트의 불안을 우리는 항상 단지 간접적으로만 본다: 불안 때문에 빈번히 야기되는 행위에서. 불안을 **표현**하고 염려를 발화하는 것은 여기서 여인들, 특히 스카일러의 역할이다. 아마도 그녀는 바로 그렇기 때문에[불안을 표현하고 발화하기 때문에] 좀 더 냉담하고 경제적으로 보다 합리적으로 행위하는 여류사업가이다—국화차를 사탕과 함께 마시고 잭의 갱단과 사업관계를 맺는 리디아처럼 말이다.

21 [역자 주] 자기보존은 월터 화이트가 주체적이고 적극적으로 자신에 대해 끊임없이 제기하는 요구이므로, 즉 외부로부터가 아니라 주체이기 위해서 주체 스스로 자기 자신에게 하는 요구이므로 결코 탕감될 수 없는 부채와도 같다.

로 하여금 아리안 형제단(Aryan Brotherhood)과 협약을 체결하도록 몰아간다.

〈브레이킹 배드〉는 해방으로부터 습관이 창출되는 것을 보여준다: 습관과 단절한 해방적 행위 자체를 통한 습관의 복위와 재형성. 시리즈는 어떻게 습관이 자유 자체로부터 만들어지는지를 보여준다. 시리즈는 습관이, 그러니까 모든 습관이 자유로부터 발생하는 지점까지 거슬러 올라간다.[22] 그리고 시리즈는 어떻게 이로써 습관이 습관형성 과정 속에서, 그 노예적 성격을 잃지 않은 채, [하지만] 근본적으로 변화하는지를 보여준다. 습관이 추상적으로 된다: 습관의 권력은 더 이상 특정한, 미리 주어진 일련의 행위들의 기계적인 반복이 아니라 일반적인 행위모형들의 반복, 아니 단 하나의 유일한 추상적으로 일반적인 행위충동의 반복을, 즉 경제적 성공에서 획득되는 정체성의 주장을 강요한다. 이를 통해 습관은, 추상적인 것이 됨으로써, 동시에 주체화된다. 즉 습관은 주체의 일이 된다. 주체에 대한 습관의 권력은 주체 자신이 책임져야 할 것이 된다. 이것이 〈브레이킹 배드〉에서 염려의 반복으로서 펼쳐지는 자기에 대한 과잉요구의 논리이다: 주체는 이제 그가 되어야 하는 것이 될 수 있도록 스스로 염려해야 한다.

22 왜냐하면 습관은 인간을 "습관의 **노예**로" 만들기는 하지만, 동시에 "인간은 습관을 통해 (…) 자유로워"지기 때문이다(Hegel 1986 [1817/1830]: 189). 습관 속에서 해방은 노예상태로 전도된다. 이 점이 습관을 헤겔의 정신철학에서 "가장 비중 있는 규정들" 중의 하나로 만든다(같은 곳: 187).

## 4. 반복을 횡단하기

첫 번째 에피소드의 중간에 등장하는, 정체성을 결정하는 월터 화이트의 결정과 더불어 시리즈의 시간이 시작된다. 즉 시리즈의 형식으로 이야기하기가 시작된다. 그리고 월터 화이트가 마지막 에피소드의 중간에 스카일러에게 말하게 될 자기인식과 더불어 이야기는 종결된다. 〈브레이킹 배드〉는 시리즈로 이야기하기를 괄호 안에 넣는다. 〈브레이킹 배드〉에서 시리즈로 이야기하기는 단지 실천될 뿐만 아니라, 반성된다. 이 시리즈로 이야기하기가 어떻게 시작되고 다시 어떻게 종결되는지가 상연된다. 보다 정확히 말하면, 시리즈로 이야기하기가 어떻게 산출되고 무엇을 통해 극복되는지가 상연된다. 새로운 시리즈가 반복의 모델을 전제할 수 없고 스스로 항상 다시 새롭게 창출해야만 한다는 점에서 옛 시리즈와 구별된다면, 이는 또한 시리즈 자체의 형식에도 해당되는 것이다. "새로운 시리즈"에게 그 형식은, 즉 시리즈로 이야기하기의 형식은 미리 주어진 것이어서 준수되어야 하는 것이 아니라, 시리즈 자체 안에서 협상의 대상, 송사(訟事)의 대상이 되는 것이다. 시리즈의 과정(Prozess)은 시리즈에 소송(Prozess)을 건다. 따라서 "새로운 시리즈"에는 그 시작뿐만 아니라 그 끝도 이야기의 바깥에 있지 않고 안에 있다. 〈브레이킹 배드〉는 [전통적인] 옛 시리즈들처럼 시청자나 참여자 혹은 연출자들의 소진으로 종결되는 것이 아니라 시리즈성의 자기극복을 통해 종결된다.

다시금 이 점에서 이야기 형식은 이야기의 대상에 상응한다: 월터 화이트의 자기변화에. 이야기와 행위의 시리즈들은 하나의 동일한 지점에서 종결된다. 그것은 월터 화이트가 자기 자신을 인식하는 지점, 보다 정확히는 스카일러를 마주보고 행한 발언 속에서 그의 허위의식을 고백하여 분쇄하는 지점, 그러니까 두 번째 해방의 지점이다. 즉 그가 자신의 첫 번째 해방을 통해 만들어낸 경제적 운명의 새로운 세계로부터 해방되는 지점. 시리즈는 월터 화이트 스스로 만들어낸 세계, 그의 두 번째 노예상태의 세계로부터 스스로 해방됨으로써 종결된다. 이것은 어떻게 일어나며 어디로 이끌어가는가?

월터 화이트의 [두 번째] 해방을 통해 일어나는 자기인식의 내용은 심미적 경험이다. 이렇게 이 경험은 스카일러와의 마지막 조우에서, 카메라가 가장 기교적으로 (그리고 다시금, 이 시리즈에서 자주 그렇듯, 반어적인 과장의 한계에서) 시선과 은폐와 드러남의 장면으로 연출하는 그녀와의 마지막 조우에서 월터 화이트를 규정한다. 시청자들이 이미 오래전부터 느끼고 있던 것—월터가 자신은 모든 것을 오직 가족을 위해 했다고 선언할 때 그녀는 그걸 더 이상 참을 수 없다—을 스카일러가 마침내 말하고 난 다음, 점점 고조되는, 진실에 점점 다가가는, 점점 더 적나라한 진실을 말하는 네 문장 속에서 월터 화이트의 해방적 고백이 뒤따른다: "나는 나를 위해 그걸 했어. 나는 그걸 좋아했지. 나는 그것에 능숙했어. 나는 살아 있었어." 이 네 문장 중 마지막 문장을 통해 모든 것이 변하게 된다: 그가 끊임없이 자신의 일을 계속해 온 이유는 그에게 오직 가족만이 중요해서도, 그가 가족을 위한 노동 속에서 참된 가치와 참된 자신의 정체성을 보았기 때문도 아니었다. 그가 자신의 일을 계속해 온 이유는 그가 거기서 살아 있음을 느꼈기 때문이고 (진정으로) 원하는 것을 하지 않는 바로 그때—더 이상 자신의 정체성이 중요해지지 않을 때 살아 있기 때문이다. 월터 화이트는 그의 허위의식을 깨부수었다. 그는 자신을 해방시킨다. 다시 말해, 그는 자신의 해방을 목표설정과 정체성 규정의 껍질로부터, 그가 해방을 단단히 가두어 놓았던 이 껍질로부터 해방시킨다. 그리고 이러한 해방은 해방이 실제로는 살아 있음을 가능케 하는 데 있다는 것을 그가 인정하면서 달성된다.

월터 화이트가 여기서 사용하는 '살아 있음'의 개념은 바로 앞의 이야기에서 선명한 규정을 획득한다. 그것은 삶의 심미적 개념 규정—근대 미학의 생동성의 규정이다. 미학은 특수한 종류의 지속 혹은 수행을 살아 있는 것으로서 묘사한다. 하나의 수행이 주어진 범형의 단순한 반복이 아닐 때, 어떤 목적 혹은 기능의 충족을 통해 규정되지 않을 때, 그것은 살아 있다. 오히려 각각의 순간에 바로 직전 도달했던 규정을 넘어서 나아가는 수행이 살아 있는 것이다. 살아 있는 수행은 자신을 표현하는 힘의 전개, 그리고 그 힘의 표현들 각각을 동일한 순간에 다시금 해소하고 넘어서 나아가는 힘의 전개이다. 이에 따르면 살아 있는 수행은 지속적인 변신의 수행이다(월터 화이트의 정확히 낭만주의적인 정의에 따르면 화학 지식이 이러한 지속적인 변신을 취급한다[23]). 거기서 변신은 하나의 과정, 하나의 규정을 산출하면서 시작되어 규정성의 해소 또는 부정을 통과해 나아가서 이로부터 새로운 규정을 산출하는 과정이다. 따라서 변신은 무규정성을 통과해 나아가면서, 모든 규정의 무화를 통과해 나아가면서 규정들을 혁신하고 참신하게 만드는 것이다. 혁신의 심미적 상태로서의 살아 있음은 규정 안에 무를 기입해 넣은 데 따른 효과이다. 살아 있음은 죽음의 효과 혹은 가사성(可死性)을 긍정하는 수행이다(오직 가사자만이 살아 있다).

23 Chaouli (2002) 참조. 이에 상응하는 것이 월터 화이트가 천재적인 화학자인 "하이젠베르크"라는 인물이 된다는 점이다. 생동성의 심미적 개념에 대해서는 Völker (2011) 참조. 심미적 변신의 개념에 대해서는 Menke (2008)를 보라.

그가 새로이 창출된 경제적 의존상황들 속에서 자신을 보존하고자 시도했을 때 그가 살아 있었다는 사실을 월터는 뒤늦게서야 발견하고 이 발견이 그를 해방시킨다. 이야기는 이것을, 월터의 삶을 이야기하는 형식 속에서 이미 처음부터 알고 있었다. 왜냐하면 시리즈로 이야기함은 그 자체로 심미적 살아 있음의 한 표현이기 때문이다. 월터 화이트의 경제적 행위의 시리즈성이 그가 항상 단지 A로부터 A로 혹은 기껏해야 A′ 으로 나아간다는 데에 있고 새로운 시리즈와 새로운 경제의 반복의 법칙이 그가 이것을 전력을 다해 해야 함에도 불구하고 그가 이것을 해낼 수 있을지 결코 확신할 수 없다는 데에 있다면—새로운 시리즈의 이야기 방식의 변증법 혹은 아이러니는 월터 화이트가 A로부터 A′ 으로, 아니 심지어는 A로부터 A로 나아갈 (그리고 그로써 계속 살아 있을) 수 있는 것은 단지 그가 그 중간에 항상 다시 뭔가 전혀 새로운 것을 고안해내기 때문이라는 것을 보여주는 데에 있다: 월터 화이트는 오직 그가—"하이젠베르크"로서—살아 있기 때문에만 생존한다. 이것이 이야기가 그 형식을 통해 열어젖히는, 새로운 것의 결정적이고 새로운 경험, 월터 화이트가 자신의 뒤늦은 자기인식을 통해서 의식하게 되는 경험이다. 로렌츠 엥겔(Lorenz Engell)은 이 경험의 핵심을 잘 묘사했다:

> 〈브레이킹 배드〉는 다음과 같이 요약될 수 있다. 즉 새로운 것은 친숙한 것의 저편에, 친숙한 것과의 대립 속에 있지 않다. 친숙한 것은 여기서 오히려 새로운 것을 위해 점점 더, 반복해서 부식된다. 비록 [이야기의] 끝은 가장 확실한 것, 즉 [주인공의] 죽음일지라도, 우리는, 정확히 주인공처럼, 우리가 무엇을 기대해야 하는지 알지 못한다. 우리는 우리 자신을 더 이상 전혀 신뢰할 수 없고 따라서 또한 기대의 확인

과 중단 사이를, 그러니까 [전형적인] 도식의 충족과 도식의 훼손 혹은 계속적 전개 사이를 더 이상 구별할 수 없다. (Engell 2013: 204)

〈브레이킹 배드〉는 그 이야기 방식 속에서 시리즈적인 계속의 독특한 심미적 경험을 펼친다. 즉 〈브레이킹 배드〉는 시리즈적인 계속을 영속적이고 살아 있는 혁신과 참신화로 경험하게 한다. 이는 월터 화이트의 경제적 행위를 규정하는 반복강박과 확연히 구별된다. [이러한 의미에서] 시리즈성의 경험은 두 개의 완전히 구별되는, 아니 서로 반대되는 형상으로 분할된다. 그러나 살아 있음의 경험은 월터 화이트의 자기인식 속에서 그가 회고적으로 이 경험을 자신의 행위에 구성적인 것으로 경험하는 방식으로 이야기함 자체 속에서 표현되기 때문에, 시리즈적인 것의 이 두 양태가 서로 어떤 관계에 있는가라는 물음이 제기된다. 이 물음은 결정적인데, 왜냐하면 이 물음에 해방의 가능성이 달려 있기 때문이다.

사람들은 시리즈적인 것의 두 양태를 각각 경제적인 것과 심미적인 것에 속하는 것으로 이해할 수 있을 것이다. 하지만 그로써는 아무것도 얻을 수 없다. 왜냐하면 "자본주의의 새로운 정신"을 둘러싼 논쟁이 어떤 것이든 결실을 가져왔다면, 그것은 경제적인 것과 심미적인 것의 분리가능성, 아니 아마도 심지어는 이미 둘 간의 구별가능성이 매우 불투명해졌다는 부정적 통찰이기 때문이다.[24] 그리고 그렇게 둘 간의 관계

24 [역자 주] 볼탕스키(L. Boltanski)와 시아펠로(È. Chiapello)는 『자본주의의 새로운 정신』(*Le nouvel esprit du capitalisme*, 1999)에서 자본주의는 1960, 70년대에 이르러 획일적 규율에 반대하고 자유와 개성, 창의성을 요구하는 저항을 흡수·내재화하여 현재의 새로운 자본주의 체제로 거듭나게 된다는 주장을 한다. 즉 현재 자본주의의 경제적 질서는 개인의 심미적인 요구 자체를 체제 재생산 및 발전의 동력으로 삼는다는 것이다.

는 월터 화이트의 고백에서도 또한 이중적으로 읽을 수 있다. 네 문장의 순서를 앞에서부터 읽는다면, 좋은 것과 생동적인 것은 한낱 그 자체로 해야 할 것과 따라서 선호되어야 할 것이 무엇인가에 대한 설명일 뿐이다. 월터 화이트의 고백을 통해 해소된 것은 단지, 그가 가족을 위해 마약사업을 했다는 가상뿐이다. 진실은, 그에겐 그 자신의 자기실현이 중요했다는 것("나는 나를 위해 그걸 했어")과, 자기실현을 위해 추진된 사업은 재미를 주었다는 것("나는 그걸 좋아했지"), 그리고 그 조건은 그가 그 일에 능숙하고("나는 그것에 능숙했어") 일을 하는 데서 충족감을 느꼈다("나는 살아 있었어")는 것이었다. [월터 화이트의 말을] 이렇게 읽고 생각한다면, 심미적 생동성을 경제적 생산력으로—그러니까 무력한 힘으로, 경제적 자기실현자조차도 결코 중단시킬 수 없는 (그리고 중단시키고자 하지 않을) 반복강박의 틀 안에서 지속되는 힘으로 파악될 수 있을 것이다. 하지만 우리는 이 네 문장을 끝에서부터, 거꾸로 된 순서로 읽을 수도 있다. 그러면 심미적 생동성은 월터 화이트가 생산하고 재생산하는 새로운 경제적 반복강박의 내재적 계기가 아니라 이 반복강박의 끝이다: 심미적 생동성이 경험되고 의식됨으로써 습관의 노예상태가 끝난다.

이 두 독해방식 중 결정할 수 있는가? 경제적 시리즈성과 심미적 시리즈성은 서로 어떤 관계에 있는가? 이것은 "새로운 시리즈"의 역사적 내용에 대한 물음이다. 새로운 시리즈의 합법칙성을 〈브레이킹 배드〉는 반성적인 방식으로, 그래서 급진적인 방식으로 실행한다. 첫 번째 독해방식에 따르면 시리즈는, 그것이 반복을 경제적이고도 심미적인 이중적 차원에서 전개한다는 바로 그 점에서 현대 자본주의의 새로운 근본규정을 재생산한다. 이제부터는 오직 주체의 심미적으로 자유로운 자기실현과 자기책임을 통해서만 자신의 경제적 법칙을 유지하는 현대 자본주의를 말이다: "새로운 시리즈"의 형식과 현대 자본주의의 형식은 여기서 하나로 합쳐진다. 그 두 형식은 심미적인 것과 경제적인 것의 동일한 통일을 표현한다. 이에 반해 두 번째 독해방식에 따르면 시리즈는 내부로부터 반복강박을 폭파한다—이야기함의 반복강박과 그를 통해 이야기 대상인 경제적 행위의 반복강박을. 시리즈는 심미적 생동성을 혁신의 힘으로서, 저 강박이 외적으로 제한하고 억누르는 정도만큼이나 똑같이 전제하고 있는 혁신의 힘으로서 전개함으로써 이 반복강박을 폭파한다: 그러니까 "새로운 시리즈"의 형식은 현대 자본주의의 형식을 넘어선다. 첫 번째 독해방식에 따르면 〈브레이킹 배드〉는, 그것의 이야기함을 통해서, 월터 화이트가 그 자신의 결정을 통해 완성하는 해방으로부터 [다시] 노예상태를 반복한다. 이에 반해 두 번째 독해방식에 따르면 〈브레이킹 배드〉는 노예상태로부터 해방의 시작—두 번째 해방의 시작이다. 그러니까 이 두 독해방식 사이에서 결정할 수 있는가라는 물음에서 중요한 것은, 우리가 이 시리즈에서 느끼는 만족, 추구, 쾌를 어떻게 이해하는가이다: 종속의 쾌로 이해하는가 혹은 위반의 쾌로 이해하는가.[25]

이 물음에 대한 대답은 눈앞에 보이는 속성들을 확정하는 형태를 지닐 수 없다. 두 독해방식의 차이—경제적 생산력으로서의 심미적 생동성과 해방적 대항력으로서의 심미적 생동성 간의 차이—는 [주어진]

25 이를 달리 표현하면, Angela Keppler가 강조한, 새로운 시리즈 포맷들을 통해 시청자가 활성화되는 현상(Keppler 2015: 11장)이 어떻게 해석되어야 하는가의 물음이다. 이러한 활성화는 시청자의 해방인가, 아니면 습관의 새로운 노예상태에 대한 시청자의 협업인가? 그리고 이 둘은 어떻게 구별될 수 있는가?

사실이 아니다. "그 둘 간의 차이를 말할 수 있는 표지 혹은 특징 혹은 기준 혹은 수사는 존재하지 않는다."[26] 구별(Untrscheidung)은 결정(Entscheidung)이다. 양자를 구별할 것을 결정해야 한다. 거기서 구별함은 실천적으로 보여지는 태도의 표현이다. 경제적 생산력으로서의 심미적 생동성과 해방적 대항력으로서의 심미적 생동성을 구별하기로 결정한다면, 달리 행위하는 것이다, 아니 달리 사는 것이다. 이는 월터 화이트에게 해당되는가? 그는, 그의 경제적 행위 속에서 그의 살아 있음을 발견한 후에, 달리 행위하는가? 혹은 보다 정확히 말해: 그가 심미적 생동성을 대항력으로서 전개하기로 결정했다고 이해하기로 우리가 결정한다면, 그의 행위는 우리에게 어떻게 나타나는가? 우리는 시리즈의 결말을 해방으로 이해할 수 있는가?

대답을 시도해 본다면, 두 가지 특징이 드러난다. 첫 번째 특징은 스카일러와 대면하여 고백하는 월터 화이트의 심미적 자기경험과 관련된다. 이 경험의 내용은 그의 살아 있음의 발견이다. 그러나 월터 화이트는 왜 그의 살아 있음의 이 경험을 비로소 회고적으로만, 회상 속에서 할 수 있는 걸까? 왜 그는 살아 있음을, 그는 살아 있었음의 방식으로, 즉 과거형으로 경험하는 걸까? 대답은 분명하다: 그의 자기기만, 그의 허위의식, 자신의 정체성이 가족의 한 구성원임에 놓여 있고 자신의 충족감이, 그가 죽은 후에, 가족의 존속을 위한 노동에 놓여 있다는 믿음 때문이다. 월터 화이트가 자신의 살아 있음을 (오직) 과거형으로 경

26 Cavell (1988: 158). Cavell이 이 문장을 쓴 것은 반복의 두 방식 간의 차이에 대해서이다: "우리가 생명 혹은 살아 있는 것이라고 부르는 것에 필요한 반복, 가령 인간에게 필요한 반복이 있다. 그리고 우리가 죽음 혹은 살아 있지 않은 것에 필요한 반복, 가령 기계적인 것에 필요한 반복이 있다. 그리고 그 둘 간의 차이를 말할 수 있는 표지 혹은 특징 혹은 기준 혹은 수사는 존재하지 않는다."

험한다는 사실은 그러나 또한 진실의 한 계기를 포함한다. 이 진실은 심미적 생동성은 결코 현재적인 적이 없었다는 통찰에 있다. 과연 월터 화이트는 심미적 생동성이 그의 경제적 행위 속에서 작용했음을 회상한다. 그러나 그가 심미적 생동성의 작용을 오직 회상할 수밖에 없다는 것은 동시에, 이 생동성이 습관에 따라 노예화하는 이 경제적 행위의 현재에 결코 속한 적이 없다는 것을 의미한다. 심미적 생동성은 새로운 경제적 현재 속에서 오직 항상 이미 과거의 생동성으로서만 거기 있었다: 어떤 근원으로서만. 그것의 작용 없이는 습관이 반복될 수 없지만, 동시에 습관이 이 반복 속에서 부단히 망각하는 (혹은 "억압하는") 근원으로서만. 심미적 생동성에 대한 회상은 그것의 한갓된 형식을 통해 말한다: 심미적 생동성은 항상 이미 작용했었고 결코 현재한 적이 없다. 그래서 심미적 생동성의 과거성에 대한 회상은 경제적 노예상태의 현재로부터 그것의 해방을 뜻한다.

그렇기 때문에 심미적 생동성에 대한 회상은 비근하게 그리고 최종적으로 주체의 그리고 주체의 행위의 해방을 가능하게 한다. 행위에 대한 다른 경험은 행위를 변화시킨다. 살아 있는 것으로서의 경험은 행위를 살아 있게 한다. 자신을 살아 있는 것으로서 경험한 후에, 월터 화이트는 해방의 주체가 된다. 그는 경제적 습관 속에서의 속박을 종결하는 마지막 행위를 수행한다. 그것은 급진적으로 비경제적인 행위다. 월터 화이트의 자기해방은 그의 자기희생에 있다. 하지만 그는 더 이상, 그가 이제까지의 모든 것에 대해 주장했던 것처럼, 그의 가족의 (그리고 그를 통해 그 자신의: 가족을 위한 자기희생은 가족의 구성원으로서의 자기보존이다) 보존을 위해서가 아니라, 다른 한 사람의 해방을 위해 자기를 희생한다: 제시 핑크맨을 아리안 형제단의 파시스트들—그를 노예처럼 땅

구덩이 속에 묶어놓았던—의 폭력으로부터 해방시키기 위해.

그런데 제시 핑크맨은 누구인가? 그는 이제까지 월터 화이트에게 누구였나? 그가 마약사업에 발을 들여놓기 위해 이용하고 그다음엔 생각할 수 있는 모든 방식으로 활용해 먹은 예전 제자이다. 그는 결국 제시 핑크맨을 아리안 형제단의 노예가 되도록 했다. 그래서 월터 화이트는 핑크맨의 노예적 착취에 책임이 있을 뿐 아니라, 이 착취는 동시에 그들 관계의 극단적인 표현, 그들 관계의 알레고리이다. 월터 화이트가 제시 핑크맨을 노예상태로부터 해방함으로써 그는 동시에 그들의 관계를 한갓된 경제적, 도구적 관계, 월터 화이트가 그에 대해 맺고 있는 경제적, 도구적 관계로부터 해방시킨다. 월터 화이트는 자기 자신을 이 관계로부터 해방시킨다(그리고 그와 함께 자기 자신을 이 관계가 기입되어 있는 의존성의 세계 전체, 그 자체로 [주어져 있는 것이 아니라] 건립된 의존성의 세계로부터 해방시킨다). 핑크맨의 해방과 월터 화이트의 자기해방은 하나로 합쳐진다. 그리고 그것은 해방이 그들의 관계를 근본적으로 새롭게 정의한다는 것을 의미한다—동등한 자들 간의 관계로. 해방은 평등을 가져온다.[27]

첫 번째 특징은 경제적 습관의 현재로부터, 그리고 그와 더불어 이 습관의 기능연관으로부터 심미적 생동성의 해방이다. 이를 통해 가능해지는 두 번째 특징은 경제적 습관의 노예상태로부터의 자기해방이다. 자기해방은 반(反)경제적이다: 자기해방은 [경제적] 가치상승과 자기보존의 법칙들의 자리에 무조건적 의무를 놓는다—평등의 이념을. 심미적 생동성은 규범적 무조건성을 가능케 한다.

월터 화이트의 이야기에서 무조건적 이념에의 개방은 그의 종말이다. 그의 이야기는, 의학적 진단이 말했듯, 그의 때이른 죽음과 함께 끝난다(하지만 이는 더 이상 그의 생물학적인 혹은 사회적인 운명이 아니라 그 자신의 행위의 결과로서의 죽음이다). 이념을 향한 해방적 개방은 월터 화이트에게 어떠한 새로운 시작도 될 수 없다. 그로부터는 다만 그의 자기파괴가 따라나올 뿐이다. 이 경험과 함께 〈브레이킹 배드〉는 동시에 해방의 이야기의 역사, 그 처음에 (서구의 전통에서) 엑소더스의 역사가 놓여 있는 해방의 이야기의 역사를 종결시킨다. 엑소더스는, 노예상태의 습관과 해방적으로 단절한다는 것이 동시에 급진적인 새로운 시작을 의미한다는 것에 대해 이야기한다. 해방적 단절이 새로운 시작인 이유는 이 단절이 어떤 무조건적인 명령에 결속됨을 통해, 즉 이 명령에 구속됨을 통해 실현되기 때문이다. 이에 반해 월터 화이트의 자기해방은 그의 자기파괴에서 끝난다. 왜냐하면 그의 자기해방은 아무런 결속이 없기 때문이다. 월터 화이트는 그가 다른 사람들과 결합되어 있는 곳에서조차 결속 바깥의 삶을 산다. 그의 삶은 [공적 결속 없는] 사적인 결

27 제작진 소개 자막으로 넘어가는 시리즈의 마지막 장면에서 월터 화이트의 자기희생은 정의의 지배로 찬양된다. 경찰들이 마약제조 소굴을 급습하고 카메라가 더 이상 급습장면을 찍지 않고 위를 향할 때, 우리는 배드핑거(Badfinger) 밴드의 노래 'Baby Blue'를 듣게 된다. 보컬인 피트 햄(Pete Ham)은 "나는 내가 마땅히 받을 만한 것을 얻었다고 생각하네"라고 노래한다. (이 노래를 녹음한 직후 목매달아 자살한) 피트 햄의 목소리는 마치 월터 화이트 자신의, 내적인 목소리처럼 들린다. 결국—카메라와 함께 그리고 우리와 함께, 월터 화이트의 영혼 혹은 양심으로서의 우리와 함께—자신의 육신으로부터 높이 들어올려져, 기독교적 정의에 따르면 **해방되어**, 자신의 삶을 되돌아보고 여기 위로부터 판결을 내리는 그의 양심 혹은 영혼의 목소리. 마땅히 받을 만한 것을 얻음—정의(Gerechtigkeit; 正義)의 정의(Definition; 定義)—은 월터 화이트의 해방을—이 최종적인 판결에 따라—정의(正義)로 이끌어갔다: 그가 죽는 것은 정의롭다.
이 판결의 정의는 월터 화이트가 실천하는 평등의 이념과 어떤 관계에 있는가? 실책을 형벌로 교환하는 정의는 월터 화이트의 해방이 폭파하는 경제적 범형 속에 머물러 있지 않은가? 그의 죽음은 정의로웠다는 판결은 그의 무조건성을 위한 자기희생과 그의 자유를 기만하지 않는가?—나는 2015/2016년 베를린 학술연구원(Wissenschaftskolleg zu Berlin)의 화요콜로퀴엄에서 이 텍스트의 초고를 발표하였다. 나는 연구소의 동료들에게 이런 비판적 질문들, 그리고 그 이상의 질문들을 제기해 준 것을 감사한다.

합들과 계산적 도구화로 분산된다. 그의 삶은 무조건적인 것에 공동으로 결속됨을 통해서만 창설되는 공동성 없는 삶이다. 그것이 이 해방에 대한 시도가 포함하는 마지막 통찰이다: 해방은, 그것이 정치 없는 해방이라면, 비극의 귀환 속에서 종결된다는 통찰.

번역_정대훈

## 참고문헌


Aristoteles 1982: Poetik. Hg. und übersetzt von Manfred Fuhrmann. Stuttgart: Reclam.

Benjamin, Walter 2003 [1991]: Kapitalismus als Religion, in: Dirk Baecker (Hg.): Kapitalismus als Religion. Berlin: Kadmos, 15–19.

Blanchot, Maurice 2012 [1955]: Der literarische Raum. Übersetzt von Marco Gutjahr und Jonas Hock. Zürich: diaphanes.

Cavell, Stanley 1988: The Uncanniness of the Ordinary, in: ders.: In Quest of the Ordinary. Lines of Skepticism and Romanticism. Chicago und London: University of Chicago Press, 153–181.

Chambers, Samuel 2014: Walter White is a Bad Teacher: Pedagogy, Partage, and Politics in Season 4 of Breaking Bad, in: Theory & Event 17. 1. ‹https://muse.jhu.edu/article/539134›.

Chaouli, Michel 2002: Friedrich Schlegels Labor der Poesie, in: Athenäum: Jahrbuch für Romantik, Band 11, 59–70.

Engell, Lorenz 2012: Fernsehtheorie zur Einführung. Hamburg: Junius.

Engell, Lorenz 2013: Zur Chemie des Bildes. Bemerkungen über »Breaking Bad«, in: Gundolf S. Freyermuth und Lisa Gotto (Hg.): Bildwerte. Visualität in der Digitalen Medienkultur. Bielefeld: transcript, 195–206.

Fanon, Frantz 1966 [1961]: Die Verdammten dieser Erde. Frankfurt a. M.: Suhrkamp.

Gelhard, Andreas 2005: Das Denken des Unmöglichen. Sprache, Tod und Imagination in den Schriften Maurice Blanchots. München: Fink.

Hegel, Georg Wilhelm Friedrich 1986 [1820/1821]: Grundlinien der Philosophie des Rechts, in: Werke in 20 Bänden. Hg. von Eva Moldenhauer und Karl Markus Michel. Band 7. Frankfurt a. M.: Suhrkamp.

Hegel, Georg Wilhelm Friedrich 1986 [1817/1830]: Enzyklopädie der philosophischen Wissenschaften im Grundrisse, in: Werke in 20 Bänden. Hg. von Eva Moldenhauer und Karl Markus Michel. Band 10. Frankfurt a. M.: Suhrkamp.

Hobbes, Thomas 1996 [1651]: Leviathan or The Matter, Forme, & Power of a Commonwealth, Ecclesiastical and Civil. Cambridge u. a.: Cambridge University Press.

Keppler, Angela 2015: Das Fernsehen als Sinnproduzent. Berlin, München und Boston: de Gruyter.

Koch, Gertrud 2015: Breaking Bad. Zürich und Berlin: diaphanes, 39–51.

Koepsell, David R. und Robert Arp (Hg.) 2012: Breaking Bad and Philosophy. Badder Living through Chemistry. Chicago und La Salle, Il: Open Court.

Marx, Karl 1968 [1932]: Ökonomisch-philosophische Manuskripte aus dem Jahre 1844,

in: Marx-Engels-Werke. Ergänzungsband 1. Berlin: Dietz, 465–591.
Menke, Christoph 2005: Die Gegenwart der Tragödie. Versuch über Urteil und Spiel. Frankfurt a. M.: Suhrkamp.
Menke, Christoph 2008: Kraft. Ein Grundbegriff ästhetischer Anthropologie. Frankfurt a. M.: Suhrkamp.
Menke, Christoph 2012: Zweite Natur. Kritik und Affirmation, in: Malte Völk, Oliver Römer, Sebastian Schreull, Christian Spiegelberg, Florian Schmitt, Mark Lückhof und David Nax (Hg.): »... wenn die Stunde es zuläßt.« Zur Traditionalität und Aktualität kritischer Theorie. Münster: Westfälisches Dampfboot, 154–171.
Sklovskij, Viktor 1971 [1916]: Kunst als Verfahren, in: Jurij Striedter (Hg.): Russischer Formalismus. München: UTB, 3–35.
Sklovskij, Viktor 1972 [1914]: Die Auferweckung des Wortes, in: Wolf-Dieter Stempel (Hg.): Texte der russischen Formalisten. Band 2. München: UTB, 3–17.
Völker, Jan 2011: Ästhetik der Lebendigkeit. Kants dritte Kritik. München: Fink.

# 헤겔과 마르크스
## 100년 후의 새로운 평가

**악셀 호네트**

헤겔과 마르크스에 대한 평가는 큰 변화를 겪어왔다. 19세기 말 이래로 이 양자의 이론적 관계에 관한 한 각 시대마다 상이한 표상이 지배적이었다고 할 만큼 말이다.[1] 마르크스가 세상을 떠난 직후 초기 사회민주주의 국면에서는 이 두 사상가 사이에 거의 접촉 지점이 없다는 표상이 압도적이었으며, 오히려 마르크스의 사상에 끼친 포이어바흐의 지대한 영향력이 강조되었다. 심지어 칸트의 영향력조차 인정하는 분위기였지만, 헤겔 철학이 마르크스에게 갖는 의미는 전혀 주목되지 않았다.[2] 그러나 이런 사정은 "파리 수고"라 불리는 문헌이 발견되고 청년 마르크

1 큰 도움이 되었던 제언과 교정 제안을 해준 율리아네 레벤티슈(Juliane Rebentisch)와 페르디난트 주터뤼티(Ferdinand Sutterlüty)에게 감사드린다.

2 칸트가 마르크스의 사유에 얼마나 결정적인 영향을 주었던가에 관해, 19세기 이래로 계속되어 온 격렬한 논쟁에 관해서는 Sandkühler & de la Vega (1970).

스의 사상이 주목을 받기 시작하자 크게 달라졌다. 사람들은 이제 『정치경제학 비판』에 이르기까지의 마르크스의 궤적 안에서 헤겔의 흔적을 좇기 시작했다. 그리고 곧이어 마르크스의 이 성숙기 저작의 방법론이 헤겔의 변증법을 좇아 구성된 것이라고 결론 내렸다.[3] 그런데 2차 세계대전 이후 소외나 물화 같은 마르크스의 주제들이 관심을 받자 다시금 이 두 사상가를 전혀 다른 방식으로 잇는 흐름이 조성되었다. 이제 사람들의 관심은 특히 '정신은 반드시 스스로를 자신의 타자로 외화한다'는 헤겔의 사유가 과연 어느 정도까지나 마르크스의 생각에 영향을 끼쳤는가에 쏠리게 되었다.[4] 1960년대에 루이 알튀세르는 이런 헤겔주의적 마르크스 해석들에 결정적 반론을 제기하면서 마르크스의 초기 문헌과 후기 문헌들 사이에는 "인식론적 단절"이 있다는 테제를 개진했고, 이로써 독일 관념론자 헤겔이 마르크스의 후기 경제 저작에 지대한 영향력을 끼쳤다는 종전의 생각들은 마침내 허물어지는 듯했다(Altusser 2011 [1965]). 그런데 마치 이에 대한 일종의 반대 운동이라고 할 수 있을 정도로, 오늘날에는 다시 완전히 거꾸로 된 그림이 지배적으로 되었고, 이제 헤겔과 마르크스는 여느 때보다 훨씬 더 밀착된 관계 안에서 서로를 비옥하게 만드는 사상가들로 해석되기에 이르렀다. 이제 헤겔의 저작은 루카치의 시대에 그러했던 것처럼 비단 마르크스를 철학적으로 자극한 원천으로만 파악되는 것이 아니라, 오히려 마르크스의 이론을 충분히 보충하고 개선시킬 수도 있을 사회이론적 통찰의 보고로까지 간주되기에 이른 것이다.

3 대표적으로 Marcuse (1978 [1932]). 수용사 전반에 관해서는 Quante (2009: 특히 331-341).

4 이에 관한 좋은 조망으로는 Habermas (1971 [1957]: 특히 402-413).

헤겔과 마르크스의 관계가 이처럼 재평가된 것은 당연히 그들의 저작이 지난 수십 년간 계속해서 새롭게 재해석되었기 때문에 가능한 일이었다. 가령 찰스 테일러의 기념비적인 연구 덕분에 우리는 이제 헤겔을 비단 세계 전체를 포괄하는 체계철학자로서만이 아니라 경험적 통찰력이 큰 사회이론가로 바라보는 관점을 당연시할 수 있게 되었다(특히 Taylor 1979). 따라서 헤겔의 법철학은 오늘날 근대 사회의 동역학과 위기들을 규정하려는 시도로, 심지어는 긴 세월이 흐른 다음에야 비로소 학적 분과로 태동하게 될 사회학의 통찰들을 선취하는 시도로, 즉 사회학적 분석의 맹아까지도 담고 있는 시도로 간주된다. 그뿐 아니라 그간의 수많은 연구를 통해 우리는 헤겔이 "객관정신"이라는 자신의 개념을 통해서 사회적 통합을 상호 인정 행위의 결과로 파악하고자 했음을 알게 되었다(Honneth 1992: 특히 2장; Quante 2011: 231–252). 이를 통해서도 헤겔의 이론이 지닌 "사회학적 측면"이 예전보다 더 강하게 부각되었다. 그런데 같은 시기에 마르크스의 이론에 관련해서도 [헤겔 철학에 대한 저런 재해석들과] 비견될 만큼 새로운 흐름을 조성하는 주요한 재해석들이 등장했다. 이미 막스 베버와 조지프 슘페터가 마르크스의 이론을 [더 이상 혁명의 건설을 위한 청사진이 아니라] 자본주의 사회를 설명하는 하나의 유력한 경쟁적 모델로만 바라보기 시작했다. 그들 이후로도 이런 경향은 유지되었고 심지어는 더욱 강화되었다. 그도 그럴 것이 실제 정황상 마르크스의 이론을 근대를 설명하는 모델이 아닌 혁명적 대안, 즉 철학 그 자체를 지양해 버리는 혁명적 대안으로 볼 이유가 없었기 때문이다. 우리는 또 마르크스의 자본주의 진단을 마르크스 당대의 정치적-실천적 문맥에서 분리해 그 진단 본래의 내용에 부합되게 근대 사회 일반의 동역학과 위기를 이론적으로 규정하는 시도로 간주하는 데에도 익숙해졌다. 헤겔과 마르크스의 저작에 대한 그간의 이 모든 재해석 덕분에, 우리는 이 두 저자가 단절 혹은 불연속의 관계에 있다는 아주 오랫동안의 견고한 표상을 더 이상 받아들이지 않게 된 것이다. 오늘날에는 오히려 이 두 사상가의 작업 안에서 근대 사회에 대한 경쟁적 분석들을 찾아냄으로써 한 사람이 상대에게 배울 수 있는 것은 무엇일까라는 물음까지도 던져보는 것이 일반적인 추세다.

나는 아래에서 아직까지 완전히 친숙해지지 않은 하나의 관점에 따라 두 사상가의 이론을 비교해 볼 것이다. 이를 위해서 나는 헤겔도 마르크스도 그들의 근대 사회 진단에서 연관점으로 삼았던 역사철학적 전제로부터 출발할 것이다(Ⅰ). 그리고 이어지는 두 번째 논의 단계에서는 먼저 마르크스의 사회이론을 능가하는 헤겔의 장점에 관해 말한 다음(Ⅱ), 마르크스의 자본주의 분석의 공적을 살펴볼 것이다(Ⅲ). 이 두 작업을 수행한 다음 마지막으로, 헤겔과 마르크스가 각기 거둔 이 성취들을 생산적인 상호 보충관계에서 조화시키기 위해서는 어떤 조건이 필요한지 생각해 볼 것이다.

Ⅰ.

현재의 관점에서 헤겔과 마르크스의 저작들을 되돌아보면, 그들의 사회분석에서는 놀라울 정도로 공통된 역사철학적 전제가 발견된다. 이 두 사상가를 여하간 비교 가능성의 관점에서 바라볼 수 있게 해주는 것은 바로 이 이론적 공통성이다. 새로운 사회, 즉 근대의 추동력들과 운동 법칙들을 경험해 보고자 했던 헤겔과 마르크스의 관심사는 당연히 19세기의 수많은 사회이론가들 또한 갖고 있었다. 프랑스의 생시몽이나 알렉시스 드 토크빌 그리고 영국의 존 스튜어트 밀 정도만 떠올려 봐도, 이 주제로 묶이는 전체 스펙트럼의 사상가들이 일반적으로 그러했음을 충분히 잘 알 수 있다. 물론 이 세 저자가 그들 각자의 측에서 전개한 시대진단은 서로 완전히 달랐다. 그런데 [그보다 더 중요한 점은] 헤겔과 마르크스는 당대의 사회적 도전들을 독특한 역사철학적 시각에서 파악하고자 했다는 점에서 서로 공통점을 보이면서, 앞의 저 세 사상가와는 현저히 구별된다는 것이다. 즉 헤겔과 마르크스는—여타의 모든 생각의 차이에도 불구하고—역사적 과정을 공히 이성의 객관화라는 유형에 따라 개념화한다는 점에서, 그리고 근대 사회를 이런 역사적 과정 안의 새로운 단계로 파악한다는 점에서 강한 공통성을 보인다.

헤겔이 '정신의 자기실현 과정'이라는 가정하에서 역사철학적 관점에 따라 근대 사회에 대한 해석을 전개해 나간다는 것은 충분히 잘 알려진 사실이다. 그는 칸트와 피히테가 그들 자신도 이미 이성을 현실성의 토대로 격상시켰으면서도, 정작 그 이성의 고유한 측면을 인식하지는 못한다고 일갈한다. 헤겔이 보기에 이성은 단지 인간의 능력일 뿐 아니라, 그 전모가 올바르게 파악될 경우 모든 실재성을 다 아우르는 하나의 실체로 이해되어야 한다. 즉 자기 스스로의 힘에 따라(selbstbewirkt) 발전해 나가며 마침내는 완전한 실현에까지 이름으로써 모든 실재성을 다 아우르게 되는 하나의 실체(Entität)로 말이다.[5] 이런 존재론적 전제 덕분에 헤겔은 인간의 역사 전체를 정신의 자기실현 과정 안의 한 특수한 단계로 해석할 수 있었다. 즉 헤겔에 따르면 정신은 우선 합목적적인 활동을 통해서 자연 안에서 스스로를 외화함으로써 자신의

5 이에 관한 짧지만 이례적으로 탁월한 논의로는 Emundts & Horstmann (2002: 32–37).

형식적 자질들을 직관하는 법을 배운다. 그런 후 정신은 차츰 "자유 의식의 진보"(Hegel 1970 [1837]: 32)를 통해 사회 세계를 자신의 규정에 따라 조형하면서 자기 자신에게로 되돌아온다(McCarney 2000: 8장). 이런 역사철학적 틀은, 모든 인간의 역사가 자유의 점진적 증대라는 객관적 목적론에 따라 진행된다는 표상 위에 놓인 것이니만큼, 오늘날의 우리에게는 낯선 것이다.[6] 그렇다 할지라도 이런 역사철학적 틀이 없이 헤겔의 근대 사회 해석을 이해한다는 것은 불가능하다. 헤겔은 근대의 제도 및 사회적 실천들은, 자유에 대한 의식이 점진적으로 증대되어 가는 세계사적 과정이 최정점에 달한다면 반드시 나타나야만 할 것, 즉 모든 개별자들의 참된 자기규정을 위해 반드시 필요한 전제들, 그것을 구현한다고 본다. 그러므로 헤겔에게 근대 사회, 즉 오랜 시간 수많은 충돌을 통해 이룩된 산물로서의 근대 사회의 핵심은 제도적 형태로 실현된 자유에 있다.[7]

헤겔의 역사철학의 이런 귀결에 동의하지는 않는다 할지언정, 마르크스가 근대 사회의 구조적 특성에 관한 자신의 해석을 개진하기 위해서 헤겔의 역사철학에서 본질적인 구성적 수단을 차용했다는 것은 분명한 사실이다. 확실히 헤겔에 비해 거의 50살이나 더 어렸던 그 젊은이는 더 이상 전체 현실을 자기 활동적인 정신이 스스로를 외화해 이룩

6 물론 헤겔의 역사철학을 실제로 세계사적 과정 안에서 "객관적으로" 작동하는 자유 실현의 목적론에 관한 주장으로 과연 읽어야 할 것인지에 관해서는 오늘날 이견이 분분하다. 헤겔의 관련 언급들 중 다수는 칸트를 상기시키는 해석 방향—'인간의 역사를 이성이라는 부분에 주목하는 철학의 관점에서 고찰해야만, 우리는 인간의 역사에서 그러한 목적론을 읽어낼 수 있을 것이다'라고 보는 해석 방향—또한 지지해주는 것이 사실이기 때문이다. 이런 해석 방향을 지지해주는 헤겔의 언급이 분명히 드러난 곳으로는 Hegel (1970 [1817/1830]: 347–352).

7 Hegel (1970 [1821]). 이 문헌에 담긴 헤겔의 요구에 관해서는 Honneth (2010 [2016]).

한 대상화의 산물로 간주할 수 있는 철학적 관념론자는 아니었다. 마르크스는 지적 성장이 시작됨과 동시에 포이어바흐의 자연주의에 강력하게 매혹되었다. 때문에 '존재하는 모든 것이 이성의 자기 전개의 산물'이라는 생각은 그에게는 터무니없는 소리에 불과했다(Löwith 1978 [1939]: 78–136; Brudney 1998: 6–12). 마르크스가 보기에 인간 존재로서의 우리는 애초에 우리를 둘러싼 자연 속에 삽입돼 있기 때문에 자기보존을 위해서는 일단 이 자연을 생산적으로 다루고 처리하는 법을 배워야만 한다. 마르크스에 따르면 우리는 물론 충분히 그렇게 할 수 있는데, 왜냐하면 도구를 사용함에 따라 우리에게는 여타의 생명체와는 현저히 구별되는 하나의 능력이 주어지기 때문이다. 마르크스의 강점이 가장 잘 드러나는 곳에서 그는 인간만이 지닌 이 하나의 능력을, 타인의 의도에 상호적으로 관계하면서 협력할 수 있는 능력, 그럼으로써 완전히 새로운 사회적 유형의 정신적 작동을 행할 수 있는 능력이라고 해석한다(특히 Marx 1968: 특히 462; Marx 1968: 특히 510–522; Brudney 1998: 5장). 마르크스가 열어둔 이 생각을 최근 부각된 소견들을 가미해 더 확장해 나가면 우리는 어렵지 않게 오늘날 마이클 토마셀로(Michael Tomasello) 등이 개진한 견해, 즉 '인간이 근본적인 도덕과 관점주의적 사유를 형성할 수 있게 된 것은 협력적인 노동으로의 진입 덕분이었다'는 견해에 도달하게 된다(Tomasello 2016: 3장).

마르크스가 인간의 협력적 능력에 따라 진행되는 자연 가공의 과정에 대해 제시한 그림은 그 세부 사항에 이르기까지, 자기 활동적 정신의 전개 과정에 대한 헤겔의 표상을 닮아 있다. 마르크스의 그림은 다음과 같기 때문이다. 우리는 우선 상호적인 관점 전환을 통해 도구를 협력적으로 사용하는 법을 배운 다음, 자연을 우리 자신의 합리적 규정들을 더 많이 반영하는 거울이 되도록 만듦으로써 자유의 왕국을 넓혀 나간다. 즉 이 방식을 통해 우리는 자연 안에서 우리 자신을 차츰차츰 외화해 나간다.[8] 이때 마르크스가 인간의 정신적인 "본질적 힘"(Wesenskräften)이라고 부르는 것—앞에서는 이 힘이 '협력에의 역량'이라고 칭해졌었다—은 구조적으로 헤겔이 자기 활동적 정신을 정의하는 데 활용했던 규정과 유사하다. 이 두 사상가 모두에게 핵심적인 것은 이성—마르크스의 문맥에서는 우리 인간의 이성, 그리고 헤겔에서는 모든 것을 포괄하는 정신이라는 이름의 이성—이며, 그들은 공히 이성이 지닌 그 특유의 성질을 '다른 것으로 자신을 대상화함으로써 스스로를 전개해 나갈 수 있음'이라고 보는 것이다. 그럼에도 불구하고 헤겔과 마르크스의 차이는 있다. 마르크스는 자연주의적인 전제에서 출발하기 때문에 [자연이 먼저 주어져 있으며, 그다음 이성이 이 자연을 상대로 자신을 외화해 나가는 과정이 비로소 시작된다고 본다. 그러나 마르크스가] 이성이 비로소 자기 전개를 시작한다고 상정한 이곳은, 헤겔이 보기에는 오히려 자연 안에서의 정신의 외화가 다 전개되고 난 다음이다. 그러나 자연 안에서의 정신의 외화가 다 이루어졌다면, 그때 시작되는 인간 사회의 역사는 헤겔에게도 마르크스와 비슷하게 그려진다. 즉 [양자 모두에게 인간 사회의 역사는] 우리의 정신적인 에너지에 따라 자연의 강압들이 철회되고 사회적 교류라는 형태로 자유가 더 확장돼 나가는 과정으로 그려진다. 이런 대칭성을 통해 우리는 마르크스가 평생토록 헤겔의 후예로 머물렀음을 알 수 있다. 마르크스 또한 사회 발전을 "자유 의식의 진보"로 간주하는 것이 자명하다는 데에서 출발했다. 즉

8 "산업의 역사"는 "인간의 본질적 힘이 터져 나온(aufgeschlagen) 책"과도 같다는 마르크스의 유명한 정식화를 참조하라(Marx 1968 [1932]: 542).

우리는 우리 자신의 협력적 실천을 통해 형성된 정신을 노동을 통해서 자연 안에서 대상화하고 이를 통해 자연 안에서 친숙하게 정주할 수 있는 여지를 확대함으로써, 우리의 제도적 규칙과 장치들을 형성하는 데에서도 점점 더 많은 가능성을 확보해 나간다는 것이다.

이처럼 헤겔과 같은 역사철학적 전제를 지니고 있었기 때문에, 마르크스도 우선은 근대 사회를 변모되는 사회적 관계들의 역사 과정 안에서 최고도로 발달된 단계로 묘사하지 않을 수 없었다. 마르크스는 지금까지의 인간 역사를 자연적 제약들, 결박들, 구속들을 극복한 끝에 일단 잠정적으로 현재의 부르주아 사회—그 어느 때와도 비교할 수 없는 큰 자유를 달성한 사회—에 도달하게 된 과정으로 소개한다.[9] 그러나 근대 사회가 거둔 이 자유의 획득에 대한 마르크스와 헤겔의 설명에서는 큰 차이가 확인되는데, 이는 그들이 정신의 외화라는 문명사적 과정을 꽤나 다르게 파악하고 있음을 시사해주는 최초의 암시와도 같다. 마르크스는 문명사적 과정을 무엇보다도, 자연적 소여를 가공하는 힘이 증진됨에 따라 인간이 외적, 내적 자연의 강압에서 해방되는 과정이라고 설명한다. 반면에 헤겔은 인간들 사이의 상호작용 관계에서 나타나는 변화까지도 훨씬 더 강하게 주목 대상으로 삼는다. 즉 헤겔에 따르면 자연 제약을 극복하는 과정에서 이룩한 진보는 항상 사회 성원들의 관계를 다스리는 도덕적 규범들로 정착된다. 반면에 마르크스에게 역사적 진보는 생산력—즉 외부 환경을 통제할 수 있는 수단 혹은 우리 안의 잠재적 충동들을 전유할 수 있는 수단을 포함하는 넓은 의미의 생산력—의 증대로만 표현된다. 이러한 중대한 차이는, 정신의 외화 모델

9 「공산당 선언」에서 "부르주아지"의 "최고의 혁명적인 역할"에 관한 정식을 보라(Marx & Engels 1972 [1848]: 464).

이라는 공통의 출발점에도 불구하고 헤겔과 마르크스가 그 외화 과정 자체의 성격과 실체를 이해하는 데에서는 분명히 차별화된 생각을 갖고 있었음을 보여준다. 그리고 비단 '정신의 외화'에 대한 내용뿐 아니라, 역사 속의 이성의 메커니즘과 관련해서도 두 사상가는 의견을 달리 한다. 때문에 그들은 근대 사회의 성취에 관해서도 지극히 이질적인 견해로 나아가게 된다. 헤겔과 마르크스는 역사적 진보 과정을 전혀 다른 유형으로 그렸다. 지금까지 우리는 이 차이에 관해서는 거의 거론하지 않았다. 하지만 헤겔의 사회이론이 어떤 점에서 마르크스의 것을 능가하는 장점을 갖고 있는지에 관해서는 보다 쉽게 말할 수 있다.

헤겔과 마르크스는 모두 '인간의 역사는 점진적인 자유 실현의 과정'이라는 역사철학적 전제에서 출발한 것으로 보인다. 헤겔은 정신이 자연으로부터 자신에게로 귀환하는 그림, 그것도 사회 세계 안에서 제도를 통해 스스로의 규정들이 구현되도록 만듦으로써 타인들의 영향에서 자유로운 자기실현, 즉 강압 없는 자기실현을 도모하는 그림을 갖고 있다. 그러므로 헤겔의 이 정신은 사회적 공동체 안에서 모든 성원들의 자유로운 공동 삶을 가능케 해주는 제도적 전제들을 차근차근 만들어 내는 방식으로 인간의 역사 속에서 관철된다. 그리고 마르크스는 이런 관념론적인 표상 중에서 '정신 혹은 이성은 다른 것으로의 외화를 통해 자신을 실현한다'는 생각만을 차용해서 이를 자신의 자연주의적 가정에 걸맞게 인간과 자연의 분투 과정 속으로 이전시킨다(überträgt). 이를 통해 마르크스는 자신이 평생토록 고수하게 될 근본적인 아이디어를 만들어낸다. 인간은 협력적 능력에 힘입어 자연을 자신들의 이성적 목적 설정이 반영되고 안착된 거울과 정주지로 만들어 나가는 정도만큼 자유를 역사적으로 실현할 수 있다는 아이디어 말이다. 이 두 사상가에게서 확인되는 여타의 모든 차이들은 방금 개괄된 이 차이에서—즉 그들이 정신의 사회적 대상화 과정을 각기 상이한 차원 혹은 지평에서 진행되는 것으로 그리기 때문에—비롯된다. 헤겔은 이 과정이 '정신'과 '제도(즉 사회적 공동 삶을 위한 제도)'의 관계 안에서 이루어진다고 본다. 왜냐하면 그는 자연에 대한 정신의 가공이 이미 다 완료되었다고 생각하며 논의를 시작하기 때문이다. 반면에 마르크스는 이성이 자신을 외화하는 대상화의 과정이 '인간 이성'과 '자연적 환경 세계' 사이의 관계에서 이루어진다고 본다. 왜냐하면 그는 사회적으로 매개되지 않은 '자연의 정신화' 과정이라는 선재적 국면(davorliegende Phase)을 [상정하는 헤겔의 생각을] 인정할 수 없었고, 여기에는 그 나름의 타당한 이유가 있기 때문이다. 이 차이를 달리 표현하자면 다음과 같다. 마르크스는 정신이 자연 안에서 스스로를 대상화하는 선재 과정에 적용되었던 헤겔의 발전론적 틀을 가져와서 오히려 사회적 진보의 과정을 묘사하는 데 활용한다. 헤겔의 도식이 이처럼 왜곡 전유된 결과 마르크스의 저작 안에서는 우리의 이성적 활동이 제도적으로 규제된 규범적 공동 삶의 질서에 효력을 발휘하는 과정이 고찰되지 못하고 만다. 물론 마르크스는 인간의 협력에서 출발하기 때문에, 사회적 규범들의 계통 발생적인 뿌리에 충분히 시선을 줄 수 있었을 것이다. 그럼에도 불구하고 그는 인간의 유적 역사를 재구성할 때, 인간적 능력의 증대를 오직 자연 가공에서의 진보로만 환원시킨다. 그러므로 마르크스는 이성의 실현을 '자연에 대해/맞서 우리가 구가할 수 있는 자유의 증대'로 정의할 뿐, [자유 증대의 보다 풍부한 차원들을 포괄하지 못하는] 일면성의 한계에 노출된다. 이렇게 마르크스는 사회적 상호작용의 내적 관계 안에서도 자유 증대의 과정이 진행될 수 있음을 소홀히 한다. 그 결과 마르크스의 이론은, 하버마스(Habermas 1970 [1968])가 지적하듯, 사회이론적인 함축이라는 측면에서 볼 때 헤겔의 철학보다 더 큰 단점을 가진 것이 된다.

Ⅱ.

마르크스는 자연의 가공이라는 측면에만 주목한다. 반대로 헤겔은 "사회"라는 개념으로 보다 넓은 스펙트럼의 제도적 형상들을 제시할 수 있기 때문에, 그의 사회이론은 강점을 발휘한다. 헤겔은 사회를 "객관정신"으로 개념화하려고 한다. 그렇다면 헤겔은 인간이 "자연적" 욕구들을 충족하는 법을 배울 수 있게 해주는 모든 사회적 삶의 관계들의 전모를 파악할 수 있어야 할 것이다. 왜냐하면 헤겔의 문맥에서 볼 때, 정신은 인간이 자신을 재생산할 수 있게 해주는 제도적 장치들을 창출할 수 있을 때에만 "객관적인" 형태로 사회 공동체 안에 성공적으로 안착할 수 있기 때문이다. 그러므로 헤겔은 오늘날 "사회"라고 칭해지는 것에 관해 말하기 시작하는 순간부터 이미[10], 한편으로는 문화적-규범적 공통성을 통해 서로 조율되어 있으면서도 다른 한편으로는 우리들의 삶에 중요한 욕구들 중 하나를 만족시킬 수 있는, 사회적 실천들의 총체를 시야에 두고 있다고 할 수 있다. 그 안에 담겨 있는 관념론적인 전

10 헤겔은 "사회"라는 개념을 사실상 "욕구들의 체계"를 가리키는 말로만 사용한다. 헤겔은 『법철학』에서 이 "욕구들의 체계"를 "시민사회"라고 부르는데, 이 말로 그는 애덤 스미스에 기대어 자본주의적 시장 사회의 새로운 질서를 가리킨다(Rosenzweig 2010 [1941]: 391-401; Vogel 1925). 내가 여기서 헤겔의 사회 개념이라고 부르는 것은, 그가 "객관정신"이라고 칭한 것, 즉 구체적으로 개별적인 "민족정신"을 재현한다고 보았던 것, 달리 말해 사회적 분화 과정에 대한 설명에서 최고의 단위에 해당하는 것이다.

제들을 제외한다면 헤겔의 이 "객관정신"은 고전 사회학의 근본 통찰, 즉 '사회란 삶의 재생산에 필요한 각종 실천들(서로 맞물려 안정적으로 제도화된 실천들)을 조정하는 규범적으로 통합된 총체와 같다'는 근본 통찰을 놀라울 정도로 선취하는 개념이다. 그에 반해 마르크스는 자연의 가공으로만 시선을 제한하는 그의 접근법 때문에, "사회"를 처음부터 훨씬 더 제약된 것으로 그린다. 마르크스가 "사회"와 동의어로 사용하곤 하는 "생산관계"라는 불운한 개념은 사회 공동체의 모든 제도적 장치들이 어떤 식으로든 결국 자연의 생산적 전유라는 목적만을 향해 있다는 인상을 준다. 하지만 수많은 사회적 활동 영역 가운데 가령 "정치적" 조정이나 "가족적" 재생산과 같은 두 가지 사례만 떠올려 보더라도, 이런 사회적 활동들은 그 규범적 짜임과 성격상 결코 [자연 가공을 통한] 경제적 성과라는 관점에 따라서만은 파악될 수 없는 것들이다.

자본주의 사회로 들어서는 문턱을 넘기 전에 '경제적 재생산의 영역'이라는 분명하게 구별된 영역을 알고 있었던 사회는 극소수에 불과했다는 칼 폴라니의 연구를 떠올려 보면, 마르크스가 선택한 개념들이 헤겔이 사용한 용어들에 비해 훨씬 더 취약하고 단점 많은 것이었다는 사실은 더욱 분명히 드러난다(Polany 1997 [1944]: 특히 4장과 5장; 그리고 Polany 1979: 특히 II장). 폴라니와 다른 경제이론가들의 연구(가령 Mauss 1968 [1923/24])를 참조하자면, 마르크스 당대에 경제적 노동관계 및 교환관계들은 다른 사회 기능들 속으로 이입되어 있었기 때문에〔경제적 영역이라고 따로 불릴 만큼〕하나의 고유한 독자적 영역으로 체험되지도 규제되지도 않았다. 그런 한에서 마르크스가 하듯이, 모든 사회들을 "생산관계"[의 지평 그 자체]로, 즉 자연 가공이라는 특수한 형태의 제도적 대상화로 파악하는 것은 사태를 호도하는 것이다. 이 점과 관련해서는 오히려 헤겔의 전략이 훨씬 더 설득력이 있어 보인다. 즉 일단은 "객관정신"이라는 개념을 활용해 반드시 존립해야 할 중요한 기능들을 중심으로 분절된 사회적 행위영역들을 '정신적' 규범들이 대상화된 영역으로 제시하되, 그 영역들 각자의 구체적인 내용이나 서로 간의 관계 등은 인간 역사의 발전 과정에 달려 있는 사안으로 열어두는 전략 말이다. 물론 [정신적 규범들이 특정한 사회적 행위영역 안에 안착되는] 그러한 대상화를 정신의 자기 활동의 산물로 파악한다는 점에서, 헤겔의 이 전략은 관념론적 색채가 과잉된 것이다. 그러나 오늘날 존 설(John Searl)을 비롯한 사회이론가들의 논의를 참조한다면, 규범을 산출하는 정신의 선행 작용[에 관한 헤겔의 서술]을 상호 협력적인 주체들이 수행하는 인지적 활동으로 새김으로써 저런 관념론적 색채의 과잉을 걷어낼 수 있을 것이다. 그렇게 과잉된 색채를 걷어내고 나면 헤겔의 "관념론"에는 다음의 테제만이 남는다. 사회란 '서로 다른 기능 영역들이 어떻게 규범적으로 규제/조정되어야 할 것인지'에 관한 상호주관적 합의의 산물이다.[11]

인간 역사의 과정에서 자유 실현의 진전을 가져오는 사회적 메커니즘은 무엇인가? 이 사안에 관해 헤겔과 마르크스를 비교해 보더라도 사정은 다르지 않다. 여기에서도 관념론자 헤겔은 자신의 유물론자 후배 마르크스보다 훨씬 더 좋은 패를 들고 있는 것 같다. 앞서 보았듯 이 두 사상가는 공히 '인간의 역사는 정신 활동이 그때마다의 타자 안에서 점진적으로 외화된 결과'라는 전제에서 출발한다. 헤겔에게 이 타자는—그의 철학 체계의 건축구조 때문에—사회의 재생산에 필요한 모든 제

11 Searle (2011 [1995]). 설과 헤겔의 입장에 대한 흥미로운 비교 및 헤겔의 관점으로부터 설의 입장에 대해 개진되는 비판에 관해서는 Ostritsch (2014).

도적 영역들이었던 반면, 마르크스에게는 우리의 협력적인 능력을 통해 차츰 전유될 수 있는 외적, 내적 자연이 그러한 타자였다. 그렇다면 이 두 사상가는 무엇이 이성의 그러한 점진적 대상화 혹은 실현의 과정을 추동한다고 설명하는가? 이 물음을 던져보면, 우리는 헤겔의 설명법이 마르크스의 것보다 분명한 강점이 있음을 확인할 수 있다. 헤겔은 물론 통상적으로, 이성의 실현을 정신에 의해 거의 자동적으로 이루어지는 과정인 양 생각하는 경향이 있다. 그러나 헤겔 또한 그러한 진보가 어떻게 인간의 역사 안에서 정말로 일어나는 세계 내적인 사회적 사건으로 해석될 수 있는지에 관해 납득할 만한 그림을 제시할 필요가 있었다. 바로 이 문제를 해결하기 위해 헤겔이 활용한 유익한 아이디어는 다음의 것이었다. 역사적인 삶의 형식들은 정당한—즉 윤리적인 전제를 위반하지 않으면서 개진된—개인적 요구주장들을 더 이상 규범적으로 수용/보장할 수 없을 때 종말을 맞는다는 것이다.[12] 따라서 헤겔의 맥락에서 보자면, 일단 한번 설립된 모든 사회적 형식들은 이미 그 속에 자기 변형의 맹아를 간직하고 있다고 말할 수 있다. 왜냐하면 어떤 사회적 형식들이 설립되어 통용되기 시작하면 반드시, 이 사회적 형식들의 제도적 틀 안에서는 더 이상 완전히 충족될 수 없을 새로운 도덕적 열망들이 특정 개인(집단)들 안에서 자라날 수밖에 없기 때문이다. 물론 이런 "도덕적인" 설명은 사회학적 견지에서 보자면 불만족스럽기도 하거니와, 구조적으로 충족될 수 없는 개인적 요구주장들이 어떻게 사회적 충돌들로 점화될 수 있는지에 관해서도 분명한 단서를 주지 않

12 헤겔이 『정신현상학』에서 내놓은 안티고네 해석은 이런 설명을 모범적으로 보여주는 것으로 간주될 수 있다(Hegel 1970 [1807]: VI 장의 A. a와 A. b). 여기서 제안된 해석으로는 Särkelä (2013).

는다. 헤겔이 단 몇 곳에서 말하는 바는 다음의 것뿐이다. 그러한 충돌 과정은 인정투쟁 모델에 따라 표상될 수 있다, 그리고 이 인정투쟁에서는 '새로운 자유를 향해 나아가려는 열망'(즉 현행 사회질서 안에서 내재적으로 형성된 열망)이 바로 그 현행 사회질서와 충돌하는 일이 벌어진다. 하지만 이런 최소한의 단서만으로도, 특유의 사변적 방식으로 개념화된 정신의 사회적 대상화라는 과정에 설득력을 더하기 위해서 일상적인 사회적 요소를 찾아내려는 헤겔의 시도가 얼마나 비옥하고 생산적인 것인지는 금방 확인된다. 왜냐하면 헤겔의 이 단초는, 사회학적 가설들을 가미할 경우, 자유 실현을 위한 역사적 과정을 추동하는 힘은 지금까지 배제되어 있던 개인들이 사회 안으로 편입되기 위해서 벌이는 투쟁에 있다는, 보기 드문 탁월한 아이디어로 발전될 수 있기 때문이다.[13]

반면에 마르크스에 따르면 인간의 자유는 사회적 유물론에 따라 점차 확장된다. 그러나 마르크스의 입장은 헤겔의 것보다 설득력이 떨어진다. 여기서 마르크스는—그동안의 연구사에서 자주 지적되었듯(Castoriadis 1984 [1975]: I. 2장)—기술적 결정론의 틀을 활용한다. 그러나 이런 설명 전략은 자연 지배의 증대와 자유의 확장 사이에 긴밀한 연관이 있다는 마르크스 자신의 주장을 모호하게 만드는 난점을 유발한다. 이 설명 모델은 우리가 협력적 능력 덕분에 외적 자연과 내적 자연을 점점 더 많이 전유해 나갈 수 있다는 테제에서 출발한다. 그럼에도 불구하고 마르크스는 자유 실현의 진보를 가능케 만드는 추동력을 설명하는 과정에서 오직 자연 세계에 대한 우리의 관계라는 차원에만 시선을 둔다.

13 존 듀이(Dewey 1973: 64-71)는 헤겔에 기대어 이런 설명을 제시한다.

그리고 마르크스는 자연을 가공할 수 있는 우리의 힘을 "생산력"이라고 부른다. 이때 "생산력"이란 각 사회에 그때마다의 역사적인 상태에 따라 주어져 있는 기술적 수단과 방법들 일체를 가리킨다. 즉 삶의 목적에 따라 자연 자원을 가공하기 위해서, 해당 사회가 활용할 수 있는 기술적 수단과 방법들 일체 말이다. 그런 다음에 마르크스는 두 번째 논의 단계에서, 우리가 우리의 협력적 능력을 계속해서 개선/확장해 나갈 수 있다는 사실로부터 사회적 생산력이 지속적으로 증대되는 역사적 과정을 도출해낼 수 있으리라고 생각한다. 즉 마르크스는, 인간의 역사가 계속해서 진보해 나갈수록, 자연적인 환경 세계를 생산적으로 이용할 수 있는 사회의 기술적 능력 또한 계속해서 더 커진다고 확신하는 것이다. 그런데 마르크스는 곧이어 그의 논증상의 결정적인 행보라고 할 수 있을 세 번째 걸음을 딛는다. 사회의 제도적인 틀 조건—즉 자신이 "생산관계"로 규정하려고 하는 모든 것—은 불변성과 부동성의 경향을 가지고 있으므로, 생산력의 급속한 증대가 반드시 이 제도적 질서들을 새로운 기술과 노동방식들에 적합해지도록 사후적으로 재편하는 효과를 발휘해야 한다는 것이다. 마르크스의 설명을 한 문장으로 요약하자면, 자연 가공에 있어서 기술적 가능성의 내적 진보는—규칙적이고 필연적으로—사회적인 교류 형식[에 해당하는 제도]의 규범적 개선 또한 가져온다는 것이다(특히 Marx 1971 [1859]: 8 이하).

그러나 마르크스의 이 설명 모델에서는 다음의 의문이 풀리지 않는다. 생산력의 증대는 왜 반드시 자유를 증진하는 방향으로만 사회 제도를 변화시킨다는 것인가? 물론 일상적으로 볼 때 기술의 진보가 자연적 강압에서 벗어날 수 있는 자유의 여지를 확대해주는 것은 사실이다. 그러나 이로부터 사회 내적인 자유가 자동적으로 확장된다는 결론이 도출될 수 있는지는 의심스럽다. 오히려 기술의 증진이 역사적으로 이미 성취된 자유를 제한시킬 위험을 초래하는 등 사정이 정반대인 경우도 많다. 마르크스는 자유의 점진적 실현에 관한 한, 생산력 증대의 규범적인 잠재력을 너무나 지나치게 낙관했다. 헤겔과 달리 마르크스는 기술적 진보 그 자체가 사회적 제도들을 권력과 전통의 속박에서 해방시킨다고 믿었다.

자기 모델의 이러한 취약점을 스스로 예감했을 때, 마르크스는 자신의 당초의 모델에 두 번째 설명 전략을 덧붙였다.[14] 이 두 번째의 설명 전략에서는, 자연 가공의 기술에 대한 앎의 증진만이 아니라, 지금까지 억압돼 있던 관심사를 관철하려는 사회적 계급투쟁 또한 자유 실현의 역사를 추동하는 힘으로 상정되었다. 「공산당 선언」(Marx und Engels 1972 [1848])을 통해 분명히 확인되듯이, 마르크스의 이 두 번째의 제안은 물론 그의 첫 번째의 설명 모델과 완전히 무관한 것이 아니다. 왜냐하면 마르크스는 이 두 번째 제안에서도, 우세한 사회적 지위를 얻기 위해 투쟁하는 계급들의 관심사라 함은 결국 사회적 영향력과 권력으로 직결되는 생산력의 상태에 관한 것이기 때문이다. 즉 부르주아지들이 물질적 생산조건들을 더 많이 사용할 수 있게 된 역사적 시점에 이르자 사회적 지배력을 위한 싸움을 시작했듯이, 프롤레타리아 또한 새로운 공장 시스템에 힘입어 정말로 더 많은 경제적 가능성들을 손에 넣게 되는 미래 시점에 이르면 사회적 권력을 차지할 수 있으리라는 것이다. 이처럼 계급투쟁의 사회변혁력에 바탕을 두고 사회의 진보 과정을 설명하는 두 번째 설명 전략에서도 마르크스는 여전히, 역사적으로 변

14 이 두 해석 모델 사이의 긴장에 관해서는 Castoriadis (1984 [1975]: 52–59)를 보라.

모하는 제도적 실천들의 구조 그 자체에 독자적인 지위를 부여하지 않는다. 마치 모든 전근대 사회가 벌써 '경제적 영역'(즉 하나의 영역으로서 분명하게 분화되어 사회적 중심으로서의 입지를 다진 경제적 영역)을 갖고 있기라도 했다는 듯이, 마르크스는 자유 실현의 진보는 억압된 집단들이 그들의 경제적 이익을 사회적으로 관철하기 위해서 벌이는 투쟁을 통해 이룩된다고 주장한다. 그러므로 마르크스의 두 번째의 설명 전략 또한, 정신이 사회 제도들 안에서 자신을 객관적으로 대상화해 나가는 고유한 활동 과정에 주목했던 헤겔의 시도를 능가할 수 없다. 마르크스는 지금까지 배제되었던 개인(집단)들이 어떤 유형의 사회적 인정과 포섭을 위해 분투하는지를 포괄적으로 고찰할 여지를 열어두는 대신 경제적 이익에만 우선순위를 부여하는, 역사적으로 완전히 정당화될 수 없는 행보를 택한다. 사회적 조직화 형식들을 생산관계라는 하나의 개념으로 환원시키는 마르크스의 접근법이 문제가 있다는 사실이 여기서 다시 한 번 확인된다.

마지막으로 근대 사회의 규범적 성취에 관한 마르크스와 헤겔의 분석을 비교해 보면, 마르크스의 협소한 접근법의 세 번째 단점이 드러난다. 앞서 지적했듯 헤겔과 마르크스는 근대 사회가—제도적 측면에서 개인의 자유 가능성을 비약적으로 확장했다는 점에서—이성 실현의 세계사적 과정이 최고도로 발전한 단계에 해당한다고 보았다. 헤겔이 그랬듯이 마르크스 또한, 봉건-귀족제의 사회질서가 극복됨에 따라 전통적인 종속과 억압의 족쇄들이 풀리게 되었고, 그 이후 개별자들은 보다 많은 개인적 자기규정의 가능성을 누리게 되었다고 말한다(Neuhouser 2013: 39 이하). 하지만 마르크스가 논의를 더 진행해 나가면서 이런 새로운 자유에 대해서 보다 정확한 상을 제시하기 시작하자마자, 헤겔과 마르크스 사이에서는 다시금 앞서 언급된 차이들이 나타나게 된다. 헤겔이 근대적 사회질서가 "이성성"을 갖는다고 본 까닭은, 그것이 모든 사회 성원들에게 상호 인정의 조건 하에서 강압 없이 자유롭게 각자의 "자아"(selbstsein)를 실현할 수 있도록 일련의 사회적 활동방식들을 보장해 주기 때문이다. 그리고 헤겔에 따를 때, 근대 사회의 모든 본질적인 제도적 형상들—상호 애정에 바탕을 두고 있는 가족부터 시작해 경제적 시장은 물론이고 국가적 행위영역에 이르기까지의 모든 제도적 형상들—은 다 이러한 [이성적] 사회질서에 속한다. 헤겔에 따를 때, 개별자의 자유는—그의 개인적인 의지 결정을 통해서가 아니라—[각각의 고유한 문법을 가진] 각종 사회적 실천들을 수행함으로써 비로소 실현될 수 있다. 이를 분명히 하기 위해서 헤겔은 [가족, 시장, 국가라는] 세 영역이 한데 모여 근대적 "인륜성"의 총체를 이룬다는 사실을 주지시키고자 했다(Neuhouser 2000: 2, 3, 4장). 그러나 헤겔은—사적 자유보다 소통적 자유를 더 중시한 것은 물론 사실이었지만—소통적 자유에 관한 논의에서 그다지 멀리까지 나아가지 못했고, 따라서 그는 근대법의 규범적 지위를 물음에 부치는 일에서도 철저하지 못했다. 헤겔은 그의 당대에 막 설립되기 시작한 동등한 자유에의 권리를—개인의 윤리적 결정을 타자의 개입 없이 검토하고 확정할 수 있는 가능성을 국가적으로 보장해주는 원칙이라는 점에서—근대 사회의 핵심적 성취로 바라보는 입장을 평생토록 고수했을 뿐이다.

그런데 마르크스는 바로 이 점에 관해 가장 큰 의구심을 품었다. 몇 가지 이유로 그는 헤겔의 인륜성 이론이 실제적인 사회적 관계들을 미화한다고 생각했다. 때문에 마르크스는 헤겔의 이 이론에 대한 의혹의 눈초리를 거두지 않았다. 뿐만 아니라 마르크스는 자신의 선배 이론가들처럼 근대의 자유주의적인 권리들을 규범적으로 칭송하는 것이 과연 온당한 일인지에 관해서도 의구심을 표했다. 마르크스가 자유 실현의 사회적 과정을 어떻게 그렸는지 되돌아보면, 우리는 마르크스가 근대 사회의 본질적 성취에 관해 완전히 다른 그림을 품고 있었음을 알게 된다. 근대라는 새로운 사회를 특징짓는 것은 주체들의 상호주관적 교류에서의 자유 확장이 아니라 자연에 대한 관계에서 인간이 구가하는 자유의 확장이다. 그리고 이런 새로운 자유의 성취는 생산력의 확장으로 구현된다. 그러나 이는 아직 자본주의적 생산관계 안에서 적절히 반영되지는 못한 상태다. 그런데 자연 과정을 통제하고 우리의 목적들을 구현할 수 있는 능력이 확장됨에 따라, 이는 현재의 제도적인 사회질서 안에서 구현되는 것과는 다른 타입의 사회적 자유를 필요로 한다. 현재의 뒤떨어진 사회적 관계들 안에서는 자유를 한갓된 사적 이기주의적 방식으로만 바라보는 태도가 일반적이기 때문이다. 반면에 생산 기술과 방법이 압도적으로 개선됨에 따라 이제 시장 중심의 편협한 자유 이해를 더욱 포괄적이고도 협력적인 자유 이해로 대체해야만 할 객관적 필연성 및 역사적 요구가 절실해진다. 즉 사회적 생산관계들은 이제, 강제 없이 협력하는 생산자들의 공동 의지에 따라 노동이 조직되고 재화가 분배될 수 있을 때라야 비로소, 비약적으로 증대된 현재의 생산력 상태에 적절히 부합될 수 있다는 것이다. 그러나 이런 사회주의적 버전이 아무리 활기차고 미래지향적이라 할지라도 마르크스는 자유주의적 권리가 가진 민주주의적 잠재력을 완전히 망각했기 때문에 문제가 있다. 마르크스에게 자유주의적 권리와 연동된 개인적 자기규정은 지나치게 사적인 것으로, 즉 자본주의 경제의 경쟁체제에 속하는 것으로 보였다. 때문에 그는 자유주의적 권리를 근대 사회의 규범적 성취가 아닌,

몰락하는 사회질서의 잔여물로 치부하고 말았다.[15]

그러므로 이 지점에서도 헤겔은 마르크스보다 더 우월해 보인다. 헤겔도 마르크스처럼, 개인적 자유를 나 자신의 사적 이해를 가능한 한 방해 없이 실현할 수 있는 법적 허용으로만 이해하려는 경향을 보인다는 것은 물론 사실이다. 그리고 그의 유물론적인 후배처럼 헤겔 또한 이런 자유주의적 권리들이—앞으로의 역사 발전의 진행 과정 안에서—동등한 지위를 갖는 시민들의 민주적 의지 형성을 촉진하는 데 얼마나 큰 기여를 하게 될지를 짐작하지 못했다는 것 또한 사실이다. 그럼에도 불구하고 헤겔은 '모든 사회 성원들에게 자기규정의 동등한 권리를 허용해야 한다'는 새로운 원칙이 근대 사회의 핵심적이고도 불가역적인 성취라는 것은 잘 알고 있었다. 마르크스와 달리 헤겔은, 앞으로는 소통적 자유나 인륜적 자유와 같은 다른 자유들도 '나' 자신의 목적을 추구할 수 있는 자유를 법적으로 보증해주는 규범적 토대가 필요하리라고 생각했다(Neuhouser 2013).

## Ⅲ.

지금까지의 논의에 따를 때, 헤겔의 사회이론은 마르크스의 역사-유물론적 시도를 능가하는 장점만을 가지고 있는 것처럼 보인다. 충분히 정교한 사회의 개념, 자유 실현의 추동력, 근대의 규범적 성취에 대한 진단 등, 모든 견지에서 볼 때 헤겔의 이론은 마르크스의 것보다 더 좋은 설명을 주는 모델이다. 그러나 지금까지의 이 비교는 역사철학에 바탕

15 Marx (1976 [1843]: 347–377). 보다 상세한 논의로는 Honneth (2015: 60 이하).

을 둔 사회이론의 개념적 수단만 가지고 진행된 것이기 때문에 불충분하다. 이런 심층부의 역사철학적 성격에서 시선을 거두고 두 이론의 경험적 결과에 초점을 맞추면, 앞서 제시된 비교평가와는 완전히 다른 그림이 나타난다. 이렇게 하면 오히려 마르크스의 사회분석의 장점이 드러나기 때문이다. 그러나 헤겔을 능가하는 마르크스의 탁월성을 대략 제시하기에 앞서 우리는 먼저 마르크스가 자신의 현대 사회의 발전 과정에 대한 경험적 관찰에 성공할 수 있었던 까닭은 그가 자신의 철학적 교사인 헤겔보다 거의 50년이나 더 후대의 사람이기 때문이라는 점을 지적해두어야 한다. 헤겔의 사회이론이 자본주의적 산업화로 진입하는 문턱에서 쓰여진 것이었다면, 마르크스의 이론은 자본주의적 산업화의 최정점에서 쓰여졌다. 따라서 마르크스는 새로운 경제 질서가 발휘하는 실질적 파괴력에 관한 적지 않은 경험을 갖고 있었다. 헤겔의 것과 비교해 마르크스의 사회이론이 지닌 탁월성들 중 일부가 이러한 역사적 경험의 풍부성에서 기인한 것들이라면, 또 다른 한 부분은 지배와 권력 분석의 측면에서 마르크스가 갖고 있었던 대단한 통찰력과 깊이에 힘입은 것들이다.

앞서 보았듯 헤겔은 "자유 의식의 진보"라는 세계사적 과정이 근대적 인륜성의 사회적 지평 속에서 최소한 잠정적으로는 다 완료되었다는 생각에서 출발했다. 헤겔은 이런 판단을 내리는 것이 합당하다고 생각했다. 이는 사랑 위에 기초해 있는 핵가족, 자본주의적 시장의 메커니즘 위에 세워진 사회, 그리고 근대적 법체계 위에 세워진 국가라는 세 영역을 기반으로, 모든 사회 성원들이 타인들과의 자유로운 공동 작용 안에서 각자의 '자아'를 실현할 수 있도록 보증해주는 제도적 전제들이 마련되었다는 확신 때문이었다.[16] 그러나 마르크스는 근대 사회에 대한 이런 그림에 동의할 수 없었다. 정치경제학에 대한 연구 때문에 마르크스는 처음부터 헤겔과 반대되는 생각 쪽으로 가야 할 타당한 이유가 있었기 때문이다. 헤겔이 제시한 세 영역 중 두 번째 것, 즉 자본주의적 시장은 개인의 자유는 물론이거니와 나머지 다른 두 영역의 규범적 자립성까지도 침식하는 파괴력을 발휘한다는 생각 쪽으로 말이다. 확실히 헤겔도 그 자신이 "시민사회"라고 명명한 시장 체계에 대한 의구심을 품고 있었고 그러므로 자신의 『법철학』에서 동업조합 등의 조정 장치를 통해서 그 급속한 비대화를 방지하고자 애를 썼다(Schmidt am Busch 2011: Ⅲ부). 하지만 헤겔은 시장 참여자들이 각자의 경제적 성과들을 자유롭게 교환하는 이 영역이 실재하는 인륜성의 전체 네트워크를 침식할 수 있다는 마르크스의 통찰에 도달하지는 못했다. 마르크스가 자신의 정치경제학 비판을 통해 정교하게 만들고자 했던 것은 바로 이 통찰이었다. 그리고 이를 위해 적합한 설명의 방책들을 찾아내고자 시도한 끝에, 마르크스는 헤겔의 사회이론을 사후적으로 풍부하게 해줄 수 있을 일련의 인식들을 획득하기에 이른다.

지금까지 헤겔과의 비교평가에서 마르크스에게 단점으로 작용했던 모든 것들은 역설적이게도 마르크스의 [정치경제학] 비판이라는 이 기획을 전개해 나가는 데에서는 유용한 장점이 된다. 사회를 "생산관계"로 환원하는 접근법 덕분에 마르크스는 경제 영역의 조건들에만 주의를 기울이면서 이 영역의 발전을 정치적 혹은 제도적 영향력 등과 분리해 하나의 독립적인 문제로 연구할 수 있었다. 여기서 마르크스는—헤

16 그러나 국가 역시도 자유 실현을 가능케 해주는 상호 주관성 영역이라는 사실을 입증하는 데 있어 헤겔이 큰 어려움을 겪는다는 사실을 인상적일 정도로 명료하게 보여주는 논의로는 Michael Theunissen (1982).

겔이 『법철학』에서 단지 모호하게 예감했을 뿐인—다음의 중차대한 사실들을 명시적으로 확인하게 된다. [첫째,] 근대라는 새로운 사회의 경제 질서를 떠받치는 규범적 토대인 노동계약은 자신의 본래 약속인 개인적 결정의 자유를 충족시키지 못한다. 임금 노동자들은 그저 다른 대안이 없기 때문에 생계유지를 위해서 자신들에게 주어진 노동계약의 조건에 있는 그대로 동의할 뿐이다(Marx 1971 [1867]: 181–191). [둘째,] 자신들의 노동 활동을 통해서 생산물에 잉여가치를 투여하는 이들은 임금 노동자들임에도 불구하고 그들에게는 마땅한 보상이 주어지지 않는다. 그 때문에 임금 노동자들은 구조적으로 부당한 "착취"를 당하고 있는 것이다(위의 책: 531–541). [셋째,] 이런 식으로 이윤을 부당하게 가로채는 기업가들은 파산의 위험 때문에 자신의 수익금을 돈벌이에 재투자함으로써 지금까지 막혀 있던 새로운 판로를 뚫어야만 할 끝없는 강압 하에 있다. [넷째,] 이로 인한 자본주의 시장의 팽창 경향은 궁극적으로 삶의 모든 영역을 차츰 "이윤 원칙" 아래로 종속시킬 뿐 아니라(이를 일컬어 마르크스는 "실질 종속"이라고 부른다[위의 책]), 자본주의자들의 권력이 슬금슬금 비대해지는 결과까지도 가져오면서 국가적 지배체제가 계급적 지배체제로 전환되거나 법적 중립성이 무너지고 "계급 재판"이 판치는 현상이 나타나게 된다. 이런 네 가지 항목의 내용들을 포함하는 마르크스의 자본주의 분석은 그러나 다음의 결정적 물음에 대한 답을 제시함으로써 비로소 완결된다. 그렇다면 자본주의 사회의 당사자들에게는 경제 체계의 이런 해로운 메커니즘을 간파하는 것이 왜 그토록 어려운가? 마르크스가 보기에, 그 까닭은 부당한 사태를 정당화함으로써 미화하고 은폐하는 해석적 틀 때문이다. 이를 일컬어 마르크스는 비판적 의도를 담아 "이데올로기"라고 부른다. 아울러 그는 이데올로기란 분명히 자본주의 사회의 기저에 놓인 경제적 상품 교환 행위로부터 필연적으로 산출된다는 사실을 보여주고자 한다(위의 책: 85–98).

이와 같은 마르크스의 자본주의 분석의 근본 테제들 모두가, 곧 불어닥칠 마르크스 비판의 격동에서 상처 없이 다 살아남은 것은 아니었다. 이 중 몇 가지의 것들은 경제적 혹은 사회학적 측면의 반박으로 인해 더 개선되어야 할 것들로 판명되었고, 다른 몇 가지의 것들은 완전히 기각되었다. 마르크스가 임금 노동의 구조적 "착취"에 관한 자신의 테제를 뒷받침하는 경제이론적 토대로 삼았던 노동가치론을 오늘날 그대로 고수하는 이들은 거의 없다. 그리고 [경제 체계의 구조적 부조리와 악영향 등을] 은폐하는 이데올로기적 사유 체계들이 경제적 활동 그 자체로부터 창출된다는 마르크스의 가정 또한 이제는 이론의 여지가 분분한 문제가 되었다. 그러나 마르크스의 자본주의 분석의 두 가지 핵심, 즉 '주어진 삶의 조건에 매여 있는 임금 노동자들의 부자유'에 대한 통찰과 '이윤 원칙에는 본디 확장 경향이 내재한다'는 테제는 후대의 경험에 비추어 보더라도 충분히 견실하고 의심의 여지가 없는 것으로 입증되었다. 특히 지난 수십 년 동안의 "신자유주의적" 탈–경계화 현상을 감안할 때, 우리는 이제 우리의 경제 시스템이 피고용자들의 경제적 선택의 자유를 침식할 뿐 아니라 점차 다른 삶의 영역까지 침범해 들어가고 있음을 확인할 수 있다. 그런데 오늘날 분명하게 확인되는 이런 사태는, 헤겔의 사회이론에 관해 다시 한 번 진지하게 성찰해 보도록 만든다. 그의 시대진단은 앞서 보았듯 그 모든 철학적 단초상의 장점에도 불구하고 자본주의적 경제 체제의 위협적인 논리를 충분히 반영하지 못한다. 그러므로 이 두 사상가에 대한 지금까지의 비교를 통해 우리는 이제 다음의 물음을 던져볼 수 있다. 마르크스가 보여주었던 자본주의의 성질들을 어떻게 헤겔의 사회이론 안으로—그러나 헤겔 특유의 골조는 무너뜨리지 않으면서—삽입시킬 수 있을 것인가? 이 글을 마치기 전에, 나는 이 문제를 해결하기 위한 몇 가지 가정을 제시해 볼 것이다.

방금 시사된 방식으로 헤겔과 마르크스를 조화시키려는 모든 시도들, 즉 독일 관념론자인 헤겔로부터는 축소된 버전의 사회이론을 추출한 다음, 그 속으로 그의 유물론적 제자인 마르크스의 자본주의 분석의 결과를 이입시키려는 시도들은 언제나 막대한 장애에 직면하게 된다. 이런 시도를 어렵게 만드는 가장 큰 절벽은 마르크스의 서술 형식에 있다. 마르크스는 자신의 자본주의 분석을 다른 목적을 위해 활용할 가능성이 없어 보일 정도로 [폐쇄적인] 형태로 서술했기 때문이다. 왜냐하면 마르크스는 그의 자본주의 분석에서 자기만의 방식으로 헤겔의 체계에 임의 접속함으로써, 새로운 경제적 관계들의 내적 구조와 확장적인 경향이 마치 "자본"의 자기 활동을 통해서만 야기되는 것처럼, 즉 어떤 다른 외부의 힘에 의해서도 영향을 받지 않는 폐쇄적인 순환인 것처럼 서술했기 때문이다. 마르크스의 이런 방법론적 서술 방식을 어떻게 해석하든 간에, 그리고 그것이 헤겔의 『논리학』을 본으로 삼았다고 보든 『정신현상학』을 모범으로 했다고 보든 간에[17], 마르크스의 이런 서술은 헤겔의 저작들이 담고 있는 사회이론적 단초와는 도저히 결합될 수 없다. 왜냐하면 헤겔의 이런 저작들에서는, "자본"이 아니라 사회 성원들 사이에서 공유되는 규범들의 "객관정신"이 전체를 통합하는 힘으로 간주되기 때문이다. 그러므로 마르크스의 자본주의 분석의 결과들

17 이런 대안으로는 대표적으로 Reichelt (1973)와 Çidam (2012).

을 헤겔의 사회이론의 틀 안으로 이입할 수 있기 위해서는 무엇보다도 마르크스의 괴이한 서술 방식을 걷어낼 필요가 있다. "자본"이 흡사 헤겔의 "정신"처럼 자기 활동적으로 뻗어 나가면서 모든 사회적 삶의 영역들을 만들어낸다는 표상이 중지되어야 한다. 그리고 이 표상은 변모하고 성장하는 규범들의 영향력을 고려하는 보다 열린 자본주의적 경제 영역에 대한 그림으로 대체되어야 한다.[18] 이런 식으로 마르크스의 정치경제학적 서술을 재조정해야만, 경제적 이윤을 추구하는 영역은 해당 시기마다 지배적인 제도적, 문화적 조건들에 따라 변화된다는 사실이 적절히 고려될 수 있다. 가령 오늘날 이 영역이 [우리 시대의 제도적, 문화적 조건들로 인해] 40년 혹은 50년 전보다도 본질적으로 훨씬 더 커졌다는 사실(Kotz 2014; Streeck 2013) 등[이 적절히 반영될 수 있으려면, 마르크스의 정치경제학적 서술에 대한 이 첫 번째의 수정은 필수적이다].

이런 첫 번째 수정을 가하고 나면, 자본주의적 경제도 헤겔이—"객관정신"이라는 개념을 가지고—기술했던 제도적 규칙들에 달려 있다는 점을 드러낼 수 있다. 그다음으로, 마르크스의 자본주의 분석을 헤겔적 색채를 띤 사회이론과 병합하기 위해 필요한 두 번째의 교정은 마르크스의 사회학적 틀에 관한 것이다. 앞서 우리는 마르크스가 생산관계라는 개념을 가지고 모든 사회적 영역들을 직간접적으로 자연 전유의 차원으로만 제한하려는 경향이 있음을 확인했다. 이것이 마르크스를 어려운 문제에 처하게 만든다. 이 문제는 그의 자본주의 분석에 대해 자주 제기되어 오기도 했던 것으로, 다음과 같이 정식화될 수 있다. 자본

**18** 이런 방향을 시사하는 제안을 나는 Honneth (2013)에서 제시한 바 있다.

주의적 이윤 원칙이 그 자신의 내적 논리로 인해 다른 사회 영역들을 침범할 경우, 과연 어떤 규범(혹은 행위 규칙)이 자본주의적 이윤 원칙을 제어할 수 있는가? 마르크스는 이 문제에 대해 명시적 입장을 낼 수 있는 아무런 이론적 자원도 가지고 있지 않다(Habermas 1981: VIII. 2). 달리 정식화하자면, 마르크스는 상이한 행위영역들이 반드시 그것들 특유의 과제와 목적에 알맞은 규범적 규칙들 아래로 적절하게 귀속되어야 한다는, 사회의 기능적 분화에 관한 감각 자체가 없다. 그러므로 마르크스는 경제적인 이윤 원칙이 본디 경제적 방식으로 운영되지 말아야 할 다른 사회적 재생산 영역 속으로 침투해 들어가 그곳에서 전권을 행사하는 것이 왜 "위험"하고 "위협적"인 일인지 해명할 수가 없다. 따라서 자본주의에 대한 마르크스의 분석은 헤겔의 사회이론을 수정하고 비옥하게 만드는 역할을 할 수 있기 전에 먼저, 그 자신의 틀에 관련된 부분에서 올바르게 교정될 수 있어야 한다. 현대 사회에서 자본주의 시장은 서로 다른 여러 사회적 행위영역들—즉 각각의 고유한 활동들이 수행되며, 이 활동들이 저마다의 고유한 방식으로 규제되는 여러 행위영역—중 하나에 해당한다는 균형 잡힌 의식이 반영될 수 있도록 말이다.

그러나 이상의 고찰은, 헤겔의 사회이론 또한 마르크스의 탁월한 자본주의 분석의 통찰력들을 담아내는 데 필요한 모든 전제를 다 갖추고 있지는 못하다는 점을 잘 보여준다. 마르크스에게 근대 사회의 기능적 분화에 대한 감식안이 없는 것처럼, 헤겔 또한 각자의 고유한 기능을 가진 영역들이 병존할 경우 이들이 서로의 규범적 존립을 위협할 수도 있다는 사실을 전혀 감지하지 못하기 때문이다.[19] 헤겔이 그 자신의

19 전통적인 사회 분화 이론의 이런 근본적인 개념적 난점으로는 Schimank und Volkmann (2008).

인륜성 이론에서, 어떤 한 사회적 행위영역의 고유한 논리가 국가적으로 후견되지 않거나, 실제 당사자가 그 영역 안으로 진입하지 못하도록 차단될 경우, 그 해당 영역 특유의 규칙이 고사할 수도 있다는 가능성을 인정하는 것은 사실이다. 그러나 헤겔은 서로 다른 조정 방식을 가진 여러 행위영역 중 하나가 다른 영역 속으로 침범해 그 영역 특유의 논리를 침식하거나 중단시키는 경우 자체를 원천적으로 배제한다. 헤겔은 사회적 분화를 이미 완료된 불가역적 과정으로 간주했다. 그리고 미래에 어떤 발전이 나타나든 간에, 각 영역 간의 분화적 위계질서에는 아무런 변화도 초래되지 않으리라고 단정했다. 이미 이성적으로 형성된 사회에 어떤 내적 위협이 닥쳐온다 할지라도, 가족, 시장, 국가 사이의 영역 분리는 계속해서 근대 사회의 규범적 골조의 견고한 성분들로 유지된다는 것이 헤겔의 생각이었다. 하지만 이런 생각 때문에 헤겔은, 모든 삶의 영역들이 자본 아래로 종속된다는 관점에 따라 마르크스가 수행했던 비판적 작업을 진행할 수 없었다. 즉 헤겔은 자본주의적인 이윤 원칙이 비-경제적인 삶의 영역 안으로 침투할 수도 있다는 가능성을 간파하지 못했다. 바로 이 지점에서 헤겔의 이론 또한 근본적인 교정을 필요로 한다. 근대 사회의 기능적인 분화는 경험적으로 고찰되는 확정된 사실인 것처럼 간주되어서는 곤란하며, 규범적인 요구로 고찰되어야 한다. 각 경우에 우리의 구체적인 사회적 논의의 수준이 어떠한가에 따라, 때로는 그에 제도적으로 더 잘 부응할 수도 있고 때로는 덜 부응할 수도 있을 그런 규범적 요구로 말이다.

하지만 헤겔의 사회이론이 마르크스의 자본주의 분석을 담는 틀이 될 수 있기 위해서는, 이것 말고도 체계적으로 교정되어야 할 사항이 더 있다. 원칙적으로 시장의 경제 체제를 지지해주는 "계약"이라는 법적 토대는 [각 당사자들이] 자발적으로 인수한 책임과 의무에 일반적 정당성을 부여해주는 것이라는 헤겔의 강한 확신 또한 수정될 필요가 있다. 물론 [전근대적인] 의존성이나 종속성 관계에서와는 반대로 계약은 각 개인들에게 자신의 경제적 재화와 노동 사용을 결정할 자유를 허용하는 제도이기 때문에, "계약"을 근대적 경제 질서의 정당한 토대로 간주한 헤겔의 생각은 옳다. 애덤 스미스는 이미 『국부론』에서 전근대적인 경제적 제도들에 비해 계약의 자유가 발휘하는 이런 규범적인 이점을 분명하게 보여준 바 있으며, 헤겔은 『법철학』에서 애덤 스미스의 이 논의를 충실히 따른다(Herzog 2013). 그러나 문제는, 헤겔이 무역상들 사이에서 이루어지는 계약체결의 모델을 당연하다는 듯이 기업가와 임금 노동자 사이의 관계로도 곧장 적용했다는 것이다. 그 과정에서 헤겔은 [기업가와 임금 노동자 사이의 계약체결에서 흔히 목격되는] 모든 간접적인 강압이나 강제성의 요소들을 전혀 고려치 않는 나이브한 면모를 보이는데, 여기에서는 권력 작동의 현상들을 일반적으로 과소평가하는 그의 경향이 잘 드러난다. 헤겔은 자신의 인륜성 이론 안에서, 인륜적 영역의 참여자들이—합리적 숙고를 통해 그 타당성을 인정했기 때문이 아니라—다른 대안이 없기 때문에, 거친 권력에 의한 위협 때문에, 혹은 부드러운 권력의 개입 때문에, 현재의 "인륜적" 책무들을 받아들이기로 승인했을 수도 있다는 가능성을 전혀 고려하지 않는 것 같다. 물론 마르크스가 자신의 자본주의적 그림의 중심부에 배치하고 싶어했던 것은 바로 그런 강압의 요소들이었다. 가령 노동계약은 임금 노동자들이 위협적인 실업 불안 때문에 받아들인 것에 불과하며, 따라서 노동계약의 "자유"란 사실상 거짓된 가상에 불과하다는 식의 폭로 말이다. 근대 사회의 인륜적 지평 안에는 자유가 제도적으로 이미 실현되어 있다는 확신 때문에 헤겔은 지금도 여전히 특정 집단의 사람들을 강압하고 폭력적으로 억압하는 사회적 메커니즘들이 존재한다는 사실을 완전히 망각했다. 헤겔은 애석하게도, 근대로 들어가는 문턱 앞에서 사회의 일원으로 포섭되기 위한 인정투쟁이 다 완수된 것처럼 잘못 생각했고, 때문에 근대로의 진입 이후를 모든 사회 성원의 자발적이고 완전히 자유로운 공동 작용이라는 장밋빛 색깔 하나로만 그리는 우를 범했다.

헤겔적 사회이론의 이런 중차대한 오류를 사후적으로 교정하기 위해서는, 강압과 권력이라는 카테고리를 바깥으로부터 가져와서 헤겔의 근대적 인륜성 모델에 뒤집어씌우는 것 이상이 필요하다. 오히려 헤겔 자신이 세 인륜성 영역을 기술하기 위해서 활용한 카테고리들을 직접 이용하면서, 이 영역들을 지탱하는 규범들이 역설적이게도 어떻게 일부의 사람들이 다른 일부의 사람들을 억압하는 데 활용되는 일이 벌어지는지, 그 메커니즘을 보여줄 수 있어야 할 것이다. 가령 사랑과 상호 배려라는 규범들이 그와 결부돼 있던 남성들의 책무를 "자연스러운 것이 되도록 만듦"으로써 여성을 억압하는 데 활용된다거나, 아니면 국가에 대한 헌신과 충성이라는 규범들이 그와 결부된 책무를 절대시함으로써 시민들에게 동의를 강요하는 등의 일이 어떻게 벌어지는지, 그 메커니즘을 설명할 수 있어야만 한다. 이런 설명이 제시될 수 있을 때, 그럼으로써 상호 인정의 상이한 제도적 형상들이 그때마다의 고유한 배제와 강압의 형식들을 창출해낼 수 있다는 사실을 보여줄 수 있을 때[20], 그때 비로소 마르크스의 자본주의 분석의 결과들은 단절 없이 헤겔의 사회이론의 몸체 안으로 이입될 수 있을 것이다. 그럴 때에만 마르크스

20 이에 대한 첫 번째의 견해로는 Honneth (2010 [2004]).

가 자신의 정치경제학 비판에서 자본주의 시장의 문제로 부각시키고 싶어 했던 부자유가 [헤겔의 모델 안에서도 활력 있게 배치될 수 있을 뿐 아니라, 마르크스가 진단했던 것과는] 완전히 다른 형태의 억압들까지도 추가적으로 더 포착해내는 보다 포괄적인 근대 사회의 그림을 구성할 수 있을 것이다.

물론 지금까지 촉구한 이 모든 수정사항이 다 반영된다고 할지라도, 고작해야 헤겔과 마르크스의 사회이론적 단초들을 상호 보충 관계 안에서 조화시키기 위해서 필요한 과정의 절반만이 완수된 것이다. 이 두 사상가를 융합시키는 작업이 성공적으로 완수되기 위해서는, 내가 지금까지 전혀 언급하지 않은 가장 어려운 과제 하나가 더 해결되어야 하기 때문이다. 헤겔의 정신 개념을 어떻게 마르크스의 출발점, 즉 '사회화된 주체들의 협력적 활동'에 가까워지도록 만들 것인가? 앞에서 내가 두 이론 각각에서 수정되어야 할 사항으로 제시했던 모든 것이 [설령 성공적으로 해결된다 할지라도], 유물론과 관념론이, 달리 말하자면 '자연 안으로 이입돼 있는 인간'이라는 단초와 '자기 활동적 정신'이라는 단초가 과연 서로 어떻게 조화될 수 있는가라는 물음은 여전히 남는다. 그러나 현재의 글의 목적을 위해서는, 마르크스의 자본주의 분석이 헤겔주의적인 사회이론 안으로 삽입될 수 있다면 그 생산성이 무척 높아질 수 있으리라는 것을 희망적으로 예측하는 것만으로도 충분할 것이다. 마르크스의 이론 안에서 보존될 만한 가치가 있는 통찰들은 헤겔의 사회철학적 틀 안으로 삽입될 경우 더욱 설득력 있게 그리고 더욱 정확히 정식화될 수 있을 것이다.

번역_이행남

# 참고문헌


Althusser, Louis 2011 [1965]: Für Marx. Berlin: Suhrkamp.

Brudney, Daniel 1998: Marx's Attempt to Leave Philosophy. Harvard University Press.

Castoriadis, Cornelius 1984 [1975]: Gesellschaft als imaginäre Institution. Entwurf einer politischen Philosophie. Frankfurt a. M.: Suhrkamp.

Çidam, Volkan 2012: Die Phänomenologie des Widergeistes. Eine anerkennungstheoretische Deutung von Marx' normativer Kritik im Kapital. Baden-Baden: Nomos.

Dewey, John 1973: Lectures in China, 1919–1920. Übersetzt und hg. von Robert W. Clopton und Tsuin-Chen Ou. Honolulu: University of Hawai'i Press.

Emundts, Dina und Rolf-Peter Horstmann 2002: Georg Wilhelm Friedrich Hegel. Eine Einführung. Stuttgart: Reclam.

Habermas, Jürgen 1970 [1968]: Arbeit und Interaktion, in: ders.: Technik und Wissenschaft als »Ideologie«. Frankfurt a. M.: Suhrkamp, 9–48.

Habermas, Jürgen 1971 [1957]: Literaturbericht zur philosophischen Debatte um Marx und den Marxismus, in: ders.: Theorie und Praxis. Sozialphilosophische Studien. Frankfurt a. M.: Suhrkamp, 387–463.

Habermas, Jürgen 1981: Theorie des kommunikativen Handelns. Band 2: Zur Kritik der funktionalistischen Vernunft. Frankfurt a. M.: Suhrkamp.

Hegel, Georg Wilhelm Friedrich 1970 [1807]: Phänomenologie des Geistes, in: Werke in 20 Bänden. Hg. von Eva Moldenhauer und Karl Markus Michel. Band 3. Frankfurt a. M.: Suhrkamp.

Hegel, Georg Wilhelm Friedrich 1970 [1817/1830]: Enzyklopädie der philosophischen Wissenschaften im Grundrisse. Dritter Teil, in: Werke in 20 Bänden. Hg. von Eva Moldenhauer und Karl Markus Michel. Band 10. Frankfurt a. M.: Suhrkamp.

Hegel, Georg Wilhelm Friedrich 1970 [1821]: Grundlinien der Philosophie des Rechts oder Naturrecht und Staatswissenschaft im Grundrisse, in: Werke in 20 Bänden. Hg. von Eva Moldenhauer und Karl Markus Michel. Band 7. Suhrkamp.

Hegel, Georg Wilhelm Friedrich 1970 [1837]: Vorlesungen über die Philosophie der Geschichte, in: Werke in 20 Bänden. Hg. von Eva Moldenhauer und Karl Markus Michel. Band 12. Frankfurt a. M.: Suhrkamp.

Henrich, Dieter und Rolf-Peter Horstmann (Hg.) 1982: Hegels Philosophie des Rechts. Die Theorie der Rechtsformen und ihre Logik. Stuttgart: Klett-Cotta.

Herzog, Lisa 2013: Inventing the Market: Smith, Hegel and Political Thought. Oxford: Oxford University Press.

Honneth, Axel 1992: Kampf um Anerkennung. Zur moralischen Grammatik sozialer

Konflikte. Frankfurt a. M.: Suhrkamp.

Honneth, Axel 2010 [2004]: Anerkennung als Ideologie. Zum Zusammenhang von Macht und Moral, in: ders.: Das Ich im Wir. Studien zur Anerkennungstheorie. Berlin: Suhrkamp, 103–130.

Honneth, Axel 2010 [2006]: Das Reich der verwirklichten Freiheit. Hegels Idee einer »Rechtsphilosophie«, in: ders.: Das Ich im Wir. Studien zur Anerkennungstheorie. Berlin: Suhrkamp, 33–50.

Honneth, Axel 2013: Die Moral im »Kapital«, in: Rahel Jaeggi und Daniel Loick (Hg.): Nach Marx. Philosophie, Kritik, Praxis. Berlin: Suhrkamp, 350–363.

Honneth, Axel 2015: Die Idee des Sozialismus. Versuch einer Aktualisierung. Berlin: Suhrkamp.

Kotz, David 2015: The Rise and Fall of Neoliberal Capitalism. Cambridge: Harvard University Press.

Löwith, Karl 1978 [1939]: Von Hegel zu Nietzsche. Der revolutionäre Bruch im Denken des 19. Jahrhunderts. Hamburg: Meiner.

Marcuse, Herbert 1978 [1932]: Neue Quellen zur Grundlegung des Historischen Materialismus, in: ders.: Schriften. Band 1. Frankfurt a. M.: Suhrkamp, 509–555.

Marx, Karl 1968 [1932]: Ökonomisch-philosophische Manuskripte aus dem Jahr 1844, in: Marx-Engels-Werke. Ergänzungsband 1. Berlin: Dietz, 467–588.

Marx, Karl 1968: Auszüge aus James Mills Buch »Éléments d'économie politique«, in: Marx-Engels-Werke. Ergänzungsband 1. Berlin: Dietz, 445–463.

Marx, Karl 1971 [1859]: Zur Kritik der politischen Ökonomie, in: Marx-Engels-Werke. Band 13. Berlin: Dietz.

Marx, Karl 1971 [1867]: Das Kapital. Kritik der politischen Ökonomie. Erster Band, in: Marx-Engels-Werke. Band 23. Berlin: Dietz.

Marx, Karl 1976 [1843]: Zur Judenfrage, in: Marx-Engels-Werke. Band 1. Berlin: Dietz, 347–377.

Marx, Karl und Friedrich Engels 1972 [1848]: Manifest der Kommunistischen Partei, in: Marx-Engels-Werke. Band 4. Berlin: Dietz, 459–493.

Mauss, Marcel 1968 [1923/1924]: Die Gabe. Form und Funktion des Austauschs in archaischen Gesellschaften. Frankfurt a. M.: Suhrkamp.

McCarney, Joseph 2000: Hegel on History. London: Routledge.

Neuhouser, Frederick 2000: Foundations of Hegel's Social Theory. Actualizing Freedom. Cambridge: Harvard University Press.

Neuhouser, Frederick 2013: Marx (und Hegel) zur Philosophie der Freiheit, in: Rahel Jaeggi und Daniel Loick (Hg.): Nach Marx. Philosophie, Kritik, Praxis. Berlin:

Suhrkamp, 25–47.

Ostritsch, Sebastian 2014: Hegel and Searle on the Necessity of Social Reality, in: Rivista di Estetica 57, 205–218.

Polanyi, Karl 1979: Ökonomie und Gesellschaft. Frankfurt a. M.: Suhrkamp.

Polanyi, Karl 1997 [1944]: The Great Transformation. Politische und ökonomische Ursprünge von Gesellschaften und Wirtschaftssystemen. Frankfurt a. M.: Suhrkamp.

Quante, Michael 2009: Kommentar, in: Karl Marx: Ökonomisch-philosophische Manuskripte. Frankfurt a. M.: Suhrkamp, 209–410.

Quante, Michael 2011: Die Wirklichkeit des Geistes. Studien zu Hegel. Suhrkamp.

Reichelt, Helmut 1973: Zur logischen Struktur des Kapitalbegriffs bei Karl Marx. Frankfurt a. M.: Europäische Verlagsanstalt.

Rosenzweig, Franz 2010 [1941]: Hegel und der Staat. Hg. von Frank Lachmann. Berlin: Suhrkamp.

Sandkühler, Hans J. und Rafael de la Vega (Hg.) 1970: Marxismus und Ethik. Frankfurt a. M.: Suhrkamp.

Särkelä, Arvi 2013: Ein Drama in drei Akten. Der Kampf um öffentliche Anerkennung nach Dewey und Hegel, in: Deutsche Zeitschrift für Philosophie 61. 5/6, 681–696.

Schimank, Uwe und Ute Volkmann 2008: Ökonomisierung der Gesellschaft, in: Andrea Maurer (Hg.): Handbuch der Wirtschaftssoziologie. Wiesbaden: VS Verlag, 382–393.

Schmidt am Busch, Hans-Christoph 2011: »Anerkennung« als Prinzip der Kritischen Theorie. Berlin und New York: de Gruyter.

Searle, John 2011 [1995]: Die Konstruktion der gesellschaftlichen Wirklichkeit. Zur Ontologie sozialer Tatsachen. Berlin: Suhrkamp.

Streeck, Wolfgang 2013: Gekaufte Zeit. Die vertagte Krise des demokratischen Kapitalismus. Berlin: Suhrkamp.

Taylor, Charles 1979: Hegel and Modern Society. Cambridge: Cambridge University Press.

Theunissen, Michael 1982: Die verdrängte Intersubjektivität in Hegels Philosophie des Rechts, in: Dieter Henrich und Rolf-Peter Horstmann (Hg.): Hegels Philosophie des Rechts. Die Theorie der Rechtsformen und ihre Logik. Stuttgart: Klett-Cotta, 317–381.

Tomasello, Michael 2016: A Natural History of Human Morality. Cambridge: Harvard University Press.

Vogel, Paul 1925: Hegels Gesellschaftsbegriff und seine Fortbildung durch Lorenz Stein, Marx, Engels und Lassalle. Berlin: Pan-Verlag.

# 3부

This Korean special edition is independently edited by Korean editorial staff irrespectively of German edition.

'한국판 특집'은 독일판 베스트텐트와 별도로 한국 편집진이 독립적으로 편집하였습니다.

## 3부 한국판 특집 / 자유의 가능성을 묻다

# 한국사회는 얼마나 자유로워졌을까?

밤이 되면 사이렌이 울리고 거리는 정적에 싸인다. 간혹 동료들과 술자리를 함께하다 막차를 놓친 사람들이 몰래 골목을 통과하려다 경찰에 붙잡혀 하룻밤을 경찰서에서 지새운다. 새벽에 울리는 사이렌 소리에 일찍 출근해야 하는, 장시간 저임금 노동에 지친 노동자들이 어둠을 헤치고 다시 하루를 시작한다. 이것은 통행금지령이 내려졌던 불과 몇십 년 전의 한국의 거리 상황이다. 유신 시절에는 머리가 긴 소위 장발족이 경찰에 의해 머리를 깎였고, 미니스커트를 입은 젊은 여성들은 막대자를 든 낯선 남자의 공공연한 성추행을 견뎌야 했다. 국민학교의 조회는 국기에 대한 경례와 애국가로 시작했으며, 국민교육헌장을 외우지 못하는 학생은 집에 가지 못하고 교실에 남아서 명석하지 못한 머리를 탓해야 했다. 어린 고등학생들이 군복 비슷한 것을 입고 교장 앞에서 열병식을 하기도 했다.

80년대의 대학생들은 수시로 전경에 의해서 소지품 검사를 받아야 했고, 고작 『열린사회와 그 적들』과 같은 자유주의 서적을 소지했다는 이유로 잡혀가야 했다. 모택동과 레닌의 글이라도 읽으려면 몰래 등사한 '불온문서'를 숨겨온 선배 혹은 후배와 대학가 뒷골목의 하숙방에서 은밀하게 만나야 했다. 대학 구내에서 몇십 명이라도 모이게 되면 여지없이 최루탄이 날아들었다. 대통령은 체육관에 모인 사람들이 뽑았고, 언론은 그렇게 선출된 대통령이 민족의 영웅이요 성군이라고 찬양했다.

우리나라는 시민들의 힘으로 보통선거권을 다시 쟁취한 지 불과 30년 정도밖에 되지 않은 셈이다. 짧은 민주주의의 역사 속에서 독재의 억압으로부터 벗어나 오늘날과 같은 정도의 자유를 얻어낸 것은 자부심을 가질 만한 일이다. 특히 최근에 일어난 일련의 사건들은 우리나라의 민주주의를 한층 진전시켰다. 조직되지 않은 자발적인 시민들의 비폭력적이고 질서 잡힌 시위가 무능하고 부패한 정부의 권한을 중단시키고 새로운 정부를 만들어냈다.

민주주의를 향한 우리의 지속적인 투쟁은 무엇을 위한 것일까? 우리가 그런 투쟁을 멈추지 않는 이유는 아마도 우리가 더 평등하고, 더 자유롭고, 서로를 더 위하는 사회를 원하기 때문일 것이다. 우리가 이루어낸 정치적 성과는 우리에게 더 많은 자유를 가져다 줄 것으로 기대되지만 오늘날 한국사회의 상황을 조망해 보건대 갈 길은 아직 멀어 보인다.

2018년을 사는 우리는 밤을 새워 술을 마시고 거리를 배회해도 잡혀가지 않는다. 머리를 아무리 길게 하고 다녀도, 치마를 아무리 짧게 입어도, 그리고 김일성의 저서를 읽어도 잡아가는 사람은 없다. 사람들은 더 이상 경찰이나 전경에 의해서 쫓기지 않게 되었다. 그런데 사람들은 여전히 무엇엔가 쫓기고 있다고 느낀다. 초등학교 아이들은 국민교육헌장을 외우지 않는 대신 고학년의 학습과정을 미리 학습한다. 경찰에 쫓기지 않는 대학생들은 학자금 대출로 생긴 빚을 갚기 위해 아르바이트에 시간을 다 써야 한다. 부모의 지원을 받을 형편이 되는 학생들은 학점 경쟁과 스펙 경쟁에 내몰린다. 80년대 대학생들이 공장에 위장취업을 했다가 잡혀서 감옥에 갇혔다면, 요즘에는 좁은 취업문을 뚫지 못한 많은 학생들이 공무원이나 교사가 되기 위해 스스로를 좁은 고시원에 가둔다. 취업에 성공하더라도 가부장제적인 조직문화에 적응하기 위해 늘 눈치를 보아야 하며, 직장 내 성희롱이나 성추행 등에 무감각해지려고 노력해야 한다. 정규직이 되지 못하면 고용불안과 차별적인 대우를 감내해야 한다. 직장을 구하지 못하면 결혼은 꿈꾸지 말아야 한다. 운 좋게 맞벌이 부부로 출발하더라도 주거비용을 감당하기 위해 평생을 허덕여야 한다.

민주화의 길을 걸어온 대한민국의 국민들은 어떤 점에서 더 자유로워졌다고 말할 수 있을까? 독재정권의 폭력이나 이념적 억압으로부터는 어느 정도 벗어났지만 그렇다고 해서 각자가 원하는 일을 하면서 개성을 뽐내고 살 만한 상황이라고 할 수는 없다. 경제적인 양극화는 심해졌고, 문화적인 차별도 개선되지 않았다. 가난한 부모의 자식들이 가난에서 벗어날 확률은 적어졌고, 임대 아파트에 산다는 이유로, 여성이라는 이유로, 성적 소수자라는 이유로, 비정규직 노동자라는 이유로 감내해야 하는 차별적인 시선은 여전하다. 수십억 원의 뇌물을 제공한 재벌은 집행유예로 풀려나지만 몇십만 원을 훔친 절도범은 감옥에 간다.

로티의 말을 빌리자면, 자유의 문제는 타자의 삶에 대한 책임의 문제이다. 그 책임이란 우리 사회의 누군가가 겪고 있을, 또는 이미 충분히 고통스러운데도 아무도 그것에 대해 고통이라고 서술한 적이 없어서 고통인 줄도 모르고 감내하고 있는 그런 고통을 없애거나 감소시켜야 한다는 책임이다. 아마도 인간의 역사가 지속되는 한 삶의 고통이 완전히 사라지게 되는 시대가 도래하지는 않을 것이다. 그러나 그런 고통을 최대한 줄임으로써 더 살 만한 세상을 만들 수는 있을 것이다. 내가 남과 다른 능력, 성향, 특징, 기질, 취미 등을 가지고 있다고 해서 차별의 대상이 되는 일은 최소화되어야 할 것이다. 모두가 각자의 기준에서 스스로를 완성시키고자 하는 노력을 할 수 있을 때 우리의 삶은 더 빛날 것이다. 자유의 문제는 그런 사회적 조건을 만들어내는 것과 관련이 있다. 민주주의를 위한 실천은 그런 자유의 영역을 확장시키기 위한 노력이다.

이번 특집은 민주주의와 관련하여 자유의 영역이 얼마나 확장되었는지를 생각해 보는 논문들을 모았다. 문성훈의 「현대성의 자기분열: 개별적 자아의 해방과 보편적 이성의 실현」은 현대성이라는 개념을 중심으로 칸트의 자유 개념과 니체의 자유 개념을 비교하고 왜 두 개념이 대립하는지 설명한 후, 하버마스와 푸코의 관점을 통해 현실 속에서 자유의 문제에 대해 상호화해의 관계 속에서 규범적인 해법을 찾을 수 있다고 진단한다. 김원식의 「근대적 자유 개념의 재구성: 다차원적 사회비판의 이념 모색을 위하여」는 소극적 자유와 적극적 자유의 개념을 구성하는 자율성과 진정성 사이의 구별과 대립을 논구하고 양자가 상호의존 관계를 가지고 있음을 지적하면서, 자유의 이념을 종합적으로 재구성함으로써 현대 사회에 대한 다차원적 사회비판의 가능성을 도출하고 있다. 이유선의 「자유와 사회적 실험」은 벌린과 로티에게서 강조되고 있는 소극적 자유의 개념이 오늘날 실천을 위해 적합한 이론적 도구임을 논구하고 자유의 영역을 확장해 나가기 위해서는 자본의 탐욕을 제어하고, 권위주의를 청산하고, 공공성을 확장할 제도적 실험이 지속되어야 한다고 주장한다.

민주주의는 언제나 미완의 프로젝트일 수밖에 없을 것이다. 그렇지만 위의 저자들이 주목하고 있는 자율성, 진정성, 자유 등의 이념이 현실 속에 뿌리를 내리고 구체적으로 삶의 조건들을 향상시킬 대안들이 모색될 때 그 미완의 프로젝트는 조금 더 진전될 수 있을 것이다. 이 과정에서 이론과 실천은 상호대립 관계라기보다는 상호보완의 관계일 것이다. 물리적인 직접적 폭압에서 벗어난 우리가 진정으로 자율적인 시민으로서 자유를 누리기 위한 실천적 대안을 모색하고자 할 때 이런 이론적 탐색이 작은 역할이나마 할 수 있기를 기대한다.

이유선
베스텐트 한국판 편집자

# 현대성의 자기 분열

## 개별적 자아의 해방과 보편적 이성의 실현[1]

문성훈

### 1. 들어가는 말

이 글은 '현대'가 아니라 '현대성'이 안고 있는 문제를 다룬다. 현대는 사회학적이고 역사적인 규정이다. 현대가 주제화된다면, 우리는 현대를 이전 시대와 구분하는 시대사적 특성이 어디에 있는가에 주목해야 하고, 또 그 출발점과 이행 과정을 서술해야 한다. 이 글에서 다루는 현대성이란 현대가 추구하는 규범적 이념을 말한다. 우리가 현대가 아니라 현대성을 이론적 대상으로 삼는 이유는 구체적인 현대 사회를 비판하고 또 방향 짓는 규범적 토대를 주제화하기 위함이다. 현대에 대한 서구의 철학적 담론에서 발견할 수 있는 규범적 이념은 자유이다. 현대

1 이 글의 초고를 읽고 문제점을 지적해준 이현재, 강병호, 박성용 씨에게 감사한다.

성 이념이 등장하기 전까지 기독교 교의는 서구 사회의 규범적 질서와 개인의 삶을 지배하는 표준이었다. 자유 이념의 등장은 바로 종교적 권위가 더 이상 현실 지배력을 갖지 못하게 된 것에 그 이유가 있다. 신적 권위가 사라지면서 인간은 자신의 삶뿐만 아니라 공동의 삶의 공간인 사회를 스스로의 힘으로 구성해 내야 했다. 자유란 이런 의미에서 현대인의 권한이면서 동시에 책임이었다. 우리가 이런 입장에 선다면 현대 사회는 현대성, 즉 자유의 실현이라는 규범적 관점에서 비판되고 또 방향 지어질 수 있다. 그러나 자유 이념이 현대 사회의 단일한 규범적 틀을 형성하는 것은 아니다. 칸트에서 비롯하는 서구의 이성주의 전통 내에서 인간의 자유란 보편타당한 행위 원칙이나 정의로운 사회 형성 원칙을 실현하는 데에 그 목표를 두고 있지만, 니체에 기원을 두고 있는 이성 비판 전통에서 칸트의 자유 개념은 인간의 진정한 자유가 아니라 반대로 억압을 의미한다. 이성이 추구하는 보편성이 인간의 내적 욕구나 충동, 이에 기인한 개인적 차이를 무시하고 모든 개인이 동일한 원칙에 복종하기를 강요한다는 점 때문이다. 오히려 니체적 전통에서 인간의 자유란 보편적 행위 규범이나 사회 정의 원칙이 아니라 개인의 특수한 자아 형성, 또는 개인의 특수한 삶을 실현하는 데 있다. 이렇듯 자유 이념이 상호 대립적 방향 속에서 이해된다면 현대의 규범적 기획은 불가능하다. 우리가 보편적 이성에 기반한 자유의 실현을 추구할 때 우리는 필연적으로 개인에 대한 억압을 감수할 수밖에 없고, 반대로 우리가 개별적 자아의 실현을 추구할 때 우리는 보편적 규범 형성을 포기해야 하기 때문이다.[2]

『계몽의 변증법』[3]은 바로 이성의 실현이 자유의 실현이 아니라 필연적으로 개인에 대한 사회의 억압과 개인의 자기 억압을 낳고 있음을 폭로한다. 이런 점에서 계몽의 역설은 이성주의적 전통에 선 칸트적 자유 개념과 이성 비판적 전통에 선 니체적 자유 개념이 서구 현대화 과정에서 어떻게 상호 대립하는가를 극적으로 보여준다. 그러나 호르크하이머와 아도르노가 의도하고 있는 것은 모든 사회 영역으로 총체화되고 사물화된 이성에 대한 비판이지 이성 자체의 폐기가 아니다. 마찬가지로 이들의 분석은 자아에 대한 사물화된 이성의 필연적인 억압을 지적하지만 자아 형성의 자유 자체를 포기하는 것도 아니다. 다시 말해, 『계몽의 변증법』은 사회 형성과 자아 형성이 인지적-도구적 합리성에 종속됨으로써 이성과 자아, 사회와 개인이 상호 대립 관계에 빠지게 됨을 지적한 것이지, 두 가지 형태의 자유가 현대의 규범적 기획으로 여전히 그 효력을 지니고 있음을 부정하는 것이 아니다. 오히려 『계몽의 변증법』은 인간의 자유가 사회 형성과 자아 형성이라는 두 가지 차원에서 어떻게 실현될 수 있는가를 철학적 과제로 남겨 두고 있으며, 현대의 해방 전략이 바로 사회적 해방과 자아의 해방이라는 두 가지 규범적 목표에 있음을 암시하고 있다.

하버마스와 푸코는 각기 이성의 실현을 주장하는 현대성 이념의 옹호자로, 그리고 이성 비판을 통해 현대성 이념에 종지부를 찍으려는 탈현대주의(Postmodernism)의 대표자로 각인되고 있지만, 사실 이 둘의 차이는 현대냐 탈현대냐의 갈림길에 있지 않다. 하버마스와 푸코는 『계몽

2 크리스토프 멘케는 개인의 차이를 무시한 보편적 규범 질서와 다양한 개인의 자기 주장 사이의 갈등을 현대의 비극으로 파악한다. 즉 현대 이전에는 신적 권위에 근거한 종교적 가치 질서가 인간의 개별성을 억압했다면, 현대는 인간의 동일한 권리와 의무에 입각한 추상적 규범 질서가 개인의 다양한 차이를 무시한다는 점에서 새로운 비극을 야기한다는 것이다. Ch. Menke, *Tragödie im Sittlichen. Gerechtigkeit und Freiheit nach Hegel*, pp. 9-14.

3 M. Horkheimer und Th. W. Adorno, *Dialektik der Aufklärung*.

의 변증법』에서 나타난 이성과 억압의 통일을 비판하면서도 서로 다른 차원에 주안점을 두고 있다는 점에서 차이를 보인다. 즉 하버마스가 인간을 사회의 단순한 기능적 인자로 사물화시키는 도구적 이성을 비판하면서 인간을 사회 형성 주체로 되돌릴 수 있는 대안적 이성을 모색한다는 점에서 사회적 해방과 이성의 저항을 추구한다면, 푸코는 사회적 합리성이 어떻게 자아를 왜곡하고 억압하는 권력의 형태를 띠게 되는가에 주목하면서 자아의 해방과 자아의 저항을 추구한다는 것이다. 따라서 하버마스와 푸코를 둘러싼 현대주의와 탈현대주의의 논쟁은 사실상 현대의 규범적 기획 자체에 대한 존폐 논쟁이 아니라 현대적 기획 자체의 내적 분열을 의미한다. 우리가 이런 내적 분열에도 불구하고 여전히 현대의 규범적 기획을 유효한 것으로 받아들인다면, 이제 문제는 이성주의적 자유 개념을 견지하면서도 이성 비판적 자유 개념을 인정하는 것, 또한 개별적 자아의 실현을 추구하면서도 보편적 규범 형성 차원을 배제하지 않는 것이 어떻게 가능한가 하는 점이다. 다시 말해, 현대를 자유라는 규범적 기획으로 파악한 현대성이 안고 있는 문제는 현대를 비판하고 방향 짓는 두 가지 자유 개념을 어떻게 상호 대립이 아니라 상호 화해의 관계에서 개념화시키느냐에 있다는 것이다.

이 글에서는 첫째로 현대성의 두 가지 규범적 방향을 이루는 칸트의 자유 개념과 니체의 자유 개념의 기본 구조를 설명하면서 그 대립의 원인이 어디에 있는가를 밝힐 것이다. 둘째로 현대 사회의 자기 모순적 전개 과정에 주목한 『계몽의 변증법』을 통해 칸트와 니체의 갈등 구조가 단지 개념적인 문제가 아니라, 우리가 직면하고 있는 현실의 문제임을 보여줄 것이다. 셋째로 오늘날 칸트와 니체적 자유 개념을 대표하는 하버마스와 푸코가 『계몽의 변증법』의 현대 비판을 계승하면서도 어떤 방식으로 현대의 규범적 기획을 재해석하고 있는지를 밝힐 것이다. 끝으로 이 글에서는 하버마스와 푸코의 시도가 칸트와 니체와는 달리 상호 대립이 아니라 상호 화해 관계에 있음을 지적함으로써 결국 현대의 규범적 기획이 불가능한 기획이 아니라 여전히 유효한 기획임을 보여줄 것이다.

### 2. 보편화 원칙과 개인의 자기 창조

자유라는 현대성 이념은 칸트의 자율성 개념에서 그 전형을 이룬다.[4] 칸트는 서구 중세를 지배하던 종교적 권위 대신 이성적 인간에게 자신의 행위를 규정하는 전권을 부여하며 자율성을 "도덕성의 최고 원칙"으로 삼는다.[5] 칸트적 의미에서의 자유란 바로 이성적 존재로서의 인간이 "자기 자신에게 부여한 법칙 이외에 어떠한 법칙에도 복종하지 않는 것"을 말한다.[6] 이러한 칸트의 자율성 개념은 세 가지 관점에서 이해될 수 있다. 첫째, 칸트는 인간이 자신에게 부여한 법칙에 스스로 복종한다는 점에서 행위 규정자와 행위 수행자를 동일시한다. 행위 규정자와 행위 수행자 사이의 동일성은 바로 자율성과 타율성을 구분하는 기준이다. 즉, 행위 규정자와 행위 수행자가 동일할 때 우리는 이러한 행위를 자율적인 행위로 간주하며, 행위 규정자와 행위 수행자가 다를 때 우리

4 칸트에게 자율성과 자유는 "호환 가능한 개념"(Wechselbegriff)이다. I. Kant, *Grundlegung zur Metaphysik der Sitten*, p. 86.

5 같은 책, p. 86.

6 I. Kant, *Die Metaphysik der Sitten*, p. 329.

는 이러한 행위를 타율적 행위로 간주할 수 있다. 자유에 반하는 권위란 바로 인간이 행위 수행자로만 간주되고, 행위의 규정이 나 아닌 다른 존재에 의해 이루어지는 것을 말한다. 따라서 종교나 전통의 권위에 따라 이루어지는 행위는 자율이 아니라 타율이며, 자유가 아니라 억압이다. 그러나 자율성이란 둘째로 개별적 존재로서의 내가 나 자신에게 부과한 행위 법칙에 복종하는 것이 아니라, 보편적 존재로서의 내가 나 자신에게 부과한 법칙에 복종하는 것을 말한다. 개별적 존재로서의 나와 보편적 존재로서의 나의 구별은 각 개인의 자연적 욕망이나 충동에 인간의 보편적 본성으로서의 이성을 대립시킨 결과이다. 즉 칸트는 한편으로 인간을 감각적 욕망이나 충동과 같은 자연법칙을 따르는 자연적 존재로, 그리고 다른 한편으로 보편타당한 이성 법칙을 따르는 이성적 존재로 이중화시키면서 인간의 본성을 바로 이성적 존재로 파악한다. 따라서 칸트가 염두에 두고 있는 행위 규정자와 행위 수행자의 동일성은 이성적 존재로서의 인간이 이성의 명령에 따라 행위를 수행하는 것을 말하며, 이성의 타자로 등장한 자연적 욕망이나 충동에 따른 행동은 타율이 된다.[7] 칸트가 자유를 이성적 존재의 자유로 규정한 것은 인간의 행위를 자기 자신과의 관계가 아니라 타인과의 관계 속에 위치시키기 위함이다. 즉 자유를 자연적 존재로서 인간이 지니고 있는 이기주의적 욕망이나 충동의 실현으로 본다면 인간관계는 자칫 갈등과 투쟁의 관계로 빠지기 쉽다. 그러나 누구에게나 타당한 법칙에 따라 인간이 행동한다면, 인간관계는 질서를 유지할 수 있으며, 또한 이를 토대로 인간은 공동의 삶의 공간을 형성할 수 있기 때문이다. 따라서 자유

**7** I. Kant, *Kritik der praktischen Vernunft*, p. 144.

란 일종의 개별적 존재로서 내가 원하는 것을 행하는 것이 아니라, 보편적 존재로서 마땅히 내가 지켜야 할 법칙을 따르는 것을 의미한다. 셋째, 칸트에게 보편적 존재로서 인간이 따라야 하는 이성 법칙이란 이른바 정언명법으로 표현된 보편화 원칙이다.[8] 즉 자연적 존재로서 각 개인이 무엇을 원하든, 그리고 자연적 존재로서 각 개인이 어떤 상황에 처해 있든 모든 개인은 항상 누구에게나 적용될 수 있는 동일한 행위 법칙을 따라야 한다는 것이며, 이는 모든 개인에게 동일한 권리와 의무를 부과할 것을 요구한다. 결국 칸트의 자율성이란 인간 자신이 보편화 원칙에 따라 행동할 때 바로 이성적 인간으로서의 자유가 실현된다는 것을 의미한다.

칸트의 자율성 개념은 기본적으로 내가 타인에 대해, 그리고 타인이 나에 대해 어떠한 권한과 의무를 지니는가를 규정한다는 점에서 도덕, 법 등 현대 사회에서 인간관계를 규율하는 제반 규범적 질서를 형성하는 근거가 되며, 바로 이런 점에서 자율성 개념은 사회가 어떻게 구성되어야 하는가에 대한 대답이기도 하다. 즉 칸트의 자율성 개념은 제반 사회 질서를 정당화시키는 근거일 뿐만 아니라, 그 구성 원칙이라는 것이다. 어떤 행위가 정당화되기 위해서는 바로 그 행위가 보편화 원칙을 따라야 하며, 보편화 원칙에 따르지 않는 행위는 정당성을 획득할 수 없다. 마찬가지로 한 사회가 정의로운 사회가 되기 위해서는 어떤 경우든 모든 구성원을 동등하게 대우하고, 어떠한 개인도 성향이나 처지에 따라 차별해서는 안 되며, 어떠한 개인의 이익도 남과 다른 특권을 누릴 수 없도록 조직되어야 한다. 반대로 이러한 구성 원칙에 어긋나는

8 "네가 동시에 보편적 법칙이 될 수 있도록 원하는, 오직 그런 준칙에 따라서만 행동하라." (I. Kant, *Grundlegung zur Metaphysik der Sitte*, p. 51)

사회는 규범적 정당성을 상실하게 되며 비판의 대상이 된다.

그러나 자유를 보편화 원칙과 결합시키는 칸트의 이론적 전략은 자율과 복종을 동일시하는 역설을 내포하고 있다. 칸트에게 자율이란 인간이 그 누구도, 그 무엇도 아닌 바로 자기 자신이 스스로에게 부과한 법칙에 따라 자신의 행위와 자신의 삶의 공간인 사회를 조직한다는 뜻이지만, 여기서 문제는 자신이 부과한 법칙이 또한 자신이 구성한 법칙을 의미하느냐에 있다. 칸트에게는 보편화 가능성 자체가 모든 행위 규범과 사회 질서의 정당화 근거이며, 이 근거를 또다시 근거 지을 수 있는 보다 높은 심급은 더 이상 존재하지 않는다. 다시 말해, 보편화 원칙 자체가 모든 행동과 사회 질서를 정당화시키는 최종 근거라는 것이다. 그러나 칸트의 자유 개념에서는 이른바 보편화 원칙 내지는 모든 인간에게 동등한 권리와 의무를 부과하는 사회 정의 원칙이 인간의 반성 행위를 통해 산출된 것이 아니다. 왜냐하면 보편화 원칙은 반대로 모든 반성을 가능하게 하는 출발점이기 때문이다. 칸트에게 반성이란 보편화 원칙에 따라 인간의 행위와 인간의 삶의 공간인 사회 조직을 규제하는 것을 말할 뿐 보편화 원칙 자체는 이성적 인간의 반성 활동에 앞서 이미 선험적으로 부과된 것이다. 이런 점에서 칸트에게 자유란 바로 이성 법칙에 대한 복종을 의미한다.

그러나 자유를 보편화 원칙과 결합시키는 칸트식의 전략은 역설적이게도 이성 법칙에 대한 복종만이 아니라 자기 자신에 대한 억압을 뜻한다. 보편화 원칙은 모든 인간을 동일화함으로써 각 개인이 자신의 다양한 자연적 속성을 표현하는 것을 억압하기 때문이다. 니체의 계보학적 도덕 비판은 바로 칸트식의 보편화 원칙이 개인의 자아 구성상의 자유를 억압함을 폭로하면서 보편적 이성 법칙에의 복종 대신 보편적 이성 법칙으로부터의 해방을 추구한다. 종교적 권위가 붕괴한 도덕적 허무주의 상황에서 칸트가 이성의 권위를 주장했다면, 신의 죽음을 선언한 니체에게 이성의 권위는 신의 또 다른 이름일 뿐, 보편적 규범을 보장하는 어떠한 합리적 권위도 더 이상 존재하지 않는다. 인간이 이성적 존재라는 칸트의 규정이 보편적 이성 법칙에의 복종을 정당화시키기 위한 가정에 지나지 않는다면, 사실 이는 종교적 규범을 신에 대한 가정으로부터 정당화시키는 기독교 도덕과 구조적으로 동일하다.[9]

니체의 도덕 비판은 계보학적 방법이 보여주듯이 칸트식의 보편주의적 도덕이 갖는 비도덕적 기원을 밝히는 데에 있다. 니체에 따르면 모든 사람을 평등하게 대우하라든지, 모든 사람을 사랑하라든지, 모든 사람을 존중하라든지 하는 도덕적 가치들은 강자에 대한 약자의 "복수심"에 기원한다.[10] 강자란 자신의 내적 추동력에 따라 자신의 삶을 영위하는 사람이다. 이들은 자기 자신에 대한 강한 긍정을 통해 자기 자신을 실현하는 사람들이다. 그러나 이들의 강한 자기실현은 약자의 삶을 위협한다. 따라서 약자는 항상 강자에 대해 공포심을 가질 수밖에 없다. 이제 강자에 대한 약자들의 공포심이 미움으로 변하고, 미움이 복수심으로 이어져 강자를 악으로 규정하도록 만들었으며, 약자는 악에 대한 반대 개념으로 선을 고안했다는 것이다. 도덕적 가치는 이런 의미에서 전혀 도덕적이지 않은 복수심의 표현이다. 그러나 복수심은 단지 타인에게로만 향하는 것이 아니라 자기 자신에게도 향한다. 미움은 내적 추동력에 따라 자신의 삶을 영위하는 강자만이 아니라, 자기 자신에게도

**9** E. Tugendhat, "Vierte Vorlesung: Begründung in der Moral; traditionalistische und natürliche Moralkonzepte", *Vorlesungen über Ethik*, pp. 65-78 참조.

**10** 도덕의 기원에 대한 설명은 F. Nietzsche, *Zur Genealogie der Moral*, KSA 5, pp. 270-272.

있는 내적 추동력에 대한 전면적인 부정으로 나아간다는 것이다. 따라서 역설적이게도 니체에게 도덕은 타인에 대한 부정인 동시에 자신에 대한 부정이다. 그러나 니체의 계보학적 도덕 비판이 규범적 가치 자체를 폐기하는 것은 아니다. 오히려 니체는 칸트식의 보편주의적 도덕과 구별되는 다른 식의 가치 기준을 염두에 두고 있다. 이른바 고결한 개인, 고결한 삶, 또는 고결한 사람의 주권적 자유가 바로 그것이다. 이러한 새로운 가치 기준이 계보학적 도덕 비판에 대한 대안이 되기 위해서는 무엇보다도 타인에 대한 부정이 아니라 타인에 대한 인정, 그리고 자신에 대한 부정이 아니라 자신에 대한 긍정을 함축해야 한다.

니체의 자유 개념은 무엇보다도 파괴와 창조라는 두 가지 측면에서 이해된 디오니소스적 예술 개념을 개인의 삶에 적용함으로써 얻어진 것이다.[11] 첫째, 예술적 욕구를 파괴로 보는 것은 아폴론적 예술이 만들어낸 미적 가상을 폭로하기 위함이다. 니체에 따르면 아폴론적 예술 개념 내에서 예술 작품에 대한 평가는 사실 인간이 자기 보존이라는 척도로 세계를 평가하고 재단하고 전유하는 과정에서 만들어 놓은 세계 해석 방식에 달려 있다. 우리는 예술 작품이 이러한 세계 해석 방식에 상응할 때 이 작품을 아름답다고 평가한다는 것이다. 그러나 이 경우 예술은 인간의 세계 해석 방식을 확인하는 종속적 장치로 전락한다. 또한 세계 해석이란 인간이 가지고 있는 해석 척도에 의존해 있다는 점에서 세계 자체와 동일시될 수 없다. 이런 점에서 인간의 세계 해석은 인간이 세계를 전유하는 과정에서 만들어낸 일종의 가상이며, 이를 미적으

11 니체의 자유 개념에 대한 설명은 멘케의 입장을 참조했다. Ch. Menke, "Distanz und Experiment. Zu zwei Aspekten ästhetischer Freiheit bei Nietzsche", *Deutsche Zeitschrift für Philosophie*, 41/1, 1993, pp. 61-77.

로 확인하는 예술 역시 가상이다. 한 개인의 실존과 이 개인의 세계 해석이 운명적으로 파괴되는 모습을 그리는 고대 희랍의 비극은 바로 예술적 욕구가 인간의 자기 보존을 위한 세계 해석을 미적으로 확인하는 데에 있는 것이 아니라, 오히려 "파괴 추구"에 있음을 보여준다.[12] 이러한 비극 체험에 기원을 둔 디오니소스적 예술 개념은 바로 아폴론적 예술을 미적 가상으로, 그리고 진리로 격상된 인간의 세계 해석 역시 가상으로 폭로한다는 점에서 예술과 진리의 결합을 파괴한다. 이러한 예술 개념에서 드러나는 자유는 바로 이런 가상에서 해방되는 것을 말한다. 뿐만 아니라 보편타당성을 요구하는 도덕이, 또는 도덕적 진리를 주장하는 제반 가치들이 결국은 특정한 자기 보존 방식에서 비롯된 가상임을 폭로하는 계보학적 비판을 상기한다면, 이제 자유는 기존의 인지적·도덕적·미적 가상 세계로부터의 해방, 즉 현재의 존재 지평으로부터의 해방을 의미하는 것이다.

그러나 둘째로, 니체의 자유 개념이 파괴와 해방만을 뜻하는 것은 아니다. 예술가가 이전의 존재 지평을 파괴하는 것은 새로운 예술 창작을 위한 전제이다. 니체는 바로 이러한 예술가적 창작 행위를 개인의 삶에 적용한다. 예술가가 자기 작품의 창작자이듯이, 개인 역시 자신의 "삶의 창작자"여야 한다는 것이다.[13] 니체에게 자신의 삶의 창작자가 된다는 것은 현재의 존재 지평을 넘어서 다른 식의 삶을 추구한다는 의미이며, 다른 식의 삶의 형태를 추구한다는 것은 일종의 "실험" 행위를 의미한다.[14] 실험 행위란 보다 나은 삶을 위해 현재의 지평을 넘어선다는 식

12 F. Nietzsche, *Die Geburt der Tragödie*, KSA 1, p. 56.

13 F. Nietzsche, *Fröhliche Wissenschaft*, KSA 3, p. 538.

14 F. Nietzsche, *Nachgelassene Fragmente 1880-1882*, KSA 9, p. 48.

의 목적론적 행위가 아니다. 또한 어떤 일반 규칙에 따른 행위도 아니다. 실험 행위란 창조적 산출을 철저히 우연에 맡기는 것이다. 뿐만 아니라 산출 결과 역시 어떤 타당한 것으로 주장되는 것이 아니라, 지속적인 변화 과정에 놓이게 된다. 따라서 창조적 산출 행위는 타자에 의해 부과된 삶의 형태뿐만 아니라, 자기 스스로 자신에게 부여한 삶의 형태 역시 지속적으로 넘어서게 된다. 이런 점에서 실험적 자유는 끊임없이 다른 것, 새로움을 추구하게 된다.

이러한 파괴와 창조로서의 자유 개념은 자신에 대한 긍정과 타인에 대한 인정을 함축한다고 볼 수 있다. 첫째로 니체의 자유 개념이 자신에 대한 강한 긍정을 의미한다는 것은 바로 이러한 자유가 보편타당한 진리라는 미명하에 개인의 내적 추동력을 억압하는 현재의 존재 지평을 파괴하고, 개인의 무규정적인 내적 추동력에 가능한 실현 형태를 부여하기 때문이다. 내적 추동력을 자신에 대한 긍정과 결합시키는 것은 이미 니체가 칸트와는 정반대의 길을 가고 있음을 보여준다. 즉 니체는 자연적 존재에 대한 이성적 존재의 우위를 주장하는 칸트와는 달리, 오히려 자연적 존재의 우위를 주장한다는 것이다. 니체에게 이성적 존재의 우위는 바로 "자기 자신에게 고통을 주는 가해의 쾌락"일 뿐이다.[15] 또한 정언명법에 따라 자신의 행위를 보편적 원칙에 정향시키는 칸트식의 이성적 주체란 시실 모든 행위의 배후에서 행위를 추동시키는 어떤 초월적 실체가 있음을 가정하지만, 중립적인 실체란 항상 행위와 행위자를 결합하려는 "언어의 유혹"이 빚어낸 허구일 뿐이다.[16] 반대로 니

15 F. Nietzsche, *Genealogie der Moral*, p. 326.

16 같은 책, p. 279.

체에게 행위란 바로 이를 추동하는 충동, 의지, 작용, 즉 어떤 내적 추동력의 표현일 뿐이다. 따라서 칸트식의 중립적 주체는 자신의 내적 추동력을 억압하고, 그 표현의 길을 막는다. 니체의 창조적 산출 행위는 반대로 바로 이런 내적 추동력에 끊임없이 현실화 형태를 부여하는 작업이다. 따라서 자유는 바로 자기표현이며 또한 자기 긍정이다. 둘째로, 자기표현으로서의 자유가 어떻게 타인에 대한 인정으로 나아갈 수 있는가 하는 점은 간단하다. 니체에 따르면 타인의 내적 추동력의 표현을 두려워하고, 이를 악으로 규정하는 사람은 자신의 내적 추동력 역시 악으로 규정한다. 반대로 자기의 내적 추동력을 긍정하는 사람은 타인의 자기표현 역시 긍정한다는 것이다. 바로 이러한 타인에 대한 인정은 또한 타인에 대한 "사랑에 이르는 교량"이기도 하다.[17] 그러나 이러한 자기 긍정을 통한 타인 긍정은 인간의 등급을 전제한다는 점에서 위험성을 내포하고 있다. 타인에 대한 긍정은 오직 자기 자신을 긍정하는 타인에 대한 긍정일 뿐이며, 자기 자신을 부정하는 타인은 나의 자기표현을 악으로 규정하기 때문에 철저히 부정되어야 한다. 따라서 이것은 동질적 인간에 대해서는 긍정이지만, 이질적 인간에 대해서는 파괴를 의미할 수 있다. 니체의 사상이 인종적 우월성과 반유태주의를 표방한 나치즘에 전용될 수 있는 위험성은 바로 여기에 있다.

우리는 칸트와 니체의 자유 개념이 서로 화해할 수 없는 대립 관계에 있다고 보기 전에, 이들의 관심이 어떻게 서로 다른가에 주목해야 한다. 칸트의 자유 개념이 관심을 기울이고 있는 문제는 각 개인이 어떻게 서로 갈등 관계에 빠지지 않고 공동생활을 영위할 수 있는가이다. 즉 인

17 같은 책, p. 273.

간이 자연적 충동이나 욕구에 내맡겨진 채 자신의 삶을 영위한다면, 인간은 홉스식의 만인에 대한 만인의 투쟁 관계에 빠질 수밖에 없다. 따라서 인간이 공동의 삶의 공간인 사회 속에서 서로에 대한 적대 관계에 빠지지 않기 위해서는 인간 상호 관계를 규율할 수 있는 보편적 규범이 필요하게 된다. 그러나 어떤 규범이 인간관계를 규율하기 위해서는 그것이 폭력이나 권위에 기초해서는 안 되며, 개인의 자발적인 복종을 유도할 만큼 규범적으로 정당화될 수 있어야 한다. 칸트에게는 보편화 원칙이라는 이성 법칙이 바로 규범을 정당화시킬 수 있는 근거이며, 따라서 각 개인은 이에 따라 형성된 제반 규범적 질서에 복종해야 한다. 이에 반해 니체가 주안점을 두고 있는 것은 자기 형성의 자유다. 즉 다양한 잠재적 욕구와 충동을 지닌 각 개인이 어떻게 자기 자신에게 형태를 부여함으로써 자기 자신을 현실화시킬 수 있는가가 문제라는 것이다. 따라서 여기서 중요한 것은 타인과의 관계가 아니라 오히려 인간의 자기 자신과의 관계이다. 니체의 대답은 끊임없는 실험적 행위를 통해 자기 자신에게 형태를 부여할 수 있으며, 이를 통해 잠재적 욕구나 충동이 현실화될 수 있다는 것이다. 이 두 가지 형태의 자유가 서로 다른 차원에 있다는 것은 첫째, 인간관계를 규정하는 보편적 규범의 타당성 범위가 나뿐만 아니라 타인에게도 미친다는 점에서 그 규범 설정의 근거가 한 개인의 특수한 자기 형성 작업과는 무관하기 때문이다. 둘째, 자유를 자기 관계에서 규정할 경우, 한 개인의 특수한 삶의 방식이 타인의 삶의 방식에까지 그 타당성을 요구할 수 없다는 점에서 이는 보편적 규범의 설정과는 무관하다. 셋째, 칸트와 니체의 자유 개념은 사실 내적 자아에 대한 상이한 이해를 전제하고 있다. 즉 칸트가 내적 자아를 자신만의 삶을 보존하려는 일종의 이기적 욕망의 원천으로 이해한다면,

니체는 내적 자아를 다양한 자기 형성을 추동하는 심리적 원천으로 파악한다는 것이다. 따라서 이기주의적 욕망에 대한 강제가 필요하다면 이는 인간의 공동체 형성 차원이 문제되기 때문이며, 인간의 자기 형성 작업이 필요하다면 이는 인간의 자기실현 차원이 문제되기 때문이다.

그러나 타인과의 관계와 자기 자신과의 관계라는 서로 다른 차원에 자유를 위치시키는 칸트와 니체가 상호 대립 관계에 빠지게 되는 경우는 한 차원을 다른 차원에 대해 절대화시키는 경우이다. 즉 한편으로 인간관계를 규율하는 보편적 규범을 절대화시킴으로써 이를 인간의 자기 관계로까지 확장시키는 경우이다. 이때 보편적 규범은 인간이 자연적 존재로서 갖는 내적 충동이나 욕구를 억압하고, 이것의 현실화를 막게 된다. 반대로 각 개인이 자기 자신과의 관계에서 이루어지는 자기 형성 작업을 절대화함으로써 인간관계를 규정하는 보편적 규범에 대한 전면적인 부정으로 나아가는 경우도 이에 속한다. 이러한 일면적인 절대화는 일종의 보편성과 특수성의 대립으로 이해될 수 있다. 즉 규범적 보편성이 개인의 특수한 존재 방식을 무시하고 모든 개인을 보편성 아래 복속시킴으로써 각 개인을 동질화시키려 할 경우, 그리고 이에 반해 각 개인이 규범적 보편성을 자신에 대한 동질화 억압으로 보고 이에 대한 전면적인 해방을 통해 자신만의 특수성을 추구하는 경우 칸트와 니체는 상호 대립 관계에 빠지게 된다는 것이다. 칸트와 니체의 자유 개념은 보편성과 특수성을 상호 대립적인 것으로 본다는 공통점을 갖는다. 즉 칸트는 개인의 특수한 충동이나 욕구에 대한 억압을 통해 보편적 규범이 실현될 수 있다고 보는 것이고, 니체는 보편적 규범으로부터의 해방을 통해서만 각 개인의 특수한 자기 형성이 가능하다고 보는 것이다. 그러나 이로 인해 칸트의 자유 개념은 인간관계를 규정하는 보편적 규범을 인간의 자연적 충동과 욕구에 대한 억압으로 봄으로써 이 보편적 규범의 준수가 각 개인의 자기실현에 도대체 왜 필요한지를 해명할 수 없다는 문제를 갖게 된다. 이에 반해 니체의 자유 개념은 자유를 개인의 자기 관계로만 한정할 뿐 개인과 개인의 관계가 어떻게 규율될 수 있는가에 대한 아무런 대안이 없기 때문에, 서로 다른 특수성을 갖는 각 개인이 어떻게 공동생활을 영위할 수 있을지가 불투명해진다는 문제를 갖게 된다.

### 3. 사회적 보편성과 개인의 억압

『계몽의 변증법』은 보편성과 특수성의 대립으로 표현된 칸트와 니체의 갈등이 단지 개념상의 문제가 아니라, 현실의 문제임을 보여준다. 즉 계몽의 변증법 테제로 이해되는 사회적 합리화 과정의 역설은 이성의 실현이 인간 해방이 아니라 반대로 인간에 대한 억압임을 보여줌으로써[18] 칸트와 니체의 대립을 현대 사회의 근본적인 문제로 이해할 수 있게 한다는 것이다. 여기서 이성은 인간의 노동 활동에 매개된 도구적-인지적 사고 능력을 말한다. 즉 인간은 가공할 만한 자연의 폭력에 맞서 자신을 보존하기 위하여 자연을 조작해야 했고 이를 위해 자연을 인식해야 했다. 자연에 대한 조작은 자연에 대한 조작 방법을 알려주는 자연 인식 없이는 불가능하기 때문이다. 그런데 자연 지배를 위한 자연 인식

18 벨머는 이성과 지배의 결합을 이성의 사물화, 그리고 내적 자연과 외적 자연의 사물화 과정을 통해 설명한다. A. Wellmer, *Zur Dialektik von Moderne und Postmoderne*, pp. 135-164. 이에 비해 호네트는 이성과 지배의 통일을 내적 자연과 외적 자연의 지배, 그리고 인간에 의한 인간 지배라는 세 가지 형태를 통해 분석한다. A. Honneth, *Kritik der Macht*, pp. 43-69.

은 다양하고, 이질적이고, 변화무쌍한 자연을 보편적이고 개념적인 장치를 통해 동일화시킴으로써 가능했다. 다시 말해, 인간은 개념적 질서를 통해 자연을 동일한 것의 반복으로 파악함으로써 자연에 대한 법칙적 지식 체계를 만들어냈고 이를 통해 자연을 지배할 수 있었다는 것이다. 하지만 인간의 사유 활동이 자연을 개념적으로 동일화시키는 자연 지배의 도구로 고착되면서 인간의 이성은 사물화되기 시작했다. 왜냐하면 인간의 이성은 자기 보존을 위한 자연 지배라는 지상 명령 아래 모든 다양한 상황에서 항상 동일한 개념적 법칙을 따라 "스스로 움직이는 자동적 과정"으로 전락했기 때문이다.[19] 따라서 이제 인간 사고의 산물인 개념적 법칙이 인간의 사고를 지배하게 되고, 인간의 사고를 가능하게 하고 근거 짓는 초월적 존재로 자립화된다. 현대 사회의 역설은 바로 이러한 도구적-인지적 이성 법칙이 사회적 합리화의 도구로서 모든 사회 영역으로 총체화됨으로써 인간에 대한 이성 법칙의 지배를 낳는다는 것에 있다. 왜냐하면 이제 사회 형성과 자기 형성이 초월적 존재로 자립화된 이성 법칙에 복종하는 것과 다를 바 없기 때문이다.

『계몽의 변증법』은 인간에 대한 이성의 억압은 우선 사회적 합리화가 각 개인을 한 사회의 기능적 인자로 사물화시키기 때문에 발생한다고 본다. 사회적 합리화란 자연 지배를 통한 인간의 자기 보존 노력이 개별적으로 수행되는 것이 아니라, 사회적 노동 조직을 통해 실현되는 것을 말한다. 따라서 이러한 목적에 맞게 인간의 노동이 합리화되듯이 사회 역시 합리적으로 조직되어야 한다. 문제는 바로 이 노동 조직 아래서 개별적 인간이, 그리고 다양하고 이질적인 사물들이 개념 장치

19 M. Horkheimer und Th. W. Adorno, 같은 책, p. 31.

를 통해 동일화되듯, 그 특수성에도 불구하고 단순한 기능적 인자로 사물화된다는 데에 있다. 개별적 인간이 기능적 인자로 사물화될 수 있는 것은 개인이 한편으로는 욕망과 충동을 지닌 심리적 존재로, 그리고 다른 한편으로는 초월적 사고 주체로 분열될 때에 가능하다. 즉 자연을 개념적 장치를 통해 동일화시키기 위해서는 개념적 사고 장치를 작동시키는 통일적 사고 주체가 필요하다. 따라서 인간은 모든 개념적 표상의 배후에서 이 표상들의 통일성을 유지하는 추상적 사고 주체가 되는 것이다. 그러나 개념적 사고 장치는 인간의 자기 보존 목적을 실현하기 위해서 작동한다는 점을 고려하면 인간은 여전히 욕구와 충동, 그리고 생명을 지닌 자연적 존재이기도 하다. 그런데 이러한 인간의 이중화는 역설적으로 인간이 자연을 조작의 대상으로 삼듯, 자기 자신을 대상화시킬 수 있는 가능성을 열어준다. 개념적 사고 장치는 그 대상이 자연이든, 인간 자신이든 동일하게 작동될 수 있기 때문이다. 이렇게 본다면 이미 개념적 사고 장치로 사물화된 이성을 누가 작동시키는가는 중요하지 않다. 개념적 장치는 누가 작동시키느냐에 관계없이 동일하게 자립화된 과정을 밟기 때문이다. 인간의 자기 보존이 사회적 노동 체계를 통해 실현된다는 것은 바로 사회적 노동 조직 자체가 추상적 사유 주체 역할을 대신한다는 의미이다. 즉 각 개인이 사회적 분업 체계에 편입됨으로써 사회적 노동 조직이 일종의 거시적 주체로서 개개의 자연적 존재를 통제한다는 것이다. 다시 말해, 노동 체계에 효율적으로 기여할 수 있는 인간의 잠재력은 노동에 투입되고, 노동 체계에 저해가 되는 자연적 충동이나 욕구는 억압된다. 노동 조직에서 중요한 것은 어떻게 각 개인이 자신의 기능을 충실히 수행하느냐이지 각 개인의 특수한 욕구나 충동 따위는 배제된다는 것이다. 그런데 자연적 존재를 통제하고 억압함으로써 개인을 사회적 노동 조직에 필요한 기능적 인자로 만드는 작업은 각 개인의 자기 지배를 통해 이루어진다. 즉 사회적 거시 주체는 노동 분업 체계 아래서 개개의 사유 주체, 즉 개개의 미시 주체를 자신의 대리자로 만듦으로써 개인에 대한 사회의 지배를 관철시킨다. 다시 말해, "각 개인은 자기 자신을 단지 물건이나 통계적 인자, 성공과 실패로만 생각하고 자신의 객관적 기능과 자신에게 부과된 틀에 성공적으로 적응하느냐 그렇지 못하느냐만이 자기 보존을 위한 유일한 척도가 된다."[20] 따라서 각 개인은 노동 체계에서 허용될 수 없는 욕구나 충동을 스스로 억압해야 하고 이 노동 체계가 요구하는 기능을 바로 자신의 본질로 간주하게 된다. 결국 각 개인이 자신에게 부여된 사회적 기능을 실현하는 것이 개인의 자기실현과 동일시됨으로써 인간에 대한 이성의 지배는 각 개인의 자기 자신에 대한 지배를 통해 완성되는 것이다.

인간의 자기 자신에 대한 지배로 귀착된 사회적 합리화의 역설을 칸트와 니체의 대립으로 이해할 수 있는 이유는 노동 체계의 효율적 작동이라는 보편적 요구가 각 개인의 특수한 자기 형성 관계에 침투함으로써 욕망과 충동의 원천인 자연적 존재의 자기표현을 억압하기 때문이다. 또한 인간이 자기 보존을 위해 역으로 자신과 타인의 내적 충동력을 억입하고, 바로 이 억압이 보편주의적 도덕을 통해 제도화되었다는 니체의 계보학적 비판을 상기한다면, 『계몽의 변증법』이 지적하는 사회적 합리화의 역설은 니체의 도덕 비판을 암암리에 전제하고 있다.[21] 그

20 같은 책, p. 35.

21 호르크하이머와 아도르노의 니체 수용에 대해서는 N. Rath, "Zur Nietzsche-Rezeption Horkheimers und Adornos", W. van Reijen und G. S. Noerr (hg.), *Vierzig Jahre Flaschenpost: 'Dialektik der Aufklarung' 1947 bis 1987*, pp. 73-110 참조.

러나 『계몽의 변증법』이 비판하는 합리화의 역설을 칸트와 니체 사이에 자리한 해소할 수 없는 대립으로 이해하기 위해서는 무엇보다도 사회적 합리화와 칸트의 자유 개념이 어떤 관련을 맺고 있는가를 밝혀야 한다.[22] 이 문제에 대한 대답은 칸트의 실천 이성에 대한 아도르노의 비판에서 찾을 수 있다.[23]

아도르노가 주목하고 있는 것은 첫째로 사물화된 이성과 칸트가 말하는 이성적 주체와의 동일성이다. 칸트는 모든 자연적 욕구나 충동에서 벗어나 오직 이성 법칙만을 따르는 자유의 주체를 이른바 자유 의지로 본다. 칸트에게는 이 자유 의지가 모든 행위의 추동력이자 근거가 되는 것이다. 그러나 자유 의지는 오직 이성 법칙만을 따르기 때문에 행위의 추동력은 인간의 사고 활동으로 환원된다. 행위의 추동력이 되는 것은 이성 법칙에 따라 자신의 행위를 규정하려는 형식적 사고 활동으로 귀착된다는 것이다. 그런데 칸트가 말하는 이성 법칙이란 이미 지적된 바와 같이 보편화 원칙이다. 칸트의 자유 개념이 『계몽의 변증법』에서 말하는 사물화된 이성과 결합될 수 있는 것은 바로 이 보편화 원칙이 개념적 사고의 전형을 이루기 때문이다. 즉 모든 구체적 행위 조건을 추상화시킨 보편화 원칙은 인간의 행위를 보편적 법칙의 한 예로 축소시킨다는 점에서, 다양한 사물을 보편적 개념의 한 예로 축소시키는 개념적 사고와 동일하다는 것이다. 따라서 형식적 사고 활동으로 귀

22 계몽의 역설 속에서 칸트와 니체의 대립을 읽어내려는 시도는 무엇보다도 이성적으로 정초된 자유가 인간에 대한 억압을 의미할 수 있다는 테제에 근거한다. 클라우스 귄터는 자유와 억압의 결합이라는 테제로 『계몽의 변증법』을 해석한다. K. Günter, "Dialektik der Aufklärung in der Idee der Freiheit. Zur Kritik des Freiheitsbegriffs bei Adorno", *Zeitschrift für philosophische Forschung*, 39/2, pp. 228-260.

23 이하의 설명은 Th. W. Adorno, *Negative Dialektik*, pp. 211-294를 요약한 것이다.

착된 자유 의지란 다양한 인간과 다양한 행위 조건에 보편적 법칙을 적용하는 개념적 사고 장치에 불과하게 된다. 둘째로 아도르노는 개념적 사고 장치로 전락한 자유 의지가 인간을 단순한 기능적 인자로 사물화시키는 사회적 노동 조직에서 어떤 역할을 하는가에 주목한다. 아도르노에 따르면 모든 자연적인 충동이나 욕구에서 벗어난 순수한 자유 의지는 자본주의 사회 체제를 재생산하는 데 필요한 필수적인 조건이다. 왜냐하면 순수한 자유 의지로 추상화된 인간은 보편적 등가성에 기초한 자본주의의 가치 법칙이 바로 인간에게도 관철될 수 있게 하기 때문이다. 다시 말해, 순수 의지로 추상화된 인간은 이제 자신을 보편적 가치 법칙에 복종하는 추상적 노동력으로 사물화시킨다는 것이다. 즉 자본주의적 가치 법칙이 다양한 상품의 시용 가치를 무시하고 이를 교환가치로 추상화하듯, 이제 자유 의지는 인간의 다양성을 무시한 채 인간을 노동력이라는 단순한 교환 가치로 추상화시키고 보편적 가치 법칙이 관철되는 한 예로 자신을 사물화시킨다. 따라서 인간이 자유롭다는 것은 자본주의의 보편적 법칙을 실현하는 기능적 인자가 된다는 것을 의미한다. 그러나 개념적 사고 장치로 전락한 자유 의지가 자본주의의 보편적 가치 법칙이 관철되는 전제 조건을 형성한다 할지라도, 칸트가 말하는 보편적 도덕 법칙이 보편적 등가성에 기초한 교환 법칙은 아니다. 따라서 사회적 합리화와 칸트의 자유 개념과의 연관성을 밝히기 위해서는, 셋째로 칸트가 말하는 보편적 도덕 법칙이 자본주의 사회에서 담당하는 이데올로기적인 기능이 지적되어야 한다. 칸트의 정언명법은 개인의 내적 충동이나 욕구를 억압한다는 점에서 개인의 이기주의적 행동에 대한 부정이며, 사회 전체의 이익을 절대화하는 것이다. 그러나 공익이 대부분의 사회 구성원의 이익과 대립되는 상황에서 공익을 절대화시키는 것은 단지 이를 통해 자신의 이익을 관철시키려는 소수 특정 계급의 지배 전략일 뿐이다. 다시 말해, 정언명법은 자본주의적 착취와 대중의 사물화를 가속화시키는 이데올로기적 강제라는 것이다. 넷째로 아도르노에 따르면 정언명법의 이데올로기적 기능은 칸트가 말하는 인간의 양심을 통해 실현된다. 칸트가 인간의 양심이라는 개념을 끌어들인 이유는 이것의 실재성을 통해 보편적 도덕 법칙이 단순한 이론적 구성이 아니라 현실 속에 존재하는 것임을 입증하기 위해서였다. 물론 아도르노가 양심의 실재성을 부정하는 것은 아니다. 오히려 아도르노의 관심은 칸트가 말하는 양심이 어떻게 인간의 심리 구조에 실재하게 되었는가에 있다. 아도르노는 프로이트의 설명 방식에 따라, 양심의 존재를 사회적 규범의 내면화로 본다. 즉 양심을 지닌 도덕적 주체란 보편적 규범을 강제로 내면화시키는 사회적 억압의 산물이라는 것이다. 따라서 양심에 따른 행동이나, 양심의 실재성에 의해 보장된 보편적 도덕 법칙에 따르는 것은 인간이 자기 자신의 명령에 복종하는 것이 아니라, 자신에게는 낯선 사회적 억압이라는 타자에 복종하는 것이다. 결국 칸트가 말하는 이성 법칙에 복종하는 것은 자율이 아니라 타율이고, 자유가 아니라 억압이 된다.

그런데 계몽의 변증법을 칸트와 니체의 대립으로 이해할 수 있는 이유는 칸트식의 자유 개념이 개인에 대한 억압을 낳는 사회적 합리화에 기여하기 때문만은 아니다. 사회적 합리화의 역설을 칸트와 니체의 대립 구도로 이해할 수 있는 이유는 이에 대한 비판을 가능하게 하는 규범적 토대가 니체식의 자유 개념에 있기 때문이기도 하다. 아도르노는 사회적 규범이 내면화된 양심적 존재, 즉 도덕적 인격을 바로 인간의 심리적 원천이자 모든 행위를 추동하는 자아와 대립시킨다. 다시 말해,

도덕적 인격은 사회의 보편적 요구와 자신을 동일화함으로써 강제적으로 형성된 나이며, 자아는 사회적 보편성에 반발하는 무규정적인 나이다. 그런데 각 개인이 사회의 보편적인 요구에 맞추어 자신을 형성하지 않는다면, 이 개인은 더 이상 정상적 사회 구성원으로 존재할 수 없다. 이러한 개인은 사회 유지를 위해 해당 사회에서 배제되어야 하기 때문이다. 따라서 사회의 보편적 요구에 맞추어 자신을 형성한다는 것은 자기 보존을 위한 각 개인의 불가피한 선택이다. 그럼에도 사회의 보편적 요구에 맞추어 자신을 형성한다는 것은 결국 이러한 보편적 욕구와 동일화될 수 없는 무규정적 자아에 대한 억압을 의미한다는 점에서 자아는 이 사회의 요구에 대해 복수심 내지는 저항감을 가질 수밖에 없다. 호르크하이머가 지적하듯이 이러한 저항감은 사회적 폭동이나, 개인적인 정신 장애로 나타난다. 계몽의 역설에 대한 비판이 니체식의 자유 개념에 근거하고 있다는 것은 바로 이 비판이 억압된 자아의 해방을 추구하기 때문이다.

아도르노가 염두에 두고 있는 자아의 해방은 두 가지 단계로 설명될 수 있다. 첫째는 이른바 부정의 부정 단계이다. 부정의 대상은 물론 사회적으로 강제된 도덕적 인격이지만, 바로 도덕적 인격이 동일성 논리를 따르는 이성의 억압에 의해 형성되었다는 점에서 부정의 대상은 근본적으로 동일성 논리에 있다. 다시 말해, 도덕적 인격과 무규정적 자아의 대립은 동일자와 비동일자의 대립이며, 이러한 대립을 낳는 동일성 논리가 부정의 대상이 된다는 것이다. 아도르노가 동일성 논리에 대한 부정을 추구하는 이유는 바로 이를 통해서만 비동일자, 즉 자아가 드러날 수 있기 때문이다. 따라서 아도르노가 추구하는 부정은 헤겔식의 부정의 부정으로 이해될 수 있다. 즉 동일자가 비동일자를 부정했듯이 이제 동일자를 다시 부정함으로써 비동일자를 해방시킬 수 있다는 것이다. 그러나 부정의 부정이 비동일자를 개념적으로 동일화시키는 개념적 사고 자체를 폐기하는 것은 아니다. 아도르노가 염두에 두고 있는 부정의 부정 전략은 오히려 개념적 사고가 비동일자에 친화적이 되도록 그 방향을 전환하는 데에 있다. 이른바 개념을 통한 개념의 극복, 개념을 통해 억압된 것을 다시 개념을 통해 드러낸다는 전략이 바로 그것이다. 즉 개념을 통해 비동일자를 표현하되, 개념적 규정과 비동일자를 동일시하지 않는다는 점에서 비동일자에 대한 폭력을 막을 수 있고, 비동일자는 끊임없이 새로운 개념적 규정을 촉발시킴으로써 자신을 드러낸다는 점에서 개념적 동일화라는 이성의 강제에서 벗어날 수 있다는 것이다.[24] 이러한 부정의 부정을 통한 비동일자의 해방은, 둘째로 개인의 자아 형성에 있어서 일종의 자기 자신과의 의사소통을 전제한다.[25] 즉 아도르노는 자아가 일방적으로 동일화 강제에 복속되지 않으면서도 또한 맹목적인 심리적 충동에 빠지지 않게 하기 위하여 개인의 자기 자신과의 의사소통을 성공적인 자기 형성의 척도로 삼는다. 아도르노가 염두에 두고 있는 자신과의 의사소통이란 각 개인이 자아에 대한 감각적 인상들을 단지 개념적 통일성에 종속시키는 것이 아니라, 반대로 개념적 통일성을 끊임없이 자아에 대한 내적 인상들에 복속시키는 것을 말한다. 다시 말해, 아도르노가 생각하는 자신과의 의사소통이라는 개념 규정과 내적 인상 사이의 반성적 대립을 뜻한다. 이러한 과정을 통

24 부룬크호르스트는 개념적 동일자에 대한 비동일자의 부정성을 개념적 사고에 대한 개방성 요구로 해석하고, 이에 근거한 개념적 동일성을 "합리적 동일성"(rationale Identität)으로 규정한다. H. Brunkhorst, *Theodor W. Adorno*, pp. 181-185.

25 A. Honneth, "Foucault und Adorno. Zwei Formen einer Kritik der Moderne", P. Kamper (hg.), *Postmoderne oder Der Kampf um die Zukunft*, p. 140.

해서만 자아의 다양한 감각적 인상이 보존될 수 있으며, 또한 자아는 개념 속에서 자신을 표현할 수 있게 된다. 따라서 우리가 개인의 성공적인 자기 형성에 대해 이야기할 수 있다는 것은 자아의 개념적 표현이 끊임없이 자아에 대한 감각적 인상과 반성적으로 매개된다는 것을 뜻한다. 결국 자기 자신과의 의사소통은 개념적 보편성에 의해 억압된 내적 충동을 다시 자신 속에 재통합하는 것을 말하며, 이는 개인의 자기 자신과의 화해를 뜻한다. 결국 자기 자신에 대한 억압으로 귀착된 계몽의 역설을 비판할 수 있는 규범적 틀은 바로 이러한 자기 화해에 있다.

개념적으로 부정된 것을 다시 부정함으로써 자아를 해방시키는 것, 그리고 자신과의 화해 추구를 통해 자기를 형성하는 과정을 니체가 말하는 자아의 해방을 위한 파괴, 그리고 자신에 대한 창조적 긍정으로 이해한다면, 니체와 『계몽의 변증법』이 단지 사회적 합리화에 기능적으로 종속된 보편적 도덕에 대한 비판에서뿐만 아니라 이러한 비판을 가능하게 하는 규범적 틀과 관련해서도 유사점을 보이고 있음을 알 수 있다. 그러나 자기 형성의 자유와 보편적 규범에 근거한 사회적 보편성을 대립시키는 니체와는 달리 개념적 보편성과의 매개를 통한 자기 화해를 추구하는 아도르노는 니체를 전제하면서도 니체를 넘어서고 있다. 물론 사회적 보편성과 개념적 보편성은 구별되어야 하겠지만, 개인에 대한 사회의 지배를 개인에 대한 이성의 지배로 파악하는 아도르노는 사실상 사회적 보편성과 개념적 보편성을 동일시한다. 즉 아도르노가 지적하듯이 개념적 사고가 사회적 노동 체계의 효율적 조직이라는 기능적 요구에 종속되는 상황을 가정한다면, 개별자를 보편적 개념에 복속시키는 사고 작용과 개인을 사회의 보편적 요구에 복속시키는 사회적 강제는 불가분하게 결합된다. 따라서 개념적 동일성(begriffliche Identitat)과 사회적으로 강제된 개인의 자기 정체성(personale Identitat)은 차별화되지 않는다.[26] 아도르노의 자기 화해 이념은 개념적 동일성의 강제가 아니라 개념을 매개로 한 자아의 자기표현을 의미하기 때문에 이제 자기 화해 이념은 사회적 강제가 아닌 사회적 보편성과 개인의 자유로운 자아 형성 사이의 화해 또한 함축한다고 볼 수 있다. 니체의 자유 개념이 사회적 보편성에 대한 전면적 부정으로 나아감으로써, 이러한 자유를 보장할 수 있는 사회적 조건에 대한 어떠한 설명도 제시할 수 없었다면, 이에 반해 자아의 자기표현뿐 아니라 사회적 보편성 역시 긍정하는 아도르노의 자기 화해 이념은 니체의 자유 개념을 전제하면서도 니체의 한계를 극복할 수 있는 가능성을 열어준다. 그러나 아도르노의 문제는 니체를 넘어서려 함에도 불구하고 니체를 넘어설 수 없다는 데에 있다. 즉 개념적 보편성과 자아, 사회적 보편성과 개인의 자유가 화해할 수 있기 위해서는 개인이 더 이상 사회의 기능적 인자로 사물화되어서는 안 된다. 마찬가지로 개념적 사고가 사회적 노동 체계의 기능적 요구에 종속되는 한 자기 화해란 불가능하다. 따라서 자기 화해를 전제로 한 개념적 사고나 사회적 보편성은 이제 사회적 노동 체계의 효율적 조직이라는 사회적 합리성 개념과 결별해야 한다. 즉 인간관계를 규율하는 사회적 규범 질서나 사회의 조직 원리가 여전히 인간을 사회의 기능적 인자로 사물화시키는 특정한 합리성 형태에 의존할 때 사회와 개인의 화해는 불가능하다는 것이다. 따라서 우리는 이제 사회적 규범 질

26 슈내델바흐는 아도르노가 "개념적 동일성"(begriffliche Identität)과 자기 정체성(Ich-Identität)을 동일한 구조로 보고 있음을 지적한다. H. Schnädelbach, "Dialektik als Vernunftkritik. Zur Konstruktion des Rationalen bei Adorno", L. von Friedburg und J. Habermas (hg.), *Adorno-Konferenz*, p. 71.

서나 사회 조직 원리가 어떤 합리성 형태를 따를 때 사회와 개인의 대립이 아니라 상호 화해가 가능한가로 문제의 방향을 바꾸어야 한다. 마찬가지로 우리는 어떤 사회적 합리성이 전제될 때 개념적 보편성과 자아의 화해가 가능한가, 또는 어떤 사회적 조건에서 각 개인은 자신과의 내적 의사소통을 성공적으로 수행할 수 있는가로 관심을 돌려야 한다. 사실 이러한 문제의식은 사회의 형성과 개인의 자기 형성 또는 사회적 보편성과 개인의 개별성을 단지 상호 대립 관계로 보는 것이 아니라, 반대로 사회가 개인적 자기실현의 가능 조건일 수 있다는 점을 전제한다. 그러나 『계몽의 변증법』은 이러한 문제의식을 구체화시킬 만한 아무런 개념적 도구도 가지고 있지 않다.

#### 4. 의사소통적 합리성과 존재의 미학

하버마스는 현대화 과정에서 일어나는 개인에 대한 사회의 억압을 이성과 지배의 통일로 폭로한 『계몽의 변증법』의 문제의식을 계승하면서도 이성을 통한 해방을 추구한다는 점에서 『계몽의 변증법』의 한계를 극복한다. 즉 하버마스는 자유를 이성 법칙에의 복종과 동일시하는 칸트의 역설과 이를 토대로 한 사회적 합리화 과정의 역설을 비판하면서도 이성이나 사회적 합리화에 대한 전면적 부정으로 나아가는 것이 아니라 오히려 대안적 이성을 모색함으로써 개인과 사회의 화해, 그리고 이에 따른 새로운 사회적 합리화를 추구한다. 하버마스에 따르면 『계몽의 변증법』이 지적한 현대의 병리적 현상은 현대가 지니고 있는 이성적 잠재력 중 인지적-도구적 합리성이 특화된 결과이며 현대가 지닌 또 다른 이성적 잠재력인 의사소통적 합리성의 실현을 통해 현대의 병리적 현상은 극복될 수 있다. 따라서 하버마스는 현대를 통한 현대 비판 그리고 현대를 통한 현대 극복을 기도하고 있으며, 사회적 합리화의 역설을 낳은 계몽의 과정을 현대의 잠재적 합리성 개념을 통해 비판하고 극복하려 한다는 점에서 계몽의 계몽을 추진한다.

하버마스가 말하는 의사소통적 합리성은 타인과의 담론 상황에서 도출된 것이다. 즉 우리는 타인과의 담론 과정에서 근거 제시를 통해 자신의 언어적 진술의 타당성을 주장하며, 이러한 타당성 주장은 타인의 보다 나은 근거 제시를 통해 비판될 수도 있고, 또한 타인의 동의를 통해 정당화될 수도 있다. 하버마스는 이러한 논증적 담론 과정에서 관철되는 행위 원칙, 즉 보다 나은 근거 제시를 통한 동의 형성이라는 담론 원칙을 의사소통적 합리성으로 규정한 것이다.[27] 또한 이러한 담론 원칙이 실현될 수 있기 위해서는 모든 담론 참가자가 서로를 자유롭고 평등한, 그리고 사려 능력이 있는 담론 상대자로 인정하는 이상적 담론 상황이 필수적으로 전제되어야 한다.[28] 현대화의 역설을 극복할 수 있는 대안적 형태의 사회적 합리화란 바로 이러한 의사소통적 합리성이 사회 조직 원리로 관철되는 것을 말한다. 다시 말해, 사회적 합리화란 한편으로 모든 사회 구성원에게 논증적 담론 과정에 참여할 수 있는 권리가 보장되고 이러한 논증적 담화 과정을 통한 의사 형성 절차가 제도화되는 것을 뜻하며, 다른 한편으로 이렇게 형성된 공동의 의사에 따라 한 사회의 규범적 질서가 조직되는 것을 말한다. 우리의 문제는 바로 이러한 의사소통적 합리성이 과연 사회 형성의 자유와 자아 형성의 자

**27** J. Habermas, *Theorie des kommunikativen Handelns*, Bd. 1, pp. 25-44.

**28** J. Habermas, "Wahrheitstheorien"(1972), *Vorstudien und Ergänzungen zur Theorie des kommunikativen Handelns*, pp. 174-183.

유라는 현대의 두 가지 규범적 기획을 상호 대립이 아니라 상호 화해시킴으로써 현대성의 내적 대립을 극복할 수 있는가 하는 점이다.

하버마스는 보편적 이성의 실현과 자유를 결합하는 칸트적 자율성 이념의 연장선 위에 있지만 칸트와는 달리 자유가 자기 자신에 대한 억압으로 변하는 역설을 극복한다. 의사소통적 합리성을 통해 재구성된 하버마스의 자율성 개념은 칸트의 자율성 개념과 관련하며 세 가지 차원에서 이해될 수 있다. 첫째, 하버마스의 자율성 개념은 칸트와 마찬가지로 행위 규정자와 행위 수행자 동일성 원칙을 따른다. 의사소통적 합리성은 담론 참여자가 담론 과정 속에서 동의한 공동의 행위 규범에 따르는 것이 합리적이라고 보기 때문이다. 따라서 담론이라는 동의 형성 절차를 결여한 규범적 질서에 복종한다면 이는 자율이 아니라 타율이다. 그러나 둘째, 하버마스의 의사소통적 합리성은 칸트와는 달리 자유를 이성적 존재와 자연적 존재의 대립 속에 위치시키지 않는다. 왜냐하면 담론 행위 속에서 인간은 이성 법칙에 따라 자기 자신을 반성하는 고립된 주체가 아니라, 타인과 의사소통 행위를 하는 상호 주관적 주체로 등장하기 때문이다. 칸트의 자기반성 구조는 필연적으로 이성적 존재와 자연적 존재의 대립을 전제한다. 왜냐하면 자기반성 행위 속에서 인간은 한편으로 초월적으로 존재하는 이성 법칙에 따라 자신을 투명하게 인식하고 통제하는 반성 주체이며 다른 한편으로 반성 주체에게 의식되고 통제되는 반성 대상으로 분열되기 때문이다. 자유가 자신에 대한 억압으로 변하는 역설은 이성적 존재인 반성 주체가 반성 대상인 자연적 존재가 어떠한 욕망과 충동하든 이를 이성 법칙에 복종시키기 때문이다. 이에 반해 타인과의 담론 행위에 참여한 의사소통 주체에게 칸트식의 자기반성 과정은 바로 언어적 상호 작용으로 대체된다.

즉 담론 주체는 자신을 어떤 객관적인 것으로 대상화하는 고립적 자기 반성 구조에서 벗어나 다른 담론 상대자들과의 소통 행위를 통해 화자와 청자의 역할을 번갈아 수행하면서 서로의 관점을 수용하고 변형시키는 언어적 상호 작용에 참여하게 된다는 것이다. 그러나 이러한 언어적 상호작용이 칸트의 정언명법과 같은 특정한 행위 원칙을 담론 참가자들의 행위에 적용하기 위한 반성 과정을 의미하는 것은 아니다. 언어적 상호작용은 단지 하버마스가 담론 원칙으로 규정한 언어 사용의 일반적 법칙만을 따를 뿐, 반성 작용에 앞서 초월적으로 존재하는 어떤 이성 법칙을 전제하지 않으며 반대로 인간의 행위를 규제하는 규범적 질서는 언어적 상호 작용에 의해 비로소 형성된다. 따라서 인간의 반성 활동을 이성 법칙에의 복종으로 봄으로써 자유와 복종을 동일시하는 칸트식의 역설은 하버마스에게 발생하지 않는다. 셋째, 칸트에게 보편화 원칙이 인간의 행위를 정당화시키는 최종 근거이듯이 하버마스에게는 이제 담론 원칙이 인간의 행위를 정당화시키는 최고 원칙이 된다. 하버마스가 이성과 자유를 결합시키는 칸트적 전통에 서 있다는 것은 바로 하버마스가 자유를 이성적 정당화 요구와 결합시킨다는 것이다. 그러나 문제는 담론 원칙을 따르는 것이 과연 자기 자신에 대한 억압이라는 칸트적 자유 개념의 역설을 극복할 수 있겠는가 하는 점이다. 칸트적 자기반성 과정은 단지 보편화 원칙을 자신의 행위에 적용하는 논리적 사고 과정일 뿐이라는 점에서 각 개인은 자기반성 과정에서 자신의 실제적인 욕구나 이해를 표출시킬 수 있는 아무런 가능성도 갖지 않는다. 따라서 칸트에게는 단지 자연적 존재에 대한 이성적 존재의 우위 내지는 자연적 존재가 따르는 자연 법칙에 대한 이성 법칙의 우선성만이 주장된다. 그러나 담론 과정은 어떤 정해진 원칙에 따라 연역적으로 자기 행동을 규정하는 과정이 아니라 자신이 원하는 행위의 정당성을 주장하는 과정이다. 다시 말해, 각 개인은 자신의 욕구나 이해, 또는 개인적 가치나 이상을 담론 과정에서 주장할 수 있다는 것이다. 또한 칸트의 보편화 원칙은 각 개인의 이기주의적 욕구 실현이 상호 갈등과 투쟁 상태에 빠지는 것을 막기 위해 제시된 것이지만, 각 개인에게는 자기반성 과정에서 단지 보편화 원칙을 고립적으로 자기 자신에게 적용하는 것만이 문제될 뿐 타인과의 관계는 아무런 의미를 갖지 않는다. 하버마스의 담론 원칙은 이와 반대로 한 개인의 행동이 규범적으로 정당성을 가질 수 있는가 하는 문제를 단지 폐쇄적인 자기반성 과정을 통해 해결하는 것이 아니라 해당 당사자들 간의 의사소통을 통해 해결하도록 한다. 한 개인의 행동이 정당화될 수 있는 상황은 오직 모든 해당 당사자의 동의가 있어야만 가능하기 때문이다. 만약 이러한 동의 형성 작업이 아무런 강제 없이 이루어진다면 우리는 이러한 과정을 거쳐 형성된 동의 속에는 이미 각 개인의 개별적 이해가 표현되어 있다고 볼 수 있다. 따라서 의사소통적 합리성에 따라 재구성된 하버마스의 자율성 개념은 자유를 이성적 정당화 요구와 결합시키면서도 칸트식의 자기 억압이라는 역설을 극복한다.[29]

그렇다면 과연 의사소통적 합리성이 칸트의 역설에 기반한 사회적 합리화의 역설 또한 극복할 수 있는가의 문제가 남는다. 사회적 합리화의 역설이 발생하는 것은 이미 지적했듯이 인간의 이성이 자기 보존을

29 악셀 호네트에 따르면 현대의 보편주의적 윤리를 개인적 특수성에 대한 억압으로 보는 리오타르(Lyotard)가 개인의 특수성을 윤리적으로 옹호하기 위해서는 오히려 현대의 보편주의적 윤리를 재구성한 하버마스식의 담론 윤리를 필요로 할 수밖에 없다. A. Honneth, "Das Andere der Gerechtigkeit. Habermas und die Herausforderung der poststrukturalistischen Ethik", *Deutsche Zeitschrift für Philosophie*, 43/2, pp. 195-220.

위한 자연 지배라는 지상 명령에 복종함으로써 도구적-인지적 사고를 지배하는 이성 법칙이 인간의 합리적 행위를 결정하는 초월적 원리로 자립화되기 때문이다. 그런데 도구적-인지적 사고는 누가 이를 작동하느냐, 무엇이 대상이 되느냐에 관계없이 항상 동일한 법칙을 따르고 있다. 따라서 인간의 자연 지배가 사회적으로 실현됨에 따라 사회적 노동 체계가 도구적-인지적 사고를 작동시키는 거시 주체로 절대화되고 인간이 도구적-인지적 사고가 적용되는 개별적 객체로 전락하는 것이 가능해진다. 인간이 이성의 주체가 아니라 오히려 이미 자립화된 이성 법칙을 실현하는 사회적 노동 체계에 종속하게 되고, 결국 이에 기능적으로 기여하는 단순한 노동력으로 사물화되는 것은 이러한 과정의 필연적인 결과이다. 이 점이 역설로 이해될 수 있는 이유는 무엇보다도 인간이 자기 보존을 효율적으로 실현하기 위해 사회적 노동 체계를 조직했음에도 불구하고 오히려 인간이 사회적 노동 체계 아래에서 노동력이라는 단순한 객체로 전락하기 때문이다. 칸트의 자율성 개념 역시 초월적이고 자립화된 이성 법칙을 전제하기 때문에 여기에서도 개인은 이성 법칙을 연역적으로 자신의 행위에 적용하는 자동적 사유 장치로 전락한다. 그러나 이성 법칙의 실현과 적용이 문제되는 한 모든 개인이 이러한 사고 과정의 주체일 필요는 없다. 어떤 행동이 타인에 의해 강제된다 하더라도 그것이 이성 법칙을 따르고 있는 한 이러한 강제는 정당하기 때문이다. 마찬가지로 정의로운 사회를 누가 조직하느냐 역시 칸트에게는 중요하지 않을 수 있다. 즉 한 사회가 정의로운 사회냐 아니냐의 문제는 칸트의 정언명법이 요구하는 대로 한 사회가 모든 사람에게 평등한 권리와 의무를 부여하는 보편화 원칙에 따라 조직되었는가에 달려 있는 것이지 이러한 사회가 누구에 의해 조직되었는가는 그다지 의미가 없다는 것이다. 따라서 칸트의 이성 법칙은 이미 도구적-인지적 사유 법칙과 마찬가지로 인간을 사회 구성 주체가 아니라 객체로 만들 수 있는 위험성을 내포하며, 결국 행위 규정자와 행위 수행자의 동일성이라는 자율성 원칙을 훼손시킨다. 이에 반해 하버마스의 의사소통적 합리성은 행위 규정자와 행위 수행자 동일성 원칙 자체를 한 사회의 규범적 질서를 정당화하는 토대로 삼는다. 어떤 행위가 정당한 것은 이것이 보편화 원칙을 따르고 있기 때문이 아니라, 바로 이것이 우리가 만들어낸 행위 규범을 따르고 있기 때문이며, 마찬가지로 어떤 규범이 정당한 것은 이것이 보편화 원칙을 따르고 있기 때문이 아니라. 이 규범 형성 주체가 바로 우리 자신이기 때문이다. 의사소통적 합리성에 기초한 자율성 개념은 바로 각 개인이 담론 과정을 통해 형성한 동의를 제반 규범의 최종 근거로 삼는다는 점에서 항상 각 개인을 규범 형성의 주체로 전제한다. 물론 의사소통적 합리성이 보다 나은 논증을 통한 동의 형성이라는 담론 원칙을 언어적 상호 작용의 내재적 법칙으로 전제한다고 할 수 있다. 따라서 의사소통적 합리성 역시 이성 법칙에의 복종을 전제한다고 할 수 있다. 그러나 이 경우에도 이성 법칙에의 복종은 인간을 객체화시키지 않는다. 의사소통적 합리성이 전제하는 이성 법칙의 복종은 바로 각 개인이 담론 주체로서 규범을 형성한다는 말과 같기 때문이다. 따라서 정의로운 사회는 단순히 보편화 원칙이 실현됨으로써 모든 구성원이 동일한 권리와 의무를 갖는 사회가 아니라, 오히려 모든 구성원이 담론을 통한 의사 형성 과정에 참여할 수 있는 권리를 보장받고, 이를 통해 형성된 동의에 근거하여 제반 규범적 질서가 조직되는 사회를 말한다. 의사소통적 합리성에 기반한 사회적 합리화는 사회 구성원을 사회 형성의 객체가 아니라 사회 형성의 주체로 만든다. 마찬가지로 의사소통적 합리성에 내재한 이성 법칙은 행위 규범을 정당화시키는 최종 근거일 뿐만 아니라 각 개인을 규범 형성의 주체로 삼는다는 점에서 자유의 원칙으로 정의로운 사회를 정당화한다.

그러나 합리화의 또 다른 역설은 각 개인이 자기 형성의 주체가 아니라 사회가 각 개인의 자기 형성의 주체가 됨으로써 개인에 대한 억압을 낳는다는 데 있다. 하버마스의 의사소통적 합리성은 과연 각 개인의 자기 형성의 자유 역시 개념화시킬 수 있는가? 물론 의사소통적 합리성은 각 개인을 사회적 규범 형성의 주체로 만든다는 점에서 각 개인에게 사회 형성의 자유를 부여한다. 마찬가지로 의사소통적 합리성은 각 개인이 담론 과정에서 자신의 이해나 욕구 또는 가치나 이상을 주장할 수 있게 한다는 점에서 이미 각 개인의 자유로운 자아 형성을 전제하고 있다. 뿐만 아니라 하버마스는 인간이 개별적 존재로서 자신의 개인사에 의거하여 자신을 남과 차별적인 존재로 구성할 수 있으며, 타인의 인정을 통해 자신만의 독특한 정체성을 확보할 수 있음을 지적한다.[30] 그러나 의사소통적 합리성 자체가 자아 형성의 원칙을 말하는 것은 아니다. 의사소통적 합리성은 각 담론 주체들 사이에서 관철되는 행위 원칙이며, 또한 이를 통해 사회 구성원 모두가 지켜야 할 규범적 질서를 형성한다는 점에서 이는 사회적 보편성을 형성하는 형식적 절차일 뿐, 각 개인이 자신을 특수한 존재로 만드는 자기 형성 작업과는 무관하다. 내가 어떤 존재가 될 것인가 하는 문제가 논증적 담론 과정의 대상이 된다 하더라도 이것은 타인의 동의를 구하는 수준에서가 아니라, 단지 남

30 J. Habermas, "Indiviuierung durch Vergesellschaftung. Zu G. H. Meads Theorie der Subjektivität", *Nachmetaphysisches Denken*, pp. 223-234.

과 자신의 문제를 상의하고 조언을 얻는 수준에서이며, 문제 해결은 결국 개인의 결단력에 달려 있다.[31] 각 개인의 차별적 특성이나 독특한 생활 방식은 그 개인에게만 의미 있을 뿐이지 우리 모두에게 타당성을 갖는 것은 아니기 때문이다. 더구나 타인을 독특한 개성을 지닌 차별적 존재로 인정할 때 그 대상이 되는 것은 그 개인의 정체성이지 그 개인의 언어적 진술이 갖는 보편타당성이 아니다. 의사소통적 합리성은 개인의 특수성에 대한 인정을 전제하고 바로 이 특수한 개인들이 일으키는 갈등을 조정하면서 공통의 삶의 공간을 형성하기 위해서 필요한 것이다. 따라서 의사소통적 합리성은 나뿐만 아니라 한 사회 구성원 모두에게 그 타당성을 주장하는 보편적 규범 형성과 관련된 것이지 나 자신에게만 타당한 특수한 자기 형성 작업의 원칙은 아니다. 결국 계몽의 역설을 극복하려는 하버마스의 대안적 합리성은 현대의 규범적 기획 중 사회 형성 차원의 자유를 특화한 것이지 개인의 자기 형성 자유를 개념화한 것은 아니다.

푸코는 하버마스와 마찬가지로 합리화의 역설을 폭로한 『계몽의 변증법』의 문제의식을 공유하면서도 여전히 계몽적 전통에 머물러 있다. 푸코는 이성과 권력의 통일을 폭로한 『계몽의 변증법』과 마찬가지로 현대 사회를 진리-권력 복합체에 기반한 통치 기술의 제도화로 이해하는 것이다. 그러나 푸코는 하버마스처럼 대안적 합리성을 제시함으로써 계몽의 계몽을 추구하는 것은 아니다. 푸코가 생각하는 계몽은 합리성의 한계를 비판하고 또 이 한계를 넘어서려는 철학적 에토스를 의미한다.[32] 즉 푸코는 특정한 합리성 개념에 기반한 현재의 존재 구조가 역

31 J. Habermas, "Vom pragmatischen, ethischen und moralischen Gebrauch der praktischen Vernunft", *Erläuterungen zur Diskursethik*, p. 109.

사적 제한성을 넘어 자신을 보편타당한 것으로 절대화함으로써 인간에 대한 권력으로 등장하는 것을 비판하고 이를 넘어서기 위한 노력을 자유의 추구로 보는 것이다. 이런 점에서 푸코에게 현대는 단순히 일련의 시대사적 특성만이 아니라 이른바 자유의 실현이라는 현대성 개념을 통해 규정되며, 푸코 자신의 이론적 목표 역시 바로 철학적 에토스로 표현된 현대의 규범적 기획을 실천하는 것에 있다.

현재의 한계에 대한 비판과 현재로부터의 자유를 추구하는 푸코식의 계몽은 이른바 "비판적 존재론"이라는 개념으로 설명될 수 있다.[33] 첫째로 비판적 존재론의 분석 대상은 인간의 현존 방식을 결정하는 현재의 존재 구조이다. 그런데 푸코에게 현재의 존재 구조는 무엇보다도 참과 거짓, 이성적인 것과 비이성적인 것, 그리고 정상적인 것과 비정상적인 것을 구분하는 일종의 "진리 게임"의 성격을 지닌다.[34] 다시 말해, 우리가 무엇을 사고하고, 무엇을 말하며, 무엇을 원하는지, 그리고 우리가 어떻게 사고하고, 어떻게 말하고, 어떻게 우리 자신을 형성할 것인가는 바로 특정한 합리성 기준을 내포하는 현재의 진리 게임을 통해 결정되며 이런 점에서 인간의 현존 방식을 결정하는 현재의 존재 구조는 진리 게임에 종속되어 있다는 것이다. 역사적으로 존재하는 다양한 에피스테메를 연구하는 푸코의 고고학은 역사적으로 어떤 진리 게임이 등장

32 M. Foucault, "Was ist Aufklärung?", E. Erdmann, R. Forst und A. Honneth (hg.), *Ethos der Moderne. Foucaults Kritik der Aufklärung*, pp. 35-53.

33 같은 책, p. 48, 50. 푸코는 자신의 계몽적 기획을 우리 자신의 존재 구조를 비판적으로 밝힌다는 뜻에서 "우리 자신에 대한 비판적 존재론"(die kritische Ontologie unserer selbst)이라고 규정하거나, 우리 자신의 존재 구조가 역사적이라는 점에서 "우리 자신에 대한 역사적 존재론"이라고 규정하기도 한다. 아래에서는 푸코의 이러한 개념을 간단히 "비판적 존재론"으로 칭한다.

34 M. Foucault, *Der Gebrauch der Lüste*, p. 13.

했는가에 대한 연구이기도 하다는 점에서, 현재의 존재 구조를 해명하는 비판적 존재론의 분석 방법이 된다. 푸코는 칸트와 마찬가지로 인간의 경험이 어떤 범주적 매개 없이는 불가능하다고 보지만, 푸코는 이러한 경험의 가능 조건을 어떤 보편적이고 초월적인 것이 아니라 역사적으로 형성되고 변화하는 것으로 본다. 역사적으로 등장한 특정한 인식 질서인 에피스테메는 다양한 언술 사이에 정합적 체계를 형성하게 할 뿐만 아니라, 다양한 현상이나 감각 자료들에 통일적 질서를 부여함으로써 특수한 방식으로 경험을 조직한다는 점에서 결국 인간의 현재 세계를 구성하게 한다. 진리 게임은 이러한 인식 질서가 존재하고 작동하기 위한 합리성의 척도를 말한다. 즉 역사적으로 등장한 다양한 에피스테메는 항상 특정한 합리성 기준에 따라 다양한 진술, 관찰, 논증 등을 위계적으로 조직하고 또한 이에 타당성을 부여함으로써 자신을 하나의 진리 체계로 만든다는 것이다. 따라서 인간의 현재 세계를 구성하는 에피스테메는, 동시에 특정한 진리 게임에 따른 진리 체계이기도 하다. 그러나 에피스테메에 대한 연구가 특정한 언술이나 인식 질서가 갖는 타당성 자체를 문제 삼기 위한 것은 아니다. 다시 말해, 푸코의 관심은 인식의 정당성 조건을 전제함으로써 특정한 인식 체계의 진리성을 검증하는 것이 아니라, 오히려 특정한 시기에 특정한 장소에서 특정한 언술들을 타당한 것으로 수용하게 하는 인식의 역사적 "수용성 조건"을 밝히는 데 있다.[35] 물론 특정한 인식이 타당한 것으로 수용될 수 있는 이유는 그것이 진리 게임이 전제한 특정한 합리성 기준을 충족하기 때문이다. 그러나 특정한 합리성 기준이 타당성을 보장하는 척도로 작동할

35 M. Foucault, *Was ist Kritik*, p. 35.

수 있었는가에 대한 질문에 이 합리성 기준 자체만으로는 답할 수 없다. 마찬가지로 이러한 특정한 합리성 기준을 보장하는 어떤 보편적 척도를 끌어들인다 해도 여전히 문제는 남는다. 이러한 보편적 척도 역시 그 수용 조건에 대해 질문할 수 있기 때문이다.

따라서 둘째로 이제 현재의 존재 구조에 대한 관심은, 특정한 진리 게임이 어떻게 현재의 존재 구조로 작동함으로써 인간의 현존 방식을 규정하는가로 나아간다. 푸코의 계보학은 진리 게임의 존속을 그 타당성이 아니라 진리 게임의 권력 효과에서 찾음으로써 현재의 존재 구조에 대한 해명을 현재의 권력에 대한 비판으로 발전시킨다. 우선 진리 게임의 권력 효과는 진리 게임의 내적 구조에 기인한다. 즉 진리 게임은 참과 거짓이라는 이원적 구조에 기초해서 한편으로 인식의 타당성뿐만 아니라 행위의 정당성 그리고 개인의 정상성까지도 결정하지만, 다른 한편으로 진리 게임은 이와는 다른 인식, 행위 그리고 자기 형성의 가능성을 배제한다. 다시 말해, 진리 게임은 자신의 특정한 합리성 기준을 보편적 진리의 기준으로 절대화함으로써 특정한 현존 방식을 특권화시키고 이와는 다른 현존 방식을 비이성적이고 비정상적인 것 그리고 결국 비진리로 단죄하는 "배제"의 권력을 행사한다는 것이다.[36] 그러나 푸코의 고고학적 연구가 지적하고 있듯이 역사적으로 다양한 합리성 기준이 존재한다는 것은 진리 게임이 그 구조상 보편타당성을 요구하는 진리라는 용어를 사용하지만 사실 그 기준은 항상 역사적 제한성을 가지고 있음을 말해 준다. 따라서 진리 게임은 보편적 진리를 드러내는 인식 장치가 아니라 단지 특정한 역사적 시기에 진리로 간주

36 M. Foucault, *Die Ordnung des Diskurses*, p. 11.

된 것을 보편적 진리로 관철시키는 권력 장치이다. 이러한 진리 게임이 현재의 존재 구조를 결정함으로써 인간의 현존 방식에 권력을 행사할 수 있는 것은 진리 게임에 내재하는 권력 구조가 일종의 사회적 "통치 기술"과 결합하기 때문이다.[37] 다시 말해, 특정한 진리 게임에 의해 형성된 진리 체계가 이에 기반한 통치 체계를 통해 자신의 실제적 존재 기반을 획득할 뿐만 아니라 바로 인간의 현존 방식도 결정하게 된다는 것이다. 그러나 진리 게임과 통치 기술이 결합한다는 것이 특정한 진리 체계가 현존하는 통치 체계를 정당화시키는 이데올로기 역할을 한다는 의미는 아니다. 푸코가 생각하는 진리 게임과 통치 기술의 결합은 바로 진리 체계가 통치 체계 안에서만 존재할 수 있고 , 또한 통치 체계는 진리 체계를 통해서만 관철된다는 뜻이다. 광인과 정신병을 다루는 정신병원 체계, 처벌이나 감금 그리고 교정에 관계된 형사처벌 체계, 개인의 욕망이나 성적 행위와 관련된 성의 체계에 대한 푸코의 연구가 보여주듯이 각 개인을 특정한 행동 방식에 복종시키는 권력 메커니즘은 항상 특정한 진리 체계를 전제하고 있다. 이런 점에서 인간의 현존 방식을 결정하는 현재의 존재 구조란 비단 진리 게임을 통해 형성되는 것이 아니라 바로 진리권력 복합체를 통해 형성된다고 할 수 있다.

셋째로 진리의 권력 효과 그리고 권력의 진리 담론 의존성에 근거한 푸코식의 현재 비판은 자유의 실현을 그 규범적 목표로 삼는다. 즉 비판적 존재론은 단지 진리-권력 복합체가 형성한 현재의 존재 구조를 비판할 뿐만 아니라 현재의 권력으로부터 벗어난 자유의 실현을 목표로 한다는 것이다. 이런 의미에서 푸코는 특정한 사회적 복종 메커니즘

**37** M. Foucault, *Was ist Kritik*, p. 10.

을 전제하는 통치의 기술이 아니라 이로부터의 해방을 의미하는 "탈복종"의 기술을 비판적 존재론의 마지막 축으로 규정한다.[38] 탈복종의 기술은 우선 현재의 절대화에서 벗어나 현재와는 "다른 식의 사고"를 추구하는 철학적 활동에 있다.[39] 즉 현재로부터의 해방은 우리가 현재의 방식대로 사고하고, 행동하고, 존재하는 것이 아니라 바로 현재와는 다르게 사고하고, 행동하고, 존재하는 데 있다는 것이다. 그러나 다른 식의 사고가 또 다른 현재의 권력을 만들어내려는 시도는 아니다. 다시 말해, 푸코의 해방 전략은 하나의 현재를 다른 현재로 바꾸는 이른바 권력 교체에 있는 것이 아니다. 다른 식의 사고가 권력의 악순환에 빠지지 않고 자유의 추구로 이해될 수 있는 경우는 이것이 개별적 자아 형성에 적용될 때이다. 다시 말해, 다른 식의 사고라는 철학적 활동은 현재가 강제하는 현존 방식을 넘어서 개인이 자기 자신을 자유롭게 형성하는 자기 창조 활동의 전제라는 것이다. 사실 푸코의 진리-권력 복합체에 대한 폭로는 결국 현재의 존재 구조가 얼마나 역사적이고 자의적인가를 밝히고 있지만 현재의 역사성과 자의성에 대한 지적은 또한 얼마나 다양한 현존 방식이 가능할 수 있는가에 대한 문제 제기이기도 하다. 또한 역으로 현재의 권력이 인간의 현존을 특정한 방식으로 강제한다는 것은 바로 인간이 다양한 방식의 현존 가능성에 직면해 있을 뿐만 아니라, 다양한 방식으로 자신의 현존을 결정할 수 있는 자율적 주체로 존재한다는 의미이기도 하다. 즉 권력이 행사되는 대상은 바로 자율적 주체이며, 권력은 바로 자율적 존재에게 행사된다는 점에서 권력

**38** 같은 책, p. 15.

**39** M. Foucault, *Der Gebrauch der Lüste*, p. 16.

이라는 것이다.[40] 이런 원초적 자율 상태에 대한 가정은 칸트식의 자율 개념을 연상케 한다. 즉 인간 자신이 자신의 현존 방식을 결정할 때 이는 자율이며, 외적인 진리-권력 복합체에 의해 인간의 현존 방식이 결정될 때 이는 타율이라고 할 수 있기 때문이다. 그러나 도덕적 주체를 이성적 주체와 동일시함으로써 도덕적 주체의 자율성을 이성 법칙에의 복종으로 보는 칸트와는 달리 푸코는 도덕적 주체를 이른바 "주체화 방식"과 결합시킴으로써 자율성을 이성과 결합시키는 칸트를 넘어선다.[41] 푸코에 따르면 인간의 도덕적 행위는 어떤 통일적인 생활 방식과 결합되어 있고, 또 통일적인 생활 방식은 도덕적 주체를 필요로 한다. 그러나 칸트와는 달리 푸코에게 도덕적 주체는 보편타당성을 주장하는 이성 법칙과 관계해서 자신의 행위를 규정하는 것이 아니다. 오히려 한 개인이 도덕적 주체로서 특정한 도덕적 규범을 따를 것인가 그렇지 않을 것인가, 또는 보편화 원칙에 따라 자신의 행위를 규정할 것인가 그렇지 않을 것인가는 개인이 자기 자신을 어떤 존재로 만들려고 하는가에 의해 결정된다는 것이다. 이러한 전 규범적 심급에 대한 가정은 이제 자유를 이성 법칙과의 관계가 아니라 자기 자신과의 관계에 위치시킨다. 칸트에게 자기 관계는 이성 법칙을 실현하기 위해 욕망과 충동의 원천인 자연적 존재를 억압하는 일종의 권력관계로 파악되지만, 푸코의 자기 실천은 욕망과 충동의 원천으로 파악된 자아에 그 실현 형태를 부여함으로써 자기 자신을 창조하는 행위이다. 물론 자아에 실현 형태를 부여한다는 것이 자아의 욕구에 일방적으로 종속되는 것을 의미

40 M. Foucault, "Das Subjekt und die Macht", Dreyfus und Rabinow (hg.), *Michel Foucault. Jenseits von Strukturalismns und Hermeneutik*, p. 255.

41 M. Foucault, *Der Gebrauch der Lüste*, p. 40.

하지는 않는다. 마찬가지로 금지와 허용의 구조를 지닌 도덕적 규범에 따라 자아를 재단하는 것을 의미하지도 않는다. 이른바 "존재의 미학"으로 규정된 푸코의 자아 형성 작업은 인간이 자기 자신에 대한 주권적 위치에서 자신을 일종의 예술적 창작물로 만드는 행위를 말한다.[42] 이런 점에서 푸코는 실험적 행위 또는 끊임없이 다른 식의 사고로 자기 자신을 스타일화시키는 니체의 자유 개념에 접근한다. 그러나 우리가 단지 실험적 행위가 아니라, 미적 창조의 기준을 묻는다면, 인간의 자유로운 자기 구성을 예술적 창작물에 비유한 존재의 미학은 상당히 불분명한 개념적 상태로 남는다. 하지만 우리가 존재의 미학을 현재의 권력으로부터의 해방이라는 차원에서 이해한다면, 존재의 미학은 무엇보다도 보편타당성을 요구하며 모든 개인을 동일화시키는 진리 게임과는 차별화된다. 다시 말해, 이제 인간의 현존 방식은 참과 거짓, 이성적인 것과 비이성적인 것, 그리고 정상적인 것과 비정상적인 것이라는 이원적 구조를 따르지 않는다는 것이다. 오히려 개인의 자기 창조 활동은 각 개인이 자신의 욕망, 타인의 권력, 그리고 진리 게임과 관련하여 어떤 것에도 종속되지 않은 채 자기 자신에 대한 주권적 권한을 행사할 수 있는 완전한 존재를 이상으로 삼는다.

그러나 비판적 존재론은 이러한 현재의 권력으로부터의 해방이 과연 개인의 자기 실천만으로 가능할 수 있는가의 문제를 남긴다. 왜냐하면 현재의 존재 구조가 여전히 인간의 현존 방식을 결정하고 있는 상황에서 이와는 다른 현존 방식을 추구한다면 결국 개인은 사회적 배제 구조에 희생될 수밖에 없기 때문이다. 따라서 자유의 추구가 개인에게 특정

42 M. Foucault, "Eine Ästhetik der Existenz", *Von der Freundschaft als Lebensweise. Michel Foucault im Gespräch*, p. 133.

한 현존 방식을 강제함으로써 이에 적응하는 사람은 사회 중심부에 통합시키고, 이와는 다른 현존 방식을 추구하는 사람들은 사회의 주변부로 배제시키는 현재의 권력 구조가 아닌 다른 식의 사회적 관계를 목표로 하지 않는 한 인간의 자유로운 자기 창조는 단지 이상에 머물 수밖에 없다. 이런 점에서 비판적 존재론의 규범적 목표인 존재의 미학이 현실성을 갖기 위해서는 진리 담론에 기초한 배제의 권력 구조와는 달리 자유로운 자기 자신과의 관계를 가능하게 하는 사회적 관계가 불가피하게 전제되어야 한다. 물론 이러한 지적은 특정한 현존 방식을 강요하는 현재의 존재 구조가 아니라 반대로 인간의 다양한 현존 방식을 가능하게 하는 다른 식의 현재 개념을 도입할 수 있을 때 설득력을 지닐 것이다. 다시 말해, 현재의 권력이 또 다른 현재의 권력으로 대체되는 것이 아니라, 인간의 다양한 현존을 가능하게 하는 자유의 전제 조건으로 작용할 수 있는 현재의 구성이 필요하다는 것이다. 그러나 푸코의 비판적 존재론은 단지 현재의 권력을 비판하고 이를 극복할 수 있는 자유를 자아 형성의 차원에서만 찾았을 뿐 특정한 현존 방식을 강요하지 않는 대안적 현재에 대한 아무런 개념적 틀도 가지고 있지 않다.

## 5. 두 가지 자유 개념의 화해

하버마스와 푸코는 공통적으로 자유의 실현이라는 현대의 규범적 기획을 따르고 있지만 하버마스의 의사소통적 합리성은 사회 형성 차원에서, 그리고 푸코의 존재의 미학은 자아 형성의 차원에서 자유를 개념화함으로써 현대의 기획 자체를 분열시키고 있다. 따라서 이제 문제는 하버마스와 푸코에게서 발견할 수 있는 자유 개념이 칸트와 니체의 관계에서처럼 현대의 규범적 기획을 내적 대립 상태에 빠뜨림으로써 결국 현대의 기획 자체를 불가능하게 만드는 것은 아닌가 하는 점이다. 그러나 하버마스와 푸코는 자유의 실현이 상호 환원 불가능한 두 가지 차원을 가지고 있다는 점을 보여 주려는 것이지, 이들이 각기 한 차원을 특권화함으로써 다른 차원을 배제하려는 것은 아니다. 하버마스의 의사소통적 합리성과 푸코의 존재의 미학은 비록 다른 차원에서 자유를 개념화했지만 이들은 서로 대립되는 것이 아니라, 오히려 서로 화해 가능하며 더 나아가 서로를 필요로 한다.

우리가 하버마스의 의사소통적 합리성을 특정한 현존 방식을 정당화하는 것이 아니라 다양한 현존 방식으로 인해 발생할 수 있는 갈등을 해결하기 위한 형식적 절차로 이해한다면, 의사소통적 합리성을 통해 형성된 규범적 질서는 이미 다양한 현존 방식을 전제하고 있다. 뿐만 아니라 담론 과정 속에서 각 개인이 자신의 욕구나 이해 또는 자신의 가치나 이상을 주장할 수 있다는 점에서 담론을 통해 형성된 동의에는 이미 각 개인의 특수한 현존 방식이 표현되어 있다고 볼 수 있다. 따라서 담론 과정에 참여할 수 있는 권리를 모든 개인에게 제도적으로 보장한다는 것은 단지 사회 형성의 자유를 위한 전제일 뿐만 아니라, 각 개인의 다양한 현존 방식을 실현할 수 있는 전제이기도 하다. 물론 이러한 의사결정 절차가 제도적으로 보장된다 하더라도 현재의 권력이 자동적으로 사라지는 것은 아닐 것이다. 담론 참가자들이 자신의 특정한 현존 방식을 절대화하고, 이를 근거 짓는 특정한 진리 게임에 사로잡혀 있다면, 담론 과정은 오히려 다양한 현존 방식의 공존을 꾀하는 사회적 규범 형성 과정이 아니라 특정한 현존 방식으로 모든 개인을 동일화하려는 권력 장치가 될 수 있다. 하버마스가 염두에 두고 있는 "담론"(Diskurs) 과정은 이런 점에서 협의의 "소통 행위"(Verstandigung)와 구별된다.[43] 즉 담론 과정은 암암리에 그 타당성이 전제된 특정한 현존 방식을 재확인하는 과정이 아니라, 이미 전제된 타당성 자체가 문제화되는 일종의 상호 반성 과정을 의미한다. 따라서 성공적인 담론 과정을 위해서 담론 참가자들은 이미 그 타당성이 전제된 특정한 진리 게임의 관철이 아니라 반대로 이로부터 벗어날 수 있어야 한다. 그러나 이것이 가능하기 위해서는 단지 담론 참가자들의 현실 반성 능력만이 필요한 것은 아니다. 오히려 기존의 가치 질서나 신념 체계가 자신의 현존 방식을 특정한 방향으로 강제하고 있다는 비판적 의식과 바로 이러한 강제로부터 벗어나 다양한 현존 가능성을 모색하려는 존재의 미학이 전제되지 않는 한, 기존의 타당성 자체를 문제시하는 담론 과정은 추동될 수 없을 것이다.

또한 푸코의 비판적 존재론이 합리성의 역사적 한계를 폭로하는 데 목표를 두고 있긴 하지만 이것이 합리성 자체에 대한 폐기를 의도하는 것은 아니다. 푸코는 인식과 행위의 보편타당성 조건을 찾으려는 합리주의적 계몽 전통과 비판적 존재론 사이의 양자택일을 거부한다. 흥미롭게도 푸코가 요구하는 것은 양자의 관계를 "변증법적 뉘앙스" 아래서 이해하는 것이다.[44] 합리성은 분명 사고나 행위의 가능 조건을 형성한다는 점에서 현재를 구성하는 생산적인 역할을 한다. 그럼에도 합리성의 한계가 문제되는 것은 이러한 생산적 역할에도 불구하고 합리성

43 J. Habermas, "Wahrheitstheorien"(1972), *Vorstudien und Ergänzungen zur Theorie des kommunikativen Handelns*, p. 130.

44 M. Foucault, "Was ist Aufkläung?", E. Erdmann, R. Forst und A. Honneth (hg.), *Ethos der Moderne. Foucaults Kritik der Aufkläung*, p. 46.

이 현재의 다른 가능성을 배제함으로써 결국 개인의 자유로운 자아 형성을 가로막는 권력 효과를 만들어내기 때문이다. 따라서 우리는 합리성의 생산적 역할만을 근거로 합리성을 전적으로 수용할 수도 없고, 합리성의 권력 효과만으로 합리성 자체를 포기할 수도 없다. 우리가 권력 효과를 배제하면서도 현실 구성력을 갖는 어떤 대안적 합리성 개념을 제시할 수 있다면 푸코의 합리성 비판은 합리성의 철폐가 아니라 반대로 합리성에 대한 자기반성 요구로 이해될 수 있다. 놀랍게도 푸코 역시 하버마스식의 의사 결정 과정을 각 개인이 자유롭게 자기를 창조할 수 있는 사회적 조건으로 본다. 즉 푸코는 사회적 의사 결정이 일종의 "윤리적 동의"를 형성함으로써 "각 개인이 이 결정 과정에서 그리고 윤리적 동의에 의해 고무된 제반 가치들 속에서 자신을 확인할 수" 있게 하는 제도적 장치를 자유로운 자기 형성을 위한 사회적 조건으로 이해한다는 것이다.[45] 이런 점에서 푸코는 사회 통합을 위해 개인에게 특정한 현존 방식을 강제하고 이와는 다른 현존 방식을 주변화시키는 현재의 권력을 비판하면서 무엇보다도 각 개인이 자유롭게 자기를 창조하는 존재의 미학을 새로운 윤리적 과제로 제시하지만, 푸코에게 사회적 규범 형성 차원이 무시되는 것은 아니다.

그러나 우리가 하버마스와 푸코의 자유 개념을 상호 화해 관계로 이해한다 하더라도 문제는 남는다. 상호 화해 관계에 대한 지적이 하버마스와 푸코의 개념적 통합을 의미하는 것이 아니기 때문이다. 따라서 상호 화해 테제는 일종의 이원론에 빠지게 된다. 우리는 사회 형성 차원의 억압이 문제되는 한 이성의 실현을, 자아 형성 차원의 억압이 문제

45 L. Kitzman (ed.), *Michel Foucault: Politics, Philosophy, Culture. Interviews and other writings 1977-1984*, p. 174.

되는 한 자아의 해방을 특권화시켜야 하기 때문이다. 물론 이런 특권화가 다른 차원의 독자성을 무시하고 자신을 절대화시키는 것은 아니다. 이런 의미에서 현대의 규범적 기획은 보편적 이성의 실현과 개별적 자아의 해방이라는 이원적 자기 분열에 빠지게 된다. 그러나 이원적 자기 분열이 문제인 것은 비록 개별적 자아의 형성이 보편적 이성의 실현을 필요로 하고, 보편적 이성의 실현이 개별적 자아의 형성을 전제한다 하더라도 이 두 가지 심급이 각각 다른 심급을 정당화할 수는 없기 때문이다. 보편적 이성의 실현이 정당화된다면 그것은 사회 형성 차원의 억압을 극복할 수 있기 때문이고, 개별적 자아 형성이 설득력을 지닌다면 그것은 자아 형성 차원의 억압이 문제되기 때문이다. 따라서 우리는 자기 형성의 자유와 사회 형성의 자유를 현대의 규범적 기획으로 이해했지만, 왜 이 두 차원의 자유가 각기 현대인의 삶에 필요한지, 또는 무엇 때문에 현대인에게 두 가지 차원의 자유가 모두 보장되어야 하는지를 설명하지 못한다. 푸코는 자아의 저항과 해방을, 하버마스는 이성의 저항과 이성의 실현을 요구하지만, 푸코의 비판적 존재론은 사회 형성의 자유를 개념화시킬 수 없으며, 하버마스의 의사소통적 합리성은 자기 형성의 자유를 단지 전제할 뿐이다. 따라서 푸코와 하버마스의 관점은 두 가지 차원의 자유 모두를 현대의 규범적 기획으로 정당화시키기에는 일면적일 수밖에 없다. 하버마스와 푸코의 자유 개념이 상호 화해 관계에 있다는 지적은 단지 현대의 내적 갈등을 극복하기 위한 시도가 아니라, 이러한 두 가지 자유 개념을 보다 높은 차원의 규범적 이념으로 통합시키는 작업으로 발전해야 한다. 물론 이 규범적 이념이 어떤 것이건 그것은 자아의 억압과 이성의 지배라는 『계몽의 변증법』, 그리고 하버마스와 푸코의 현대 비판을 극복할 수 있는 것이어야 하며, 현대에 대한 자아의 저항과 이성의 저항을 매개할 수 있는 것이어야 한다. 자아의 저항이 이성의 실현과 매개되지 않을 때 자아의 해방은 불가능하고, 이성의 실현이 자아의 해방과 매개되지 않을 때 이성의 실현은 무의미하기 때문이다.

## 참고문헌


Adorno, Th. W. 1975: Negative Dialektik. Suhrkamp.

Brunkhorst, H. 1990: Theodor W. Adorno. Piper.

Foucault, M. 1984: Eine Ästhetik der Existenz. in: Von der Freundschaft als Lebensweise. Michel Foucault im Gespräch. Merve.

Foucault, M. 1986: Der Gebrauch der Lüste. Suhrkamp.

Foucault, M. 1987: Das Subjekt und die Macht. in: Dreyfus und Rabinow (Hg.): Michel Foucault. Jenseits von Strukturalismus und Hermeneutik. Athenäum.

Foucault, M. 1990: Was ist Aufklärung? in: Eva Erdmann, Rainer Forst und Axel Honneth (Hg.): Ethos der Moderne. Foucaults Kritik der Aufklärung. Campus.

Foucault, M. 1991: Die Ordnung des Diskurses. Fischer.

Foucault, M. 1992: Was ist Kritik. Merve.

Günter, K. 1985: Dialektik der Aufklärung in der Idee der Freiheit. Zur Kritik des Freiheitsbegriffs bei Adorno. in: Zeitschrift für philosophische Forschung, 39/2.

Habermas, J. 1981: Theorie des kommunikativen Handelns, Bd. 1. Suhrkamp.

Habermas, J. 1984: Vorstudien und Ergänzungen zur Theorie des kommunikativen Handelns. Suhrkamp.

Habermas, J. 1988: Nachmetaphysisches Denken. Surkamp.

Habermas, J. 1991: Erläuterungen zur Diskursethik. Suhrkamp.

Honneth, A. 1995: Das Andere der Gerechtigkeit. Habermas und die Herausforderung der poststrukturalistischen Ethik. in: Deutsche Zeitschrift für Philosophie, 43/2.

Honneth, A. 1988: Foucault und Adorno. Zwei Formen einer Kritik der Moderne. in: Peter Kamper (Hg.): Postmoderne oder der Kampf um die Zukunft. Fischer.

Honneth, A. 1988: Kritik der Macht. Suhrkamp.

Horkheimer, M. und Adorno, Th. W. 1988: Dialektik der Aufklärung. Fischer.

Kant, I. 1974: Die Metaphysik der Sitten. Suhrkamp.

Kant, I. 1974: Grundlegung zur Metaphysik der Sitten. Suhrkamp.

Kant, I. 1974: Kritik der praktischen Vernunft. Suhrkamp.

Kitzman, L. (Hg.) 1988: Michel Foucault. Politics, Philosophy, Culture. Interviews and other writings 1977-1984. Routledge.

Menke, Ch. 1993: Distanz und Experiment. Zu zwei Aspekte ästhetischer Freiheit bei Nietzsche. in: Deutsche Zeitschrift für Philosophie, 41/1.

Menke, Ch. 1996: Tragödie im Sittlichen. Gerechtigkeit und Freiheit nach Hegel. Suhrkamp.

Nietzsche, F. 1988: Die Geburt der Tragödie. Kritische Studienausgabe 1. Gruyter.

Nietzsche, F. 1988: Fröhliche Wissenschaft. Kritische Studienausgabe 3. Gruyter.

Nietzsche, F. 1988: Zur Genealogie der Moral. Kritische Studienausgabe 5. Gruyter.

Nietzsche, F. 1988: Nachgelassene Fragmente 1880-1882. Kritische Studienausgabe 9. Gruyter.

Rath, N. 1987: Zur Nietzsche-Rezeption Horkheimers und Adornos. . in: Willem van Reijen und Gunzelin Schmid Noerr (Hg.): Vierzig Jahre Flaschenpost. 'Dialektik der Aufklärung' 1947 bis 1987. Fischer.

Schnädelbach, H. 1983: Dialektik als Vernunftkritik. Zur Konstruktion des Rationalen bei Adorno. in: L. von Friedburg und J. Habermas (Hg.): Adorno-Konferenz. Suhrkamp.

Tugendhat, E. 1993: Vorlesungen über Ethik. Suhrkamp.

Wellmer, A. 1985: Zur Dialektik von Moderne und Postmoderne. Suhrkamp.

# 근대적 자유 개념의 재구성
## 다차원적 사회비판의 이념 모색을 위하여

김 원 식

### 1. 들어가는 말

서구의 근대는 봉건적 지배와 억압에 대한 저항으로부터 시작되었으며, 그런 한에서 자유야말로 근대성(modernity)의 근본이념이라고 할 수 있을 것이다. 데카르트는 모든 전통에 대한 급진적 회의를 통해서 무엇에도 얽매이지 않는 자유로운 근대적 개인의 탄생을 선언하였다. 이후 자유의 이념은 우리가 시민권 발전의 역사를 통해서 확인할 수 있는 바와 같이 그 외연(外延)과 내포(內包)를 지속적으로 확대시켜 왔다. 물론 우리가 익히 알고 있는 바와 같이 근대적 자유 이념이 실현되어 온 역사적 과정은 결코 직선적이거나 순탄한 과정만은 아니었던 것 역시 부정할 수 없는 사실이다.

선거권의 확대 과정에서 이미 확인할 수 있는 바와 같이 근대적 시민권은 노동자, 여성을 포괄하여 보통선거, 평등선거를 실현하는 방향으로 그 외연을 지속적으로 확장시켜 왔다. 또한 마셜(T. H. Marshall)이 지적한 바와 같이 근대적 시민권 개념은 시민적 권리(civil rights)에서 시작하여 정치적 권리(political rights)와 사회적 권리(social rights)로 그 내포 역시 지속적으로 확대되어 왔다.[1] 달리 말하자면 근대적 자유는 외적인 억압으로부터의 해방이라는 '소극적 자유'의 이념에서 출발하여 실질적인 자유의 실현을 지향하는 방향으로 그 내용과 범위를 지속적으로 확대하여 왔고, 이를 위한 다양한 법적 제도화 과정을 거쳐 왔다고 말할 수도 있을 것이다.

그러나 주지하는 바와 같이 현실 역사 속에서 서구적 자유의 확대는 먼저 제국주의의 등장과 식민 지배로 귀결되었다. 또한 전 세계적 차원에서 자본주의 체제와 공산주의 체제가 대립했던 냉전 상황 속에서는 자유와 해방이라는 명분하에서 오히려 전체주의적 지배와 억압의 체제가 더욱 강화되기도 하였다. 뿐만 아니라 오늘날에도 역시 심화되는 경제적 불평등, 예측 불가능한 새로운 위험 요인들의 등장, 성장과 효율성 논리에 의한 미시적 삶의 통제 확대, 정보사회의 등장에 수반되는 일상적인 감시의 위협 등 개인의 자유를 위협하는 사회적 요인들은 더욱 다층화되고 일상화되고 있다. 그리고 이러한 상황들에 대한 반성을 배경으로 하여 오늘날에는 '포스트주의'의 기치하에 '주체의 죽음'과 '탈(脫)이성'이 선언되면서 근대적 자유에 대한 급진적 회의와 의심 역시 널리 확산되고 있는 것으로 보인다.[2]

1 T. H. Marshall, "The Development of Citizenship on the End of Nineteenth Century" in T. H. Marshall, Tom Bottmore, *Citizenship and Social Class*, Pluto Press, 1992, p. 8 이하 참조

2 강영안, 『주체는 죽었는가』, 문예출판사, 2001 참조.

그러나 사회적 지배와 억압으로 인한 사회적 부정의와 부자유가 여전히 지속되고 있는 한에서 자유는 오늘날에도 여전히 유효한 사회비판의 이념이 될 수밖에 없을 것이다. 여전히 우리가 외적인 지배와 억압에 반대하고 자기 자신의 삶의 주인이 되고자 하는 근원적인 삶의 열망을 가지고 있는 한에서 자유 혹은 '자유의 권리'는 현실을 비판하는 유효한 이념일 수밖에 없다. 또한 타인의 자유를 침해하지 않는 한에서 개인의 자유를 억압하는 제도나 행위를 정당한 것으로 수용할 수 없고, 시민들의 공론과 참여가 배제된 상태에서 일방적으로 입법된 법률이나 정부의 정책이 정당화될 수 없다는 사실에 대해 오늘날 적어도 민주국가의 시민들 사이에서는 암묵적 합의가 형성되어 있는 것으로 보인다. 뿐만 아니라 민주적 법치국가에서 개인의 자유는 헌법과 법률 나아가서는 다양한 제도들을 통해서 이미 상세히 제도화되고 규범화되어 있기도 하다. 물론 모든 규범 일반이 그러하듯이 현실적으로 자유의 가치와 권리가 다양한 방식으로 침해되고 있는 것도 분명한 사실이지만 그럼에도 불구하고 자유의 권리가 오늘날 인간의 현실적 행위와 제도를 구속하는 강력한 사실적 힘을 발휘하고 있는 것 역시 부정할 수 없을 것이다.

이런 점들을 고려할 때 오늘 우리에게 필요한 것은 다양한 근대성의 역설, 근대적 자유의 역설을 극복하는 방향에서 자유의 이념을 새롭게 재구성하는 것이 될 수밖에 없다. 이 글의 목적은 이와 같은 재구성을 기초로 자유(自由) 개념을 통해 오늘날 요구되는 다차원적 사회비판의 이념을 제시하는 데에 있다. 이를 위해 아래에서는 먼저 소극적 자유와 적극적 자유 나아가서 자율성(autonomy)과 진정성(authenticity) 개념을 모두 포괄하는 방식으로 자유 이념을 새롭게 재구성한 후 이에 기초하여 이러한 자유의 이념과 오늘날 사회비판이론이 가지는 관계에 대해서 간략히 검토해 보고자 한다.

## 2. 자유 개념의 재구성

서구 역사에서 근대적 자유의 이념이 봉건적인 지배와 억압에 대한 저항으로부터 출발하였다는 점에서 자유 이념의 초기적 형태는 벌린(Isaiah Berlin)이 말한 '소극적(negative) 자유'의 개념에서 찾아야 할 것으로 보인다.[3] 봉건적 지배와 억압'으로부터의' 해방이 핵심적인 과제가 되는 한에서 자유의 이념은 외적인 억압, 특히 봉건군주 및 국가의 억압'으로부터' 개인을 해방시키는 것으로 이해되어 왔다.

그리고 잘 알려진 바와 같이 자유에 대한 이러한 이해는 서구적 자유주의의 근간을 형성하여 왔다. 이미 홉스는 자유를 외적 방해가 없는 상태로 규정한 바 있다. 그에 따르면, 자유로운 사람이란 자신의 의지로 행위하는 것에 대해 아무런 외적인 방해도 받지 않는 사람을 의미한다. 이후 로크와 밀, 콩스탕과 토크빌 등 고전적 자유주의자들은 모두가 어떤 이유로도 침해되어서는 안 되는 개인적 자유의 최소한의 영역이 존재한다는 사실을 반복하여 강조해 왔고, 이러한 영역이 반드시 보호되어야만 한다고 주장하여 왔다.[4] 또한 자유에 대한 이러한 이해 방식은 오늘날에도 역시 사르트르의 자유 개념이나 노직의 자유지상주의(libertarianism)에서 발견될 수 있다.[5] 자유주의자들이 다수의 지배로서의 민

3 소극적 자유와 적극적 자유 개념의 구별에 대해서는 이사야 벌린, 『자유론』, 박동천 옮김, 아카넷, 2006, p. 343 이하 참조.

4 이사야 벌린, 같은 책, p. 346 이하 참조.

주주의를 견제하면서 지속적으로 불가침의 인권을 강조해 온 근본적인 이유 역시 외적인 간섭과 지배로부터 개인의 자유를 보호하는 데에 있었다고 말할 수 있을 것이다.

이와 같이 소극적 자유의 이념이 근대적 자유의 출발점을 형성하고 있었다고 할 수 있지만, 이후 자유의 개념은 앞서 지적한 바와 같이 실질적인 자유를 실현하는 방향으로 그 내용과 범위를 지속적으로 확대하여 왔다.[6] 이는 근대적 자유의 이념 자체가 소극적 자유의 이념과 더불어 적극적 자유의 이념을 내장하고 있다는 사실과 깊이 관련되어 있는 것으로 보인다. 외적인 억압과 지배의 제거는 단지 자유를 위한 필수적인 전제 조건일 뿐이며 그 자체로 적극적인 자유의 내용을 규정하지는 못한다. 따라서 온전한 자유의 실현을 위해서는 소극적 자유의 보장과 동시에 적극적인 자유의 실현이 반드시 요구될 수밖에 없다.

적극적 자유의 위험성을 주로 강조했던 벌린 역시 지적하고 있는 바와 같이 적극적 자유는 자기 자신의 주인이 되고자 하는 인간의 깊은 열망에 뿌리를 내리고 있는 것으로 보인다.[7] 우리는 누구나 외부의 힘에 의존하지 않고 나의 인생과 운명을 스스로 결정하고자 하는 깊은 열망을 가지고 있다. 물론 이러한 자유에 대한 열망은 초역사적인 현상이라기보다는 테일러가 지적하고 있는 바와 같이 현대 문화에서 진행되

5 Axel Honneth, *Das Recht der Freiheit*, Suhrkamp, 2011, p. 48.

6 소극적 자유에서 적극적 자유로의 이러한 발전 경로는 제국주의 침탈을 경험한 아시아 국가들에서는 거꾸로 나타날 수도 있을 것이다. 왜냐하면 식민지 해방 투쟁에서 일차적으로 요구되는 자유는 개인의 소극적 자유라기보다는 민족의 자주, 즉 자기지배일 수밖에 없을 것이며, 이는 위의 구별에 따르면 적극적 자유에 해당되기 때문이다. 이에 대해서는 문지영, 『자유』, 책세상, 2009, p. 100 이하 참조.

7 이사야 벌린, 앞의 책, p. 360.

는 거대한 주체 중심적 전환의 일부로 이해되어야만 할 것이다.[8] 근대적 자유는 전통적 세계상이나 초월적 질서에서 해방되어 내면의 목소리에 귀 기울이고자 하는 근대적 개인의 탄생을 역사적 배경으로 할 수밖에 없을 것이기 때문이다.

그런데 우리가 근대적 자유의 이념에 내장되어 있는 적극적 자유의 계기를 수용한다고 할 때, 이제 문제는 자기 자신의 주인이 된다는 것이 의미하는 바는 과연 무엇인가 하는 것이다. 일반적으로 자기 자신의 주인이 된다는 것은 크게 보아 다음과 같은 두 가지 의미를 동시에 내포할 수밖에 없을 것이다. 먼저 개인이 자기 자신의 주인이 되기 위해서는 외적인 명령이나 강요가 아니라 스스로 옳다고 생각한 바에 따라 행위할 수 있어야만 하며, 다음으로 그는 외적으로 강요된 행동이 아니라 진정으로 자신이 원하는 바를 행해야만 할 것이다. 모든 인간이 이성적인 존재인 동시에 감성적인 존재이고, 보편적인 존재인 동시에 개별적인 존재인 한에서 자유 역시 이 두 측면에서의 자유를 모두 포괄할 수밖에 없을 것이다. 자유로운 인간은 스스로의 이성적 판단에 의거하여서만 나 자신의 삶을 영위하기를 소망하는 동시에 나 자신이 진정으로 열망하는 고유한 삶을 실현하고자 한다는 것이다.

적극적 자유의 개념이 내포하는 이러한 두 측면은 서구의 근대 사상사에서 자기결정(Selbstbestimmung)을 강조하는 '자율성'의 개념과 자기실현(Selbstverwirklichung)을 강조하는 '진정성'의 개념을 통해서 각각 논의되어 온 것으로 보인다.[9] 먼저 루소의 경우 자유에 대한 그의 이해는

8 찰스 테일러, 『불안한 현대사회』, 송영배 옮김, 이학사, 2001, p. 42.

9 악셀 호네트, 앞의 책, p. 60 이하 참조.

이성적 자기결정과 진정한 자기실현이라는 이상을 동시에 포함하고 있다. 그는 한편으로 일반의지 개념에서 볼 수 있는 바와 같이 스스로가 설정한 법에 대한 복종, 즉 자율성으로서의 자유를 강조하면서 동시에 고유한 내면의 목소리에 귀 기울이는 진정성의 이상에도 역시 주목하고 있었기 때문이다.[10] 루소는 타율적인 명령이나 자연적 충동을 벗어나 고유한 자신의 의지에 따를 것을 강조한다. 그런데 이 고유한 자신의 의지는 한편으로 자연적 충동과 구별되는 이성의 명령인 동시에 자기 자신만의 내면의 목소리라는 이중성을 동시에 가지고 있으며, 이로 인해 이후 자유 개념에 대한 서로 다른 두 가지 해석의 계열이 등장하게 된다.

루소에서 발원하는 이성적 자기결정의 이상은 이후 칸트의 자율 개념을 통해 집중적으로 조명되었다.[11] 칸트는 인과법칙이 지배하는 자연세계로부터 선험적 자유의 영역, 즉 예지계를 구별해 내고 나서, 예지계의 인간을 도덕법칙의 입법 주체로 설정함으로써 인간의 자유를 확보하고 해명하고자 하였다.[12] 여기서 자유는 이성적 존재인 인간이 스스로 입법한 법칙을 따르고 실현하는 적극적인 자유, 즉 자율로 규정된다. 반면에 헤르더 이후 독일 낭만주의 전통에서는 보편적 이성과는 구별되는 진정한 혹은 고유한 자아의 실현을 자유로 규정하면서 핵심적인 윤리적 과제로 설정하였다. 이에 따르면, 우리들 각자는, 개인뿐 아니라 민족들 역시, 각각의 고유한 자기 자신만의 척도를 가지고 있으며, 이러

10 찰스 테일러, 앞의 책, p. 42 이하 참조.

11 문성학, 「칸트 도덕철학의 자율적 자유 개념의 루소적 기원」, 대한철학회 편, 『철학연구』 제116집, 2010 참조.

12 하영석, 「칸트에 있어 인격성의 근거로서의 自由」, 한국철학회 편, 『철학』 제33집, 1990.

한 고유한 자기 자신을 실현하는 것이야말로 윤리적 선이고 자유라고 할 수 있다.[13]

### (1) 자유 개념의 내적 갈등

우리의 목표는 앞서 밝힌 바와 같이 소극적 자유와 적극적 자유, 자율성과 진정성 개념을 모두 포괄하는 방식으로 자유 개념을 새롭게 재구성하는 것이지만, 이에 앞서 자유에 대한 상이한 이해 방식들 사이의 갈등 관계에 대해서 먼저 검토해 볼 필요가 있을 것으로 보인다. 왜냐하면 이러한 고찰이 이후 우리가 포괄적 방식으로 자유 개념을 새롭게 재구성하는 데에서 일정한 지침이나 도움을 제공할 수 있을 것으로 보이기 때문이다.

그러면 먼저 소극적 자유와 적극적 자유 이념 사이의 갈등 관계에 대해서 살펴보도록 하자. 이미 벌린이 지적한 바와 같이 양자는 현실 속에서 일정한 갈등 양상을 보여 왔다고 할 수 있다. 그에 따르면, 소극적 자유의 문제는 각각의 개인들이 얼마나 자유로운가의 문제라면, 적극적 자유의 문제는 누가 지배하는가의 문제와 관련된다고 할 수 있다. 때문에 소극적 자유와 적극적 자유의 대립은 자유주의와 공화주의 사이의 근본적 대립의 기초로 지적되곤 한다. 잘 알려진 바와 같이 자유주의자들은 개인에 대한 정부의 억압과 간섭에 반대하면서 다수의 지배로서의 민주주의를 견제하고자 했으며, 반면에 공화주의자들은 소수의 특권에 반대하면서 민주적 자기지배를 확대할 것을 주장해 왔다. 벌린은 냉전 상황 속에서 이러한 대립을 자유민주주의와 공산주의 사이

13 찰스 테일러, 앞의 책, p. 44 이하.

의 대립의 근원으로 이해하였다. 자유 진영이 소극적 자유를 방어하는 데에 주력해 온 반면에 적극적 자유를 지향했던 공산주의 진영에서는 소극적 자유를 부정하였고 결국에는 민주주의의 명분하에 전체주의적 지배가 횡행하게 되었다는 것이다.[14]

이러한 벌린의 평가는 자기결정을 지향하는 적극적 자유의 이념이 개인의 자유를 무시하는 전체주의로 귀결될 수 있는 위험성을 지적하고 있다는 점에서 분명 오늘날 우리에게도 귀 기울일 필요가 있는 것으로 보인다. 이성적 자기지배라는 이념이 유기체적 전체주의 논리로, 수령과 당에 의한 인민의 지배를 정당화하는 논리로 귀결되는 경우 개인의 자유는 심각하게 위협받을 수밖에 없기 때문이다.[15] 이러한 점을 고려하면서 벌린은 결정의 주체와 대상, 즉 지배하는 자와 지배받는 자를 차별화하는 자기결정의 개념, 적극적 자유의 개념 자체 속에 이러한 위험이 내장되어 있다고 주장하였다.[16]

그렇지만 게스(Raymond Geuss)도 지적하고 있는 바와 같이 적극적 자유의 이념이 반드시 이러한 전체주의를 함축한다고 볼 필요는 없다.[17]

14 이사야 벌린, 앞의 책 참조.

15 북한의 주체사상에서 등장하는 자주성 개념은 적극적 자유의 개념이 오용되는 대표적 사례를 보여준다고 하겠다. 자기 운명의 주인이 되고자 하는 인간의 본질적 특성으로 등장한 자주성 개념이 결국에는 수령의 지배를 정당화하는 논리로 귀착되고 있기 때문이다. 북한의 주체사상은 인민 대중의 자주성과 이익을 당이 대변하고 당의 자주성과 이익을 수령이 대변한다는 논리에서 출발하지만 결국에는 수령이 모든 것을 결정하고 지배한다는 결론을 제시한다.

16 "내가 나의 주인이라는 생각에는 이미 나를 나 자신으로부터 분리하는 암시가 묻어 있다. 인간성 내부에 한편으로는 초월적 지배적 통제를 행하는 측면이 있고 다른 편에는 욕망과 열정의 덩어리가 있어서 후자가 전자에 의하여 훈육되고 치유되어야 한다고 보는 입장은 적극적 자유의 개념에 담겨 있는 암시로부터 그다지 멀리 떨어진 것은 아니다." 이사야 벌린, 앞의 책, p. 366.

만일 우리가 자율성을 일차적으로 개인의 자율성으로 이해하고 국가나 집단을 독자적인 혹은 우월한 주체로 설정하지 않는다면, 자기결정의 이념은 결코 전체주의적 지배로 귀결되지는 않을 것이기 때문이다. 단지 자율성 혹은 자기결정에 대한 모종의 독백론적 이해, 즉 국가를 독자적인 하나의 거대 주체로 상정하는 이해 방식을 통해서 왜곡된 적극적 자유의 이념만이 전체주의적 함축을 지닐 뿐이다. 이렇게 보면 결국 벌린의 비판과 우려는 개인과 국가의 관계에 대한 잘못된 구도 속에서, 즉 국가를 개인의 상위에 두거나 후견인으로 간주하는 구도 속에서 왜곡된 적극적 자유 이념에 대한 비판으로 평가될 수 있을 것이다.

뿐만 아니라 우리는 적극적 자유의 이념이 없이는 소극적 자유의 내용은 물론 그에 대한 정당화 근거도 제시될 수 없으며, 자유주의 사회에 내장된 부정의들을 비판할 가능성 역시 사라진다는 점에도 주목할 필요가 있다. 먼저 예를 들어 헌법에 규정된 기본권의 근거는 어디에 존재하며, 그 내용은 어떤 절차를 통해서 규정될 수 있을 것인가? 실제로 그것은 결국 헌법의 이념과 체계에 대한 한 사회 내부의 민주적 합의를 통해서만 비로소 확보되고 규정될 수 있을 뿐이다. 또한 소극적 자유의 이념만을 고수하는 경우 우리는 그로부터 예를 들어 사회권에 속하는 권리들을 도출할 여지가 거의 없으며, 이는 결국 실질적 자유의 권리의 축소로 이어질 수밖에 없을 것이다.[18] 특히 경제적인 영역에서

17 Raymond Geuss and Martin Hollis, "Freedom as an Ideal", *Proceedings of the Aristotelian Society*, Supplementary Volumes, Vol. 69, 1995, p. 90 이하. 게스는 개인과 사회적 행위자, 예를 들어 국가 사이의 관계에 대한 특정한 이해 방식만이 벌린이 우려하는 전체주의를 함축한다고 말한다.

18 소극적 자유 개념의 한계에 대한 비판에 대해서는 사이토 준이치, 『자유란 무엇인가』, 이혜진 외 옮김, 한울, 2011의 「제2장 소극적 자유에 대한 비판」 참조.

의 자유에 대한 일방적인 강조로 인해 사회적 공공성이 침식되고 불평등이 강화되고 있는 오늘날의 현실을 고려할 때, 이러한 지적은 반드시 강조될 필요가 있을 것으로 보인다.

이런 점에서 결국 우리에게 요구되는 것은 소극적 자유의 개념과 적극적 자유의 개념 사이의 대립을 넘어 양자를 포괄하는 자유 개념을 재구성하는 것이라 할 수 있을 것이다. 현재 상황에서 볼 때, 우리는 소극적 자유가 자유의 기본 조건에 해당한다는 사실을 부정하기는 어려울 것으로 보인다. 집단과 다수의 이름으로 개인과 소수자의 권리, 인권이 침해되는 것을 우리가 용인할 수는 없기 때문이다. 그러나 이와 동시에 자유가 단지 소극적 자유로만 국한될 수 없는 것도 분명해 보인다. 오늘날 실질적 자유의 실현은 소극적 자유를 넘어 다양한 차원에서 자유의 권리를 확대해 나갈 것을 요구하고 있기 때문이다. 결국 그간 자유주의와 민주주의 사이의 역사적 결합이 지향해 온 바를 제대로 포착하기 위해서는 소극적 자유의 보호와 동시에 민주적 자기결정의 이념을 적극적으로 실현하려는 노력이 필요하다고 하겠다. 이에 대해서는 다음 절에서 보다 상세히 논의하고자 한다.

다음으로 자율성과 진정성 개념의 관계 역시 그 발전의 역사가 보여주고 있는 바와 같이 일정한 갈등 관계를 보여주고 있다. 앞서 지적한 바와 같이 자율성과 진정성 개념 모두는 해방된 근대적 개인의 등장을 그 배경으로 하지만, 자율성 개념은 이성적 인간의 자기결정을 지향하는 반면에 진정성 개념은 감정적 인간의 자기실현을 목표로 한다는 점에서 근본적인 방향성에서의 차이를 노정해 왔다.[19]

자율성 개념과 진정성 개념 사이의 이러한 차이는 칸트와 헤르더, 즉 독일 관념론과 독일 낭만주의 사이의 대립을 통해서 상징적으로 나타나고 있다. 주지하는 바와 같이 칸트의 자유는 보편적 이성의 준칙에 입각한 자기결정을 지향한다. 여기서 관건이 되는 것은 타율적 명령이 아니라 스스로 설정한 이성의 법칙에 따라 행위하는 것이다. 여기서 자유로운 인간은 보편적 이성을 지닌 존재로 간주되며, 이성적 인간은 자연적 본능이나 충동을 극복하고 보편적 이성 법칙에 따라야만 하는 것으로 규정된다.

반면에 헤르더의 경우 인간은 각자가 고유한 영혼을 가진 개인으로 정의되고 있으며, 이러한 개인에게 관건이 되는 것은 획일화된 삶을 벗어나 자기만의 진정한 욕망에 따라서 스스로의 고유한 삶을 실현해 나가는 것이다. 따라서 여기서 중요한 삶의 목표와 덕목은 개인의 고유성과 그에 따른 자기창조 작업이다.[20] 물론 이 경우 진정성의 이념은 단지 개인적 차원을 넘어서 민족과 같은 집단의 경우에도 적용될 수 있으며, 이 경우 진정성은 집단의 고유한 전통과 정체성을 각별히 강조하게 된다.

19 하버마스는 근대적 합리화 과정에서 전통에 대한 반성은 윤리적-정치적 담론과 도덕적 담론으로 분화되어 나가게 되며, 이들 각각은 자기실현 및 자기결정의 이상과 밀접히 연관되어 있다고 말한다. 위르겐 하버마스, 『사실성과 타당성』, 한상진·박영도 옮김, 나남, 2000, p. 135 이하 참조.

20 진정성에 기초한 자기실현은 이중의 방향성을 내포하고 있다. 한편으로 진정성에 기초한 자기 자신 되기는 고유한 자신의 삶의 역사에 대한 성찰을 통한 '자기발견'을 의미하지만, 다른 한편으로 이는 미래 지향적인 측면에서 보자면 고유한 '자기창조' 작업을 의미하기 때문이다. 진정성으로서의 자유는 이런 의미에서 자기발견과 자기창조 작업의 변증법적 역동성을 내포하고 있는 것으로 보인다. 페라라는 진정성 이념 내에 존재하는 이러한 갈등을 진정성에 대한 적대적(antagonistic) 이해 방식과 통합적(integrative) 이해 방식으로 대비하기도 한다. 니체로 대변되는 진정성에 대한 적대적 이해 방식은 기존의 모든 가치에 대립하는 '자기창조'를 옹호하는 반면에 루소나 헤르더로 대표되는 통합적 이해 방식에서는 기존의 가치들이 '자기발견'을 위한 자원으로 이해되고 있다는 것이다. Alessandro Ferrara, *Reflective Authenticity*, Routledge, 1998, p. 55 이하 참조.

적극적 자유의 개념 속에 내포된 자유의 이러한 두 의미는 이후에도 지속적인 갈등 관계를 유지해 왔다.[21] 한편에서는 아펠이나 하버마스의 경우에서 볼 수 있는 바와 같이 자율성 개념이 근대적 의식철학의 패러다임을 넘어 상호주관성의 지평 속에서 새롭게 재구성되었고, 다른 한편에서는 니체와 하이데거를 통해 진정성의 이상이 미학적 자기창조의 이념으로 재해석되면서 계승되어 왔기 때문이다. 자유 개념에 대한 이러한 현대적 재구성 시도들에 영향을 미친 핵심적인 요인은 근대적 주체의 탈선험화 및 다원화 과정이라고 볼 수 있을 것이다.[22]

칸트와 헤르더의 경우에서 볼 수 있는 바와 같이 자율성과 진정성 개념은 인간에 대한 이해에서의 근본적 차이, 계몽주의와 낭만주의의 대립 등과 같은 근본적인 철학적 입장의 차이를 보여주고 있다. 또한 이러한 대립은 정치철학적인 영역으로 이어지기도 한다. 자율성으로서의 자유는 보편적 정의와 인간에 대한 보편적 존중의 이념으로 귀결되는 반면에 진정성의 이념은 주로 특정한 개인 혹은 공동체의 '좋은' 삶의 방식을 문제 삼고 있기 때문이다.[23]

21 김용민은 근대적 개체성(개인성)의 의미를 독립성, 자율성, 주체성으로 구별하면서 오늘날에도 개인의 독립성(소극적 자유)을 강조하는 신자유주의, 자율성 이념에 기초하여 정의로운 민주주의를 강조하는 롤즈와 하버마스의 입장, 니체적인 삶의 주권성을 강조하는 포스트모던 사상가들 사이의 대립이 전개되고 있다고 말하기도 한다. 김용민, 「근대정치와 개체성」, 한국정치학회 편, 『정치학 이해의 길라잡이: 1권 정치사상』, 법문사, 2008, p. 67.

22 악셀 호네트, 앞의 책, p. 68 이하 참조.

23 호네트에 따르면 진정성으로서의 자유의 이상은 개인주의적 모델과 집단주의적 모델로 나누어 생각해 볼 수 있으며, 개인주의적 진정성 모델에 따르는 예로는 개인의 자유 실현을 위한 국가의 역할을 강조한 밀의 경우를 들 수 있고, 개인에 앞서는 집단적 연대성을 강조한 예로는 아렌트나 샌델 식의 자유주의적 공화주의를 들 수 있다. 악셀 호네트, 같은 책, p. 74 이하 참조.

진정성 개념이 집단적 정체성 혹은 전통을 지시하는 경우 역사적으로 볼 때 이는 민족주의나 파시즘과 결부되기도 하였으며, 오늘날에는 진정성 이념이 공동체주의의 근본 가치로 제시되기도 한다. 이미 헤르더의 입장은 독일 민족주의 등장과 밀접하게 결부되어 있었으며, 진정성 이념을 계승하고 있는 니체나 하이데거의 경우 그들의 철학이 나치즘과 가지는 연관성이 지속적으로 제기되어 왔다.[24] 또한 최근에는 테일러의 경우에서 분명하게 볼 수 있는 바와 같이 진정성 이념은 공동체주의적 입론의 근본적 가치로 등장하기도 한다.[25] 반면에 정치철학적 논의 영역에서 칸트적 자율성의 이상은 주로 개인의 자유를 강조하는 자유주의 전통과 밀접하게 결부되어 왔다고 할 수 있다.[26]

그렇지만 이러한 대립 역시 불가피한 대립이라고 할 수는 없을 것이다. 온전한 자유의 실현은 원칙적으로 자율성과 진정성 모두를 요구할 수밖에 없기 때문이다. 또한 진정성이 주관주의적 폭력으로 귀결되지 않기 위해서는 자율적 이성의 판단에 의존할 수밖에 없으며, 동시에 이성의 자율성이 내용 없는 공허함이나 폭력적 동일화로 귀결되지 않기 위해서는 진정성의 차원에 의존할 수밖에 없을 것이다. 집단적 진정성의 이상은 그것이 보편적 정의의 원칙에 의해 인도되지 않을 때, 파시즘과 같은 왜곡된 민족주의나 전체주의 이념으로 오도될 수 있다. 또한

**24** 니체와 하이데거 철학의 관계 그리고 하이데거 철학이 나치즘과 가지는 관계에 대해서는 위르겐 하버마스, 『현대성의 철학적 담론』, 이진우 옮김, 문예출판사, 1994, (특히) p. 188 이하 참조.

**25** Charles Taylor and Amy Gutmann, *Multiculturalism and "The Politics of Recognition"*, Princeton University Press, 1992, p. 28 이하 참조.

**26** Maeve Cooke의 경우는 진정성과 자율성 이념을 중심으로 테일러와 하버마스 사이의 논쟁을 정리·평가하기도 한다. Maeve Cooke, "Authenticity and Autonomy: Taylor, Habermas, and the Politics of Recognition", *Political Theory*, Vol. 25, No. 2, April 1997.

이성적 보편주의와 정의의 이념 역시 그것이 폭력적 동일화의 이념에 그치지 않기 위해서는 진정성의 이념에 기초한 다원성과 새로움의 출현을 적극적으로 인정하고 수용할 수밖에 없을 것이다. 자율성과 진정성 사이의 이러한 상보적 관계에 대해서도 아래에서 좀 더 상세히 논의하고자 한다.

### (2) 자유 개념의 종합적 재구성

이제 소극적 자유와 적극적 자유, 자율성과 진정성을 동시에 아우르는 방식으로 자유의 포괄적 이념을 새롭게 재구성해 보도록 하자. 이를 위해서는 먼저 자유 이념이 상호주관성(intersubjectivity)의 지평과 가지는 관계에 대해서 먼저 살펴볼 필요가 있다. 왜냐하면 근대적 자유의 지평이 고립된 주체 혹은 개인의 원리에 제약되어 있는 데에서 앞서 언급한 근대적 자유의 다양한 역설들이 발생하고 있다고 판단되기 때문이다. 따라서 근대적 자유의 역설을 극복하기 위해서는 무엇보다 먼저 상호주관성 개념의 도입이 반드시 필요하다고 할 수 있다.

근대적 자유의 이념은 앞서 지적한 바와 같이 해방된 근대적 개인의 탄생과 그 궤를 같이하고 있다. 그리고 이미 많은 논자들이 지적한 바와 같이 근대적 주체의 형상은 주체-객체 구도를 전제하는 의식철학의 패러다임 속에서 주로 이해되어 왔다. 데카르트에서 유래하여 후설에까지 이어지는 의식철학의 패러다임 속에서 인간과 세계의 관계는 주로 주체와 객체의 구도로 설정되었다. 여기서 주체는 언제나 세계를 의식하고 대상화하는 능동적 주체로 이해된다.

그러나 이러한 의식철학의 패러다임은 호르크하이머와 아도르노의 『계몽의 변증법』이 잘 보여준 바와 같이 결국에는 세계에 대한 대상화와 지배, 타인에 대한 대상화와 지배, 그리고 자아에 대한 대상화와 지배로 귀결될 뿐이다.[27] 세계와 타자로부터 절연된 고립된 주체의 원리 속에서 포착될 수 있는 타자란 결국 낯선 사물, 대상화와 지배의 수단일 수밖에 없으며, 이러한 타자에 대한 효율적 지배는 역설적으로 이미 주체 자신에 대한 억압을 전제하고 있다는 것이다.

근대적 주체에 대한 이러한 비판은 근대적 자유의 이념이 가지는 제한성 혹은 근대적 자유의 역설의 경우에도 마찬가지로 적용할 수 있다. 첫째, 고립된 개인의 원리에 기초한 자유는 결국 소극적 자유의 이념으로 제한될 수밖에 없다. 고립된 개인들의 자유란 결국 개인의 자기이익에 대한 보장과 외적 구속으로부터의 해방만을 의미할 것이기 때문이다. 이런 점에서 소극적 자유의 이념이 가지는 한계는 결국 고립된 개인이라는 이념에 기초하고 있는 것으로 보인다. 둘째, 적극적 자유의 이념이 결국 전체주의로 귀결되는 역설 역시 국가나 공동체가 유기체적인 거대 주체의 모델에 따라서 파악되는 데에서 발생한다고 볼 수 있다. 고립된 주체의 자기관계 모델 속에서 이해된 선험적 자아와 경험적 자아 사이의 억압 관계가 거대 주체의 차원에서 국가와 개인의 관계로 설정되는 데서 벌린이 지적하는 적극적 자유의 역설이 등장하게 된다는 것이다. 마지막으로 진정성의 두 가지 역설적 효과 역시 고립된 주체의 모델에 기초하고 있다고 할 수 있다. 진정성 이념의 사사화 및 상대화의 문제는 결국 고립된 개인의 모델에 기초할 수밖에 없다.[28] 사회

27 M. 호르크하이머, Th. W. 아도르노, 『계몽의 변증법』, 김유동 외 옮김, 문예출판사, 1995.

28 테일러는 현대의 개인주의를 진정성의 이상이 왜곡되어 발현된 형태로 이해하며, 그런 한에서 현대적 개인주의에 대한 그의 비판과 우려는 주관주의적으로 이해된 진정성에 대한 비판으로 이해할 수 있을 것이다. 이에 대해서는 찰스 테일러, 『불안한 현대사회』, 2장, 6장 참조.

로부터 절연된 고립된 개인들의 진정성이란 결국 사적인 차원에 머무는 주관적인 자기실현이나 자기창조에 불과할 수밖에 없다. 뿐만 아니라 진정성 이념이 배타적 민족주의나 공동체주의로 귀결되는 것 역시 민족이나 공동체를 고립된 개인의 모델에 따른 거대 주체로 상정하는 데에서 귀결된다고 할 수 있다. 사적인 차원의 진정성 모델이 거대 주체 차원에서 또다시 반복되고 있는 것이다.

상호주관성의 차원에서 자유 이념을 새롭게 설정하는 시도는 이러한 근대적 자유의 역설을 해소하기 위한 전략이라고 할 수 있다. 주체-주체 관계에 주목하는 상호주관성 혹은 의사소통 패러다임에서 주체는 더 이상 세계 구성의 근본적 출발점이 아니다. 주체는 언제나 너와의 사회적 관계 지평 속에 놓여 있을 뿐이다. 여기서 너는 더 이상 나의 객체가 아니라 나와 동등하지만 동시에 낯선 타자로 존재한다. 물론 그렇다고 해서 내가 너로 혹은 사회적 관계로 해소되는 것은 아니며, 나는 어디까지나 너와 동등한 주체로 존재한다.[29] 상호인정과 의사소통의 이념은 바로 이러한 상호주관성의 차원에 놓여 있다.

근대적 자유의 이념이 이와 같이 상호주관성의 차원에서 설정될 때, 앞서 언급한 근대적 자유의 역설들은 자연스럽게 해소될 수밖에 없다. 첫째, 나와 너의 사회적 연대성이 부각되면서 고립된 개인에 제약된 소극적 자유의 이념은 확장될 수밖에 없게 된다. 이제 문제 상황은 고립된 개인의 자유를 보존하는 것을 넘어 공동체의 삶의 질서와 이상을 수립하는 것이 될 수밖에 없기 때문이다. 둘째, 자기지배를 지향하는 적극적 자유는 이제 거대 주체화된 국가의 일방적 지배나 지도가 아니라

29 김원식, 「근대적 '주체' 개념의 비판과 재구성: 주체의 자기관계와 상호주관성」, 한국해석학회 편, 『해석학연구』 제9집, 2002 참조.

동등한 존재인 나와 너, 즉 우리의 공동의 의지를 민주적으로 형성하는 과정으로 이해될 수밖에 없다. 이를 통해 초월적 주체와 경험적 주체, 국가와 개인 사이의 분리와 지배관계가 해소된다. 셋째, 상호주관성의 차원이 부각되면서 진정성의 이념은 더 이상 사적인 차원에만 제약될 수 없으며, 공동체와 공동체의 경우 역시 상호인정이 부각되는 한에서 집단적 차원에서의 진정성 역시 결코 폐쇄적인 것이 될 수 없게 된다.[30]

그러면 이제 이러한 상호주관성의 지평을 전제로 소극적 자유의 이념과 적극적 자유의 이념을 통합하는 과제에 대해서 좀 더 구체적으로 생각해 보도록 하자. 이와 관련해서는 인권과 주권의 상호보완성에 대한 하버마스의 논의가 우리에게 도움을 줄 수 있을 것이다.[31] 벌린이 말한 소극적 자유란 결국 최소한의 개인적 자유, 즉 사적 자율성을 의미하며 이는 자유주의 전통 속에서 인권 개념을 통해 표명되어 왔다. 반면에 적극적 자유의 이념은 무엇보다 자기결정, 자기지배의 권리를 의미하며, 이는 주로 공화주의적 민주주의 전통 속에서 국민주권의 개념

30 예를 들어 페라라는 정체성이나 자기실현 개념 자체가 상호주관성 혹은 상호인정 개념을 전제하고 있다는 사실을 강조하면서 진정성과 상호주관성 개념을 연결시키고 있다. Alessandro Ferrara, 앞의 책, p. 13 이하 참조.

31 최근 퀜틴 스키너(Quentin Skinner)나 필립 페팃(Philip Pettit)과 같은 신로마 공화주의자들이 주장하는 '비지배'(nondomination)로서의 자유 개념 역시 소극적 자유와 적극적 자유 사이의 대립을 해소해 보려는 한 시도로 볼 수 있다. 먼저 비지배로서의 자유는 행위에 대한 직접적인 간섭의 부재를 넘어 자의적 권력의 잠재적 개입 가능성에 대해서도 역시 반대한다는 점에서 소극적 자유 개념과 구별된다. 다음으로 비지배로서의 자유는 자율성 혹은 자기지배 그 자체를 목적으로 보기보다는 자유 실현을 위한 수단으로 본다는 점에서 적극적 자유 개념과도 구별된다. 이런 점에서 신로마 공화주의자들은 비지배로서의 자유를 자유주의와 공동체주의 사이의 대립을 넘어설 수 있는 제3의 자유 개념으로 제시하고 있다. 이에 대해서는 필립 페팃, 『신공화주의』, 곽준혁 옮김, 나남, 2012와 세실 라보르드 외, 『공화주의와 정치이론』, 곽준혁 외 옮김, 까치, 2009, 제1부의 1, 4, 5장을 참조하라.

을 통해 포착되어 왔다. 하버마스는 이러한 두 전통들 사이의 대립을 염두에 두면서 의사소통 패러다임에 기초하여 인권과 국민주권, 사적 자율성과 공적 자율성 사이의 상호보완성을 주장하고 있다.

의사소통 패러다임에 입각한 하버마스의 법철학적 구상에 따르면, 인권과 국민주권의 원리는 동근원적이며 상호공속의 관계를 갖는다. 국민주권의 원리는 인권을 전제로 해서만 비로소 성립할 수 있으며, 인권의 내용과 정당성 근거는 국민주권의 원리, 다시 말해 민주주의 원리를 통해서만 확보될 수 있기 때문이다. 하버마스에 따르면, 자유권, 즉 소극적 자유는 근대법이라는 매체 자체가 가지는 고유한 성격에서 유래하며, 이는 국민주권의 원리 즉 참정권이 성립하기 위한 필수적인 조건이라고 할 수 있다. 동등한 자유를 가진 법적 주체로서의 인정과 그에 대한 법적 보호는 참정권을 통해 국민주권의 원리가 실현되기 위한 필수적인 전제 조건이다. 그러나 이러한 자유권의 정당성 근거나 구체적 내용은 언제나 민주적 합의를 통해서만 확보될 수 있을 뿐이다. 인권의 정당화 근거나 그 내용의 구체적 규정은 시민들의 민주적 합의를 통해서만 확보되고 규정될 수 있기 때문이다.[32]

이러한 구도 속에서 보자면, 소극적 자유와 적극적 자유의 대립은 더 이상 불가피한 것이 아니며, 양자는 서로를 보완하는 동시에 필연적으로 요구하는 관계에 놓여 있다고 할 수 있을 것이다. 온전한 자유의 실현은 소극적 자유를 필수적 전제 조건으로 요구하지만, 이와 동시에 소극적 자유 역시 그것이 실질적으로 구현되고 정당화되기 위해서는 적극적 자유를 요구할 수밖에 없는 것이다. 결국 상호주관성 차원에서 새

32 위르겐 하버마스, 『사실성과 타당성』, p. 122 이하 참조.

롭게 구성된 자유의 이념은 기존의 자유의 역설을 극복하는 동시에 소극적 자유와 적극적 자유의 상호보완성에 기초하여 양자를 종합할 것을 요구하고 있다. 하버마스의 토의민주주의론은 이러한 구상에 기초하여 인권과 주권, 자유주의와 공화주의의 대립을 넘어 양자를 종합하고자 하는 시도라고 말할 수 있을 것이다.

다음으로 자율성과 진정성 이념의 상호관계에 대해서 검토해 보도록 하자. 여기서 일차적으로 중요한 것은 자율성과 진정성 이념의 독자성을 확인하는 일이며, 이는 자율성에서 진정성을 직접적으로 도출하거나 진정성에서 자율성을 직접적으로 도출할 수는 없다는 것을 의미한다. 앞서 살펴본 바와 같이 적극적 자유의 이념은 자신만의 고유한 의지에 따른 행동과 삶을 지향하지만, 이 고유한 의지는 한편으로는 이성적 자기결정으로 다른 한편으로는 고유한 소망과 정체성의 실현으로 이해되어 왔다. 이러한 대립 상황과 관련하여 자율성 이념을 통해 진정성 이념을 포섭하거나 진정성 이념을 통해 자율성 이념을 포섭하려는 입장이 성립할 수 있을 것이다.

그러나 먼저 진정성 개념은 자율성 개념을 넘어서는 내용을 담지하고 있기 때문에 자율성 개념에서 진정성 개념을 직접적으로 도출할 수는 없다. 페라라(Alessandro Ferrara)도 지적하고 있는 바와 같이 모든 자율적 행동이 곧바로 진정성을 함축하지는 않는다. 진정한 행동은 나 자신의 독특한 정체성에 귀 기울일 것을 요구하지만 모든 자율적인 행동이 반드시 이를 함축하는 것은 아니기 때문이다.[33] 자율적 주체는 스스로 옳다고 판단한 준칙에 따라서 행동하지만, 이성과 욕망의 충돌에서

33 Alessandro Ferrara, 앞의 책, p. 5.

흔히 볼 수 있는 바와 같이 이러한 행동이 주체 자신의 내적 열망과 반드시 부합하는 것은 아니기 때문이다.

이와 마찬가지로 진정성 개념에서 자율성 개념을 직접적으로 도출할 수도 없다. 물론 페라라의 경우는 진정성 개념이 자율성 개념을 전제하고 함축한다고 주장하기도 한다. 타율적인 행동이 진정성 있는 행동이 될 수는 없다고 보기 때문이다. 그는 칸트의 반성적 판단력 개념에 착안하여 진정성 이념을 새롭게 재구성하고자 하며, 이에 따르면 진정성의 이념은 그 자체 내부에 이성적 판단의 자율성을 전제 혹은 내포하고 있는 것으로 제시된다.[34] 그러나 모든 진정성 있는 행동이 곧바로 자율적 행동이라고 말할 수는 없다. 왜냐하면 내적 열망에서 비롯된 진정성 있는 행동들은 경우에 따라서 자율적 이성의 준칙과 상충하거나 그로부터 일탈할 수도 있기 때문이다. 만일 우리가 이러한 상충 가능성을 고려하지 않는다면, 자율성과 진정성의 대립은 사실상 근거가 없다고 주장하는 셈이 될 것이다. 결국 진정성은 개인적인 차원에서든 집단적인 차원에서든 고유한 정체성과 내적인 열망의 실현을 중심에 두고 있다는 점에서 언제나 이성적 자율성의 이념과 대립할 수 있는 가능성이 존재한다고 보아야 할 것이다.

이와 같이 자율성과 진정성 이념은 근본적으로 서로 다른 지향성을 가지고 있으며, 이는 도덕적 담론과 윤리적 담론의 구별 및 대립을 통해서도 확인될 수 있다. 칸트 이래로 도덕 담론은 언제나 보편화 가능한 도덕적 준칙의 문제, 즉 정의의 문제에 관심을 집중해 온 반면에 윤리 담론은 특정한 개인이나 공동체의 좋은 삶의 문제를 다루는 데에 집

34 같은 책, 3, 4장 참조.

중해 왔다. 이러한 대립 역시 자율성과 진정성이 하나로 환원되거나 양자를 동일시하기 어렵다는 사실을 보여주고 있다. 추상적 정의의 이념에서 곧바로 좋은 삶의 정향이 도출될 수 없는 바와 마찬가지로 특정한 좋은 삶의 정향에서 보편적 정의의 원칙이 도출될 수도 없을 것이다. 더욱이 니체나 하이데거를 거치면서 진정성의 이념이 미학적 자기창조의 이념과 매우 밀접하게 결부되어 왔다는 사실을 생각한다면, 자율성과 진정성 개념 사이의 대립을 무시하기는 더욱 어려울 것이다.

이와 같이 자율성과 진정성이 상호 독자성을 가진다고 할 수 있지만 동시에 우리는 양자 사이의 밀접한 상호관계에도 주목할 필요가 있다.[35] 나는 양자 사이의 대립을 넘어 밀접한 상호의존 관계에 주목함으로써 자율성과 진정성을 적극적 자유 개념을 구성하는 불가피한 두 계기로 설정할 것을 제안하고자 한다. 먼저 진정성이 한낱 주관주의로 추락하지 않기 위해서는 반드시 자율적인 이성적 판단에 의존할 수밖에 없다. 많은 논자들이 지적해 온 바와 같이 보편적 이성의 자율성을 매개로 하지 않는 진정성의 이념은 사적인 차원에서의 자기중심적 폐쇄성으로 혹은 일종의 나르시시즘으로 귀결될 수 있다.[36] 또한 이미 벌린이 지적한 바와 같이 보편적 이성의 준칙과 유리된 집단적 차원의 진정성 이념은 폐쇄적 민족주의나 전체주의와 결부될 수 있다. 이는 진정성 이념이 보편적 이성의 준칙에 반드시 의존할 수밖에 없다는 사실을 보여주고 있다. 진정성의 이념이 사적인 자기 확신으로 주관화되거나 특

35 자율성과 진정성 이념의 환원불가능성을 전제로 양자의 상호보완성을 입증하려는 시도로는 다음 논문을 참조하라. Carlos Thiebaut, "The logic of autonomy and the logic of authenticity, a two-tiered conception of moral subjectivity", *Philosophy and Social Criticism*, Vol. 23, No. 3, 1997.

36 김홍중, 『마음의 사회학』, 문학동네, 2009, p. 37.

정 공동체의 윤리적 이상에 대한 맹목적 충실성으로 귀착되지 않기 위해서는 자율적이고 비판적인 판단의 논리에 의존하지 않을 수 없을 것이다.[37]

마찬가지로 자율성이 내용 없는 동어반복이나 동일화의 폭력으로 귀결되지 않기 위해서는 진정성 개념에 의존할 수밖에 없다. 추상적인 도덕적 준칙은 그 자체만으로는 개인적이거나 집단적인 차원의 자기실현의 이상에 대해서 아무것도 말해주지 못한다. 도덕적 준칙은 단지 개인적이거나 집단적 차원에서의 다양한 삶의 이상들이 상충하고 대립할 때, 그러한 갈등을 공정하게 조정하고 각각의 한계를 설정해주는 역할을 할 수 있을 뿐이다. 현실의 맥락에 적용되지 않는 정의의 원칙은 공허한 동어반복에 지나지 않으며, 그러한 원칙이 맥락의 특수성을 무시한 채 직접적으로 현실에 적용될 때는 근본주의에서 볼 수 있는 정의의 폭력이 발생하게 마련이다. 따라서 자율성의 이념은 그 내용적 측면에서의 구체화를 위해 언제나 진정성의 이념에 의존할 수밖에 없을 것이다.

요약하자면, 포괄적 자유의 이념은 인권과 국민주권의 상호의존 관계에서 볼 수 있는 바와 같이 소극적 자유와 적극적 자유의 계기를 동시에 내포하며, 나아가서 자율성과 진정성이라는 구별되는 두 계기 역시 내포하고 있다. 그리고 이는 결국 오늘날 온전한 자유의 실현은 이와 같이 다양한 차원에서 자유의 권리들이 동시에 확대될 것을 요구하고 있다는 사실을 말해주고 있다.

37 Carlos Thiebaut, 앞의 글, p. 103.

### 3. 현대사회 비판과 자유

모든 사회비판은 그것이 현실에 대해 제시하는 비판의 정당성 근거를 확보하기 위해 명시적이든 암묵적이든 모종의 규범이나 가치에 의존할 수밖에 없다. 지금까지 진행한 근대적 자유 개념에 대한 재구성 작업 역시 결국은 현대사회 비판을 위한 이러한 근거를 확보하기 위한 작업이라고 말할 수 있을 것이다. 그러나 앞서 살펴본 바와 같이 자유 개념이 다양한 의미와 층위를 가지고 있을 뿐 아니라 이들 사이의 내적인 긴장과 갈등 관계 역시 존재하기 때문에, 오늘날 자유 이념을 현대사회 비판의 근거로 삼기 위해서는 위와 같은 새로운 재구성 작업이 반드시 필요한 상황이다.

앞선 재구성 작업은 일차적으로는 그간의 논의들을 배경으로 하여 포괄적이고 정합적인 방식으로 자유 개념을 재구성하는 것을 그 목표로 삼고 있다. 그러나 이러한 작업은 단지 개념적 재구성 작업만을 염두에 두고 있는 것은 아니었다. 왜냐하면 이러한 작업은 다른 한편으로 현대사회의 부정의와 부자유가 가지는 다차원적 성격과 이에 대한 종합적 비판을 동시에 고려하면서 진행되었기 때문이다. 현대사회 일반은 물론 오늘날 한국사회 역시 매우 복합적이고 다차원적인 자유에 대한 위협에 직면해 있으며, 이로 인해 다양한 사회적 부정의와 병리현상들이 발생하고 있는 것으로 보인다. 그리고 이러한 상황에 대응하기 위해서는 사회비판 모델이나 전략 역시 보다 종합적이고 다차원적으로 전개될 수밖에 없는 상황이다.

오늘날 한국사회 내의 구조적 갈등은 경제적 배제와 문화적 무시 그리고 삶의 물화(物化)라는 세 축을 중심으로 형성되고 있는 것으로 보인다. 여기서 이를 상세히 정당화할 수는 없겠지만, 경제적 양극화와 소수자에 대한 무시 그리고 삶의 질을 둘러싼 새로운 사회갈등 등이 오늘날 우리 사회에서 복합적으로, 중층적으로 분출되고 있다는 사실은 여러 논자들의 지적을 통해서 확인할 수 있는 사실이다. 우리는 사회갈등의 이러한 세 축들을 현재 한국사회에서 발생하고 있는 자유의 권리에 대한 핵심적인 구조적 침해 요인들로 생각해 볼 수 있을 것이다.[38]

문제는 중첩되어 나타나고 있는 이러한 자유에 대한 위협들이 가지는 근본적 성격 자체가 매우 상이하고 따라서 각각에 대한 비판의 모델이나 전략 역시 이질성을 가질 수밖에 없다는 데에 있다.

먼저 분배와 인정을 둘러싼 그간의 논쟁이 보여주듯이 현재는 경제적 배제와 불평등이 심각해지는 상황 속에서 분배 정의로만 환원될 수 없는 다양한 사회적 무시의 문제가 새롭게 부상하고 있다. 그리고 이로 인해 경제적 배제와 문화적 무시는 오늘날 동등한 자유를 위협하는 핵심적 요인들로 등장하고 있다. 이러한 두 요인들이 서로 중첩되면서도 분석적으로 구별될 수는 있지만 양자 모두는 자율성으로서의 자유를 위협하는 일종의 사회적 부정의로 규정되고 비판될 수 있을 것으로 보인다. 예를 들어 자율성 개념에 기초하여 정의를 '동등한 참여'로 규정하고 있는 프레이저의 입장에 따른다면, 분배 정의와 동등한 인정은 동등한 참여, 즉 동등한 자율성으로서의 자유를 실현하기 위한 두 가지 사회적 조건 정도로 간주될 수 있을 것이다.[39]

38 이에 대해서는 김원식, 「배제, 물화 그리고 무시: 한국사회 갈등구조에 대한 비판이론적 분석」, 중앙철학연구소 편, 『철학탐구』 제33집, 2013 참조.

39 Nancy Fraser and Axel Honneth, *Redistribution or Recognition: A Political-Philosophical Exchange*, London, New York: Verso, 2003, p. 36.

그러나 경제적 배제와 문화적 무시의 문제에 대해 이렇게 정의 규범에 기초한 규범적 사회비판 모델로 접근하여 이를 사회정의나 자율성으로서의 자유를 위협하는 요인들로 규정하면서 비판한다고 하더라도 삶의 물화의 문제는 이와 구별되는 또 다른 접근을 요구할 수밖에 없다. 왜냐하면 삶의 물화에 대한 비판은 자율성으로서의 자유의 문제와는 다른 차원에서의 접근, 예를 들면 삶의 진정성의 측면에 대한 고려를 요구하고 있기 때문이다. 물화 비판은 그 자신의 정당화를 위해 진정성으로서의 자유 이념을 요구하고 있다. 이러한 사정은 오늘날 한국사회의 현실을 속물화로 비판하고 있는 김홍중의 경우 역시 진정성 이념에서 그 근거를 찾고 있는 데서도 확인할 수 있다.[40] (속)물화에 대한 비판은 특정한 개인이나 집단과 관련된 불평등 혹은 부정의의 문제를 넘어 한 공동체의 근본적인 삶의 지향, 즉 진정성으로서의 자유 실현을 문제 삼을 수밖에 없다는 것이다.

이러한 상황들을 고려하면, 앞서 진행된 자유 개념에 대한 포괄적 재구성 작업은 오늘날 상호 대립하고 있는 사회비판 모델과 전략들 사이의 공조 가능성을 확보하는 데에 기여할 수 있을 것으로 생각된다. 경제적 배제와 문화적 무시 그리고 삶의 물화를 오늘날 자유를 위협하는 세 축으로 상정하고, 이를 자유 실현이라는 단일한 전망 속에서 포괄해냄으로써 다양한 형태로 분열되어 대립하고 있는 사회비판 모델들 사이의 원칙적 공조 가능성 역시 확보할 수 있을 것이다.[41]

40 김홍중, 앞의 책 참조.

41 물론 이를 보다 구체화하기 위해서는 사회비판 전략들 사이의 실천적 공조 방안이 보다 구체적으로 제시될 필요가 있을 것이다. 이에 대해서는 김원식, 「사회비판의 두 유형과 공조 방안」, 사회와철학연구회 편, 『사회와 철학』 제21집, 2011 참조.

오늘날 온전한 자유는 소극적 자유를 넘어 실질적 자유를 실현할 것을 요구하고 있으며, 이는 자율적인 동시에 진정성 있는 주체의 출현을 통해서만 가능할 수 있다. 평등한 자율성의 실현은 모든 사회생활 영역에서 개인들이 동등한 자격으로 참여하여 공적인 삶의 주인이 될 때만 비로소 가능할 수 있으며, 이를 위해 무엇보다 필요한 것이 바로 정의로운 분배와 인정의 질서라고 할 수 있을 것이다. 또한 진정성의 이념이 실현되기 위해서는 삶의 획일화와 속물화를 넘어 각각의 개인들이 진정한 자신의 고유한 욕망에 따라 스스로의 삶을 영위하고 창조해 나갈 수 있어야만 할 것이다.

이러한 사정들을 고려해 볼 때, 자유 개념에 대한 앞선 재구성 작업은 현대사회에 대한 다차원적이고 종합적인 사회비판의 포괄적 이념을 제시하고 나아가서 서로 대립하고 있는 규범적 사회비판과 현시적 사회비판 모델이 실천적으로 공조할 수 있는 근본적 토대를 모색하는 데에 그 의의가 있다고 하겠다.

## 참고문헌


강영안 2001: 『주체는 죽었는가』. 문예출판사.

김용민 2008: 「근대정치와 개체성」. 한국정치학회 편. 『정치학 이해의 길라잡이: 1권 정치사상』. 법문사.

김원식 2002: 「근대적 '주체' 개념의 비판과 재구성: 주체의 자기관계와 상호주관성」. 한국해석학회 편. 『해석학연구』 제9집.

김원식 2011: 「사회비판의 두 유형과 공조 방안」. 사회와철학연구회 편. 『사회와 철학』 제21집.

김원식 2013: 「배제, 물화 그리고 무시: 한국사회 갈등구조에 대한 비판이론적 분석」. 중앙철학연구소 편. 『철학탐구』 제33집.

김홍중 2009: 『마음의 사회학』. 문학동네.

라보르드, 세실 외 2009: 『공화주의와 정치이론』. 곽준혁 외 옮김. 까치.

문성학 2010: 「칸트 도덕철학의 자율적 자유 개념의 루소적 기원」. 대한철학회 편. 『철학연구』 제116집.

문지영 2009: 『자유』. 책세상.

벌린, 이사야 2006: 『자유론』. 박동천 옮김. 아카넷.

준이치, 사이토 2011: 『자유란 무엇인가』. 이혜진 외 옮김. 한울.

테일러, 찰스 2001: 『불안한 현대사회』. 송영배 옮김. 이학사.

페팃, 필립 2012: 『신공화주의』. 곽준혁 옮김. 나남.

하버마스, 위르겐 1994: 『현대성의 철학적 담론』. 이진우 옮김. 문예출판사.

하버마스, 위르겐 2000: 『사실성과 타당성』. 한상진·박영도 옮김. 나남.

하영석 1990: 「칸트에 있어 인격성의 근거로서의 自由」. 한국철학회 편. 『철학』 제33집.

호르크하이머, M., 아도르노, Th. W. 1995: 『계몽의 변증법』. 김유동 외 옮김. 문예출판사.

Cooke, Maeve 1997: Authenticity and Autonomy. Taylor, Habermas, and the Politics of Recognition. in: Political Theory, Vol. 25, No. 2, April.

Ferrara, Alessandro 1998: Reflective Authenticity. Routledge.

Fraser, Nancy and Honneth, Axel 2003: Redistribution or Recognition. A Political-Philosophical Exchange. London, New York: Verso.

Guess, Raymond and Hollis, Martin 1995: Freedom as an Ideal. in: Proceedings of the Aristotelian Society, Supplementary Volumes, Vol. 69.

Honneth, Axel 2011: Das Recht der Freiheit. Suhrkamp.

Marshall, T. H. 1992: The Development of Citizenship on the End of Nineteenth Century. in: T. H. Marshall and Tom Bottmore (Hg.): Citizenship and Social

Class. Pluto Press.
Taylor, Charles and Gutmann, Amy 1992: Multiculturalism and "The Politics of Recognition". Princeton University Press.
Thiebaut, Carlos 1997: The logic of autonomy and the logic of authenticity. a two-tiered conception of moral subjectivity. in: Philosophy and Social Criticism, Vol. 23, No. 3.

# 자유와 사회적 실험

이 유 선

## 1. 한국사회에서 자유의 문제

긴 군사 독재의 터널을 통과한 우리 사회는 그간 몇 번의 보통선거를 통해 민주적인 근대 국가를 만들고자 했다. 그러나 민주적인 나라를 만든다는 이 기획은 아직까지 그다지 성공적이지 못하다. 독재 정치의 억압에서는 벗어난 것으로 보였으나 선한 외양을 하고 등장한 시장질서라는 새로운 규범은 한국사회에서 자유의 영역을 꾸준히 침식해 왔다. 민주주의가 사회 구성원들의 자유와 평등 그리고 우애를 바탕으로 한 정치체제라면 한국사회의 민주화 지표는 그와 같은 가치들이 얼마나 현실화되고 있는가를 통해서 평가될 수 있을 것이다. 유감스럽게도 많은 연구들은 우리 사회의 구성원들이 점점 더 자유롭지 못하고 불평등한 상태에 처하게 되었으며, 생존을 위해 서로를 적대해야 하는 쪽으로 나아가고 있다고 진단한다.

김원식은 실증적인 연구를 토대로 한국사회의 양극화 현상을 분석하고 철학적 대안을 모색한 바 있다.[1] 그에 의하면 우리 사회의 양극화는, 소득, 주거, 교육, 소비 등과 같은 다양한 영역에서 동시다발적으로 진행되고 있기 때문에 단순한 경제적 불평등의 문제에 그치는 것이 아니라 "다차원적이고 중층적인 현상"으로 보아야 한다.[2] 양극화의 문제는 단순히 분배적 정의의 관점에서 볼 문제가 아니라 여성, 소수자, 이주민, 출신지역, 학력 등을 둘러싼 우리 사회의 독특한 인정-무시 질서와도 관련이 되어 있다는 것이다. 결국 이런 양극화는 점차 그 경계를 고착시키는 방향으로 나아가기 때문에 한국사회는 새로운 신분사회로 나아갈 가능성이 있으며, 만약 상황이 그러하다면 이것은 "한국사회 민주주의 체제 자체에 대한 근본적인 도전"을 의미하는 것으로 보아야 한다고 그는 주장한다.[3]

한편, 자리/장소라는 독특한 키워드로 한국사회의 불평등 문제를 고찰한 김현경은 우리 사회의 많은 사람들이 온전한 성원권을 부여받지 못하고 있으며 이들은 모욕적인 일상을 감내하고 살아갈 수밖에 없다고 지적한다.[4] 특히 그에 의하면 신자유주의는 사람에 대한 모욕을 시장질서에 대한 정당한 순응으로 포장함으로써 모욕하는 주체를 눈에

1 김원식, 「한국사회 양극화와 다차원적 정의」, 『사회와 철학』 제26집.

2 같은 책, 224쪽.

3 같은 책, 225쪽.

4 성원권과 관련하여 김현경은 다음과 같이 언급한다. "남들이 자신에게 의례적인 의무를 이행하지 않는데도 거기에 항의하지 못하고 매번 참는 사람은 자신의 인격적인 열등성을 인정하는 것이나 마찬가지이다. 그럴 때 우리는 공동체에서의 그의 지위가 불안정하다고 또는 그의 성원권이 불완전하다고 말할 수 있다."(김현경, 『사람, 장소, 환대』, 117쪽)

보이지 않는 것으로 만들어 버린다.[5] 이런 상황은 불완전한 성원권을 가진 사람들로 하여금 자신이 느끼는 굴욕감을 그 자신의 책임으로 여기게 한다. 무시당한 사람들은 항의할 대상을 상실하게 되고 자신의 존엄을 지킬 방법을 잃어버리게 된다는 것이다. 이렇게 성원권을 부정당한 사람들이 스스로를 자책하면서 성원권을 회복할 수단을 찾지 못하는 상황은 곧바로 한국사회의 신분제로 이어진다. 그는 소득, 교육, 주거지, 학교, 언어 등의 영역에서 계층분리가 뚜렷해지고 있으며, 우리 사회의 법이 그것을 저지하는 것이 아니라 촉진하고 있다고 주장한다.[6] 그는 "한두 개의 기준이 아니라 모든 기준에서 구별되는 특수한 계층들이 생겨나 사회 안에 별개의 사회를 형성하고 있는데, 신분이란 이를 말하는 것"[7]이라고 말한다. 나아가 공부 못하는 아이들을 모욕하고, 가난한 아이를 무시하는 오늘날의 학교는 경멸을 가르치는 기관이 되었다고 한탄한다.[8]

페미니즘의 관점에서 여성의 개인화 문제를 천착해 온 홍찬숙은 우리 사회의 저출산 현상 등의 문제를 여성 노동시장의 양극화 현상과 관련하여 고찰하고 있다. 고학력 여성은 양육과 가사 등에 관한 부담을 덜어줄 저임금 가사 혹은 돌봄 서비스를 이용할 수 있는 조건에서만 경력을 이어갈 수 있고, 저학력 여성은 경력 형성이 불가능한 비정규직 노동시장에 내몰린다.[9] 그의 분석에 의하면 이런 방식의 여성 노동시장

5 같은 책, 160쪽.
6 같은 책, 166쪽.
7 같은 곳.
8 같은 책, 167쪽.
9 홍찬숙, 「개인화와 젠더사회」, 『한국사회학』 제47집 제1호, 263쪽.

의 양극화는 가족을 개인화하는 통로로 작동하며 남성 1인 가장 핵가족 형태를 무너뜨리고, 사회의 양극화를 가속화시킬 가능성이 있다.[10] 물론 여기서 이루어지는 여성의 개인화는 김현경이 말하는 성원권을 확보한 개인화는 아닐 것이다. 평등하지 않은 개인들이 가족의 틀을 깨고 등장하는 사회를 민주적인 사회라고 하기는 힘들다.

이러한 연구들이 공통적으로 우려하는 것은 신자유주의가 몰고 온 사회의 양극화가 새로운 신분제를 만들고 그것을 고착화시킬 가능성이 있다는 것이다. 신자유주의는 역설적이게도 사회적인 자유의 영역을 확장시키기는커녕 축소시킨다. 신분제 사회의 등장은 개인의 우연적인 출생배경 때문에 그 개인이 마땅히 누려야 할 자유를 제한당하는 일이 일반화되었다는 것을 의미한다. 평등한 자유가 보장되지 않는다면 아마도 공동체 구성원들 간의 우애도 기대하기 힘들 것이다. 이 글에서는 신분제의 형성과 고착화 경향을 무엇보다도 공동체 구성원의 자유를 위협하는 문제로 간주하고 이 문제에 대처할 대안을 어떻게 모색할 것인지에 대해 고찰해 보고자 한다.

논자가 취하고자 하는 프래그머티즘적인 태도는 자유를 위협하는 제도와 법, 관습에 맞서서 다양한 사회적 실험을 수행해야 하며 철학은 그러한 실험을 위한 대안을 적극적으로 모색하고 현실적인 다양한 대안을 제시할 것을 주장한다. 그런데 프래그머티즘은 진리에 입각한 논증에 의해서 그런 대안이 가능하다고 보기보다는 상상력 및 구체적인 실효성 등을 중시하는 입장이다. 논자는 기존에 제시된 몇 가지 자유주의 이론을 살펴보고 어떤 이론적 태도가 현실의 영역에서 자유의 영역

10 같은 책, 264쪽.

을 확장시키는 데 도움이 될 수 있을지 생각해 보고 나름대로 몇 가지 실천적 제안을 해보고자 한다.

## 2. 자유의 다의성

한국사회의 신분제 경향에 의해 제약당하고 있는 자유의 문제를 고찰하고 그 대안을 모색하는 것이 당장의 과제라고 할 때 우선 고찰되어야 할 것은 여기서 언급되고 있는 '자유'가 무엇을 의미하는가 하는 점이다. 자유라는 단어는 매우 다의적으로 사용되고 있고, 그것을 어떤 의미로 사용하는가에 따라서 문제 해결을 위한 대안이 달라질 것이기 때문이다. 자유에 관한 몇 가지 관점을 살펴보는 데서 시작하도록 하자.

우선 우리 사회에서 자유는 보수주의의 슬로건으로 여겨진다. 반공을 기치로 내걸고 있는 각종 관변 시민단체가 자신들의 명칭에 자유라는 단어를 필수적으로 사용하고 있으며, 재벌들이 후원하는 각종 단체 역시 자유라는 단어를 명칭에 사용하고 있다. 이들이 생각하는 자유민주주의는 자유로운 시장경제질서에 입각한 정치체제를 의미하는 것으로 볼 수 있다. 이들은 현실적으로 정치권력으로부터 각종 특혜를 보장받고 있으면서도 시장에서의 자유로운 경쟁을 정의로 여기며 겉으로는 국가의 시장 개입을 최소화할 것을 요구한다. 이들이 자신들의 입장에 대한 이론적 근거로 끌어들이는 것은 하이에크나 노직의 완전자유주의(libertarianism)이다. 예컨대 노직은 사유화에 관한 로크적 단서를 발전시켜 취득에서의 정의의 원리와 양도에서의 정의의 원리를 정립하여 시장 체계의 자유로운 운용에 입각한 소유 권리 이론(entitlement theory)을 주장하고 있다. 공정하다고 여겨지는 시장의 규칙을 어기지 않는 한 취득과 양도에 있어서 발생하는 사유화는 모두 정당하며, 심지어 국가도 그 권리를 침해해서는 안 된다고 주장하는 것이다.[11] 노직의 이러한 소유 권리 이론은 공공 영역까지도 모두 사유화하고자 하는 신자유주의의 논리를 정당화하는 데 사용된다. 노직에게 자유의 침해란 바로 사유화된 소유권에 대한 침해를 의미하며, 그러한 권리는 인간에게 주어진 본원적인 권리로 여겨진다.

최근 한 정당에서 발의했으나 논의되지 못하고 사라진 '최고임금법'은 경제적 양극화를 막기 위한 법안으로 최고임금이 최저임금의 30배를 넘지 못하게 하자는 내용을 담고 있다.[12] 이런 아이디어는 롤즈 정의론의 격차 원리를 떠올리게 한다. 양극화를 가속화하는 임금체계는 불리한 처지에 있는 사람들의 자유를 제약하는 데로 귀결될 것이다. 롤즈의 경우 자유란 인간에게 기본적으로 주어져 있는 본성이나 권리의 문제가 아니라, 그리고 어떤 경우에도 침해될 수 없는 절대적인 것이 아니라, 자유의 확보를 위한 자유를 뜻한다. 롤즈가 말하는 기본적 자유는 다른 기본적 자유에 의해서 제한될 수 있는 자유를 뜻하며, "기본적 자유를 안전하게 보장하기 위한 본질적인 제도적 수단이라는 점"[13]에서 정치적 자유를 일컫는다. 롤즈는 자신의 정치적 자유주의의 문제를 다음과 같이 요약한다. "합당한 종교적, 철학적 그리고 도덕적 교리들로 심각히 분열되어 있는 자유롭고 평등한 시민들 상호 간에 상당 기간 동안 안정되고 정의로운 사회를 존속시키는 것이 어떻게 가능한가?"[14] 이

11 로버트 노직, 『아나키에서 유토피아로』, 230쪽.

12 정선은 기자, 「심상정, 최고임금 최저임금 30배 제한 법안 발의」, 『파이낸셜 타임즈』, 2016년 6월 28일, http://www.fntimes.com/paper/view.aspx?num=156970

13 존 롤즈, 『정치적 자유주의』, 368쪽.

런 언급은 롤즈가 자유의 문제를 인간의 본성이나 최고선을 실현하는 문제로 간주하는 것이 아니라 다양한 종교적, 비종교적 신념을 가진 개인들이 서로 공존할 수 있는 사회적 조건의 문제로 바라보고 있음을 뜻한다. 나아가 롤즈는 모든 사람들이 자신들의 삶의 목표에 따라 각자의 삶의 완성을 추구할 수 있는 조건에 대한 탐구가 가능할 것으로 생각했다.

한국사회에서 빈곤한 사람들이 부자정당에 투표함으로써 스스로의 자유를 포기하는 일이 벌어지는 이유를 그 사람들이 자율적인 판단능력이 없기 때문이라고 진단하는 경우도 있다. 이럴 경우 아마도 더 많은 사람들을 자유롭게 하려면 '계몽'이 필요할지도 모른다. 『자유로부터의 도피』를 쓴 에리히 프롬은 소위 진정한 자유를 적극적으로 자아를 실현할 수 있는 능력으로 간주한다. 프롬은 자유로운 선택을 할 수 있는 조건을 마련하는 것만으로는 부족하며, 개인이 무력감과 불안을 극복하고 개성을 실현할 때에만 진정한 의미의 자유를 획득한 것으로 볼 수 있다고 생각한다. 예컨대 그에게 있어서 "사상을 표현할 권리는 우리가 자신의 사상을 가질 수 있을 경우에만 의미가 있다."[15] 간단히 말해 프롬에게 있어서 자유로운 개인이 되려면 우선 권위에 복종하지 않는 자율적인 인간이 되어야 한다. 순응적인 심리적 자동인형으로 살아가는 한 자유란 허상이며, 사회적 조건은 자유를 실현할 필요조건일 뿐이다. 그는 민주주의는 "개인의 완전한 발전을 위한 경제적 정치적 문화적 조건을 창조해내는 체제"[16]라고 말한다. 그러나 이런 언급은 특정

14 같은 책, xxxii쪽.

15 에리히 프롬, 『자유로부터의 도피』, 248쪽.

16 같은 책, 281쪽.

한 사회적 조건 속에서 한 개인의 개성이 완전하게 실현될 때에만 그 개인이 자유롭다고 말할 수 있다는 것으로서 자율적인 개인의 자아실현이 곧 적극적인 의미의 자유라는 생각을 부정하는 것은 아니다.

지그문트 바우만의 경우 역사적인 맥락을 떠나서 자유에 대해 말하는 것은 무의미한 것으로 여겨진다. 그는 자유를 그저 원하는 것을 할 수 있는 것이라고 정의하는 것은 불충분하다고 생각한다. 왜냐하면 원하는 것을 하기 위해서는 그것을 할 수 있는 자원이 필요하기 때문이다. 그런데 한 개인의 욕망이나 그 욕망을 실현시킬 자원은 역사적, 사회적 맥락에 따라 달라지는 것이기 때문에 그런 조건을 언급하지 않고 자유에 대해 말하는 것은 그저 추상적인 공론에 그칠 가능성이 있다. 그래서 그는 "자유로운 개인은 인류의 보편적인 조건이기는커녕 역사적이고 사회적인 창조물일 따름"[17]이라고 말한다. 자유의 의미는 시대에 따라 달라질 수밖에 없다고 보는 그는 오늘날 우리가 말하는 자유란 '소비자의 자유' 이상의 것이 될 수 없다고 주장한다. 물론 그가 말하는 이 자유는 '차이' 즉 소비할 수 없는 사람과 소비할 수 있는 사람의 차이에 입각해서만 경험되는 것이기 때문에 공동체 구성원 모두의 자유와는 무관한 것일 뿐 아니라 사회의 어두운 구석을 채색된 벽으로 위장하고 있는 소비사회의 환상에 근거하고 있는 것이다. 자유란 오로지 소비의 자유를 의미한다는 점에서 바우만은 "우리의 체계는 하나만을 남겨 놓고 모든 대안들을 성공적으로 제거했다"[18]고 말한다.

오늘날 한국사회에서 자유를 제약하는 위협으로 등장하고 있는 것이

17 지그문트 바우만, 『자유』, 21쪽.

18 같은 책, 161쪽.

새로운 신분제의 경향이라면 신분제에 의해서 제약당하는 자유의 요소가 어떤 것인지 명확히 함으로써, 즉 우리에게 문제되고 있는 자유란 어떤 의미의 것인지 명확히 함으로써 자유의 영역을 확장하기 위한 실천적인 대안을 모색하는 일에 나설 수 있을 것이다. 일단 신분제가 출생이라는 우연적인 요소에 의해서 기회의 불평등을 낳는다는 점을 들 수 있을 것이다. 신분제 사회에서 불리한 처지에 놓인 개인은 격차를 따라잡기 위한 노력, 즉 생존을 위한 재화를 확보하는 일에 대부분의 시간을 사용해야 하기 때문에 자아를 실현하거나, 개성을 돌볼 여유를 갖지 못하게 될 것이다. 또한 신분적인 차이는 개인에게 모욕이나 굴욕을 감수하는 삶을 강요할 수 있다는 점에서 김현경이 언급한 성원권의 문제를 야기할 수 있다. 신분상의 차이 때문에 부당한 취급을 받는 개인이 스스로를 자유롭다고 여기기는 힘들 것이다. 요약하자면 자유의 영역을 확장하기 위해서는 우연적인 출생으로 인해 처음부터 재화가 불평등하게 배분되는 문제를 해결해야 하고, 마찬가지로 자신의 책임이 아닌 우연적인 출생으로 인해 무시당하고 배제당하는 상황이 벌어지지 않게 해야 한다.

상황이 이렇다면 일차적으로 노직이나 하이에크가 주장하는 완전자유주의적 관점의 자유의 의미는 배제시켜야 할 것이다. 신자유주의는 관료주의의 개혁, 생산의 유연 전문화, 중앙집중화되지 않은 힘의 결집 등과 같은 겉보기에 자유의 영역을 확장하는 듯한 키워드를 정당한 것으로 내세우면서 자본주의의 시장질서에 국가가 개입할 여지를 축소시키려 노력해 왔다. 리처드 세넷은 "정형성에 대항해서 새로운 자유가 출현했다는 것은 기만적"[19]인 주장이라고 말한다. 예컨대 재택근무를 하게 된 노동자들은 업무시간을 자유롭게 활용할 수 있게 되었다기보다는 그의 모든 시간이 감시당하는 업무시간이 되는 경우가 많다. 조직, 노동시간, 임금체계, 고용구조 등에서 도입된 유연성이 불리한 처지에 있는 사람들의 자유를 확장시켜주지 않는다는 것이 세넷의 분석이다. 그는 오히려 관료주의 체계가 없는 곳에서 이익이 권력의 최상층으로 몰리는 일이 일어나며, 규제가 없는 체제에서는 가장 꼭대기에 있는 사람에게 이익이 돌아가는 경향이 있다고 말하면서 "유연성은 이렇게 승자만을 위한 시장을 만들어 불평등 현상을 심화시킨다"[20]고 주장한다.

한국사회에서 확장되어야 하는 자유가 본원적 소유권을 누릴 자유가 아니라면 롤즈가 말하듯 자유를 위한 조건으로서의 자유, 혹은 프롬이 말하듯 자아를 실현할 적극적 능력으로서의 자유, 혹은 바우만이 암묵적으로 주장하고 있는 '소비의 자유' 이후의 사회적 조건에서 가능한 그 어떤 자유가 되어야 할 것이다. 그리고 여기서 다루지 못한 수많은 자유의 개념들이 그 후보가 될 수 있을 것이다. 모든 이론을 검토하고 어떤 자유의 개념이 '올바른' 것인지 논증하는 것은 당장 이 글에서 할 수 있는 일은 아니다. 특히 현실적 대안을 마련하는 문제와 관련해서 우리에게 필요한 것은 이론적 완결성보다는 실천적 유효성이다. 따라서 초점은 새로운 신분제의 경향을 저지하고 자유의 경계를 확장하기 위해서 가장 실효적인 자유의 개념이란 어떤 것이어야 하는지를 고찰하는 데 맞춰야 할 것이다. 다음 절에서 이런 관점으로 미처 살펴보지 못한 자유의 개념을 좀더 고찰함으로써 유효한 자유의 의미에 접근해 보도록 하자.

19 리처드 세넷, 『신자유주의와 인간성의 파괴』, 80쪽.

20 같은 책, 127쪽.

## 3. 자유의 조건

세넷의 실증적인 연구가 보여주듯이 어떤 자유의 개념이 오히려 자유의 경계를 확장시키는 데 방해가 된다면, 다시 말해 자유라는 개념이 '사악한' 형태로 주장될 수 있는 것이라면 자유의 개념에 좀더 조심스럽게 접근할 필요가 있다. 벌린의 자유의 개념에 대한 고찰은 자유의 개념이 가지고 있는 다의성의 문제를 정리하는 데 도움이 된다. 먼저 자유에 대한 그의 두 개념을 살펴보자.

> [자유의] 첫 번째의 의미를 (수많은 선례에 따라) 나는 "소극적" 의미라 일컫기로 한다. 이는 다음과 같은 질문에 대한 답에 함유되는 종류의 것이다. "인민—한 사람 또는 일군의 사람—이 다른 사람의 간섭 없이 스스로 할 수 있는 일을 할 수 있도록, 또는 스스로 될 수 있는 존재가 될 수 있도록 방임되어야 할 영역은 무엇인가?" 두 번째 의미를 나는 적극적 의미라 지칭할 것이며, 이는 다음과 같은 질문에 대한 답에 함축되는 종류이다. "한 사람으로 하여금 이것 말고 저것을 하게끔, 이런 사람 말고 저런 사람이 되게끔 결정할 수 있는 통제 및 간섭의 근원이 누구 또는 무엇인가?" 이들 질문에 대한 답은 비록 중복될 수 있으나 그 질문들 자체가 서로 다른 질문이라는 점은 분명하다.[21]

벌린이 말하는 소극적 자유란 한 사람이 자신의 욕망을 실현하거나 정체성을 형성하는 데 있어서 다른 사람이나 제도에 의해서 간섭받지 않

21 이사야 벌린, 『이사야 벌린의 자유론』, 343-344쪽.

을 수 있는 자유를 뜻한다. 그가 어떤 욕망을 실현하고 어떤 사람이 되는가 하는 것은 여기서 문제되지 않는다. 다만 그가 그것을 할 수 있는 적절한 공간을 부여받고 있는가가 중요하다. 반면 적극적 의미의 자유란 한 사람이 어떤 욕망을 실현하거나 정체성을 형성하고자 할 때 무엇 또는 누가 주인이 되어 그로 하여금 그런 일을 하게 하는가의 문제이다.

벌린은 두 자유의 개념을 구분하면서 자유에 관한 주장이 자유를 억압하기 위한 수단으로 사용되는 경우가 있음을 지적하고 있다. 우선 소극적 자유와 관련하여 그것이 무조건 불간섭의 원리로 받아들여질 경우 심각한 자유의 침해가 일어날 수 있음을 벌린은 경고한다. 사회진화론과 같이 강자의 무기로 작동할 수 있다는 것이다. 그의 표현을 빌리면 "이리떼의 자유가 양떼에게는 죽음을 뜻하는 경우"[22]가 흔하게 일어난다. 벌린의 관점에서 보자면 신자유주의적인 자유방임은 결국 소극적 자유에 대한 침해, 즉 기본적인 인권에 대한 광포한 침해로 이어질 것이 분명하다. 한편 적극적 자유와 관련해서는 '권위의 신격화'라는 정반대의 결과로 나아가는 경우가 있다고 벌린은 지적한다. 한 사람의 욕망과 정체성의 주인이 그 사람 자신이 되지 않고, 계급, 민족, 심지어 인류라는 거대한 어떤 것이 그 자리에 올 경우 그는 그런 어휘를 신격화하여 자신의 자유를 기꺼이 포기하고자 할 것이다. 소극적 자유의 옹호자들은 자유방임이라는 악에 대해서 싸우기보다는 독재에 대해서 싸워왔기 때문에 자유방임이나 시장논리가 그것과 얼마나 배치되는 것인지 잘 드러나지 않았다. 소극적 자유를 확보하기 위해서 우선적으로 고려

22 같은 책, 129쪽.

해야 할 것은 자유를 위한 조건을 확보하기 위한 국가나 사회적 제도의 간섭이 필요하다는 점이다.[23] 벌린은 기본적으로 모든 가치들이 조화롭게 공존할 수 있는 세계 질서를 발견할 수 있다는 생각이 그릇된 것이라는 관점을 토대로, 특정한 맥락에서 자유라고 일컬어지는 어떤 가치를 적극적으로 실현하고자 하는 태도보다는 소극적 자유의 범위, 즉 한 사람에게 어떤 다양한 가능성이 보장되고 있는지를 고려하는 것이 더 중요하고 필요한 문제라고 보고 있다.[24]

그러나 벌린이 장려하고자 하는 소극적 자유의 확장을 위한 노력이 좀더 명확한 목표를 갖기 위해서는—이 목표는 앞서 살펴본 대로 한국 사회의 자유 영역의 확장이라는 목표와도 부합하는 것인데—그의 두 개념은 더 명료한 형태로 재서술될 필요가 있어 보인다. 예컨대 벌린은 자유란 "사슬로부터의 자유, 투옥으로부터의 자유, 타인에 대한 노예 상태로부터의 자유" 등이 그 근본적 의미이며 나머지는 은유라고 주장한다.[25] 그런데 여기서 말하는 자유가 그의 두 가지 자유 개념에 어떻게 해당하는지는 애매하다. 이것은 자유를 제약하는 외적인 조건에 대해 언급한다는 점에서 모두 소극적 자유의 사례로 볼 수도 있지만, '노예 상태'라고 하는 것을 신분제적 의미에서뿐 아니라 자기 자신이 자신의 주인이 되기를 원하는 개인이 그렇지 못할 때 느끼는 예속을 의미하는 것이라면 세 번째 항목은 적극적 자유에 관한 언급으로 보아야 할 것이다. 그래서 중의적인 의미를 갖는 세 번째 항목에 관한 자유에 대해서 만약 그것이 "나 자신의 목표 및 계획을 고안하여 그것을 실현시키는"

23 같은 책, 131쪽.
24 같은 책, 135쪽.
25 같은 책, 146쪽.

문제와 관련된 것이라면 자유라는 단어보다는 '자율성'이라는 단어를 사용함으로써 소극적 자유의 의미와 더 명확하게 분리하는 것이 당면 문제를 생각하는 데 도움이 될 것이다. 이것은 말하자면 자유란 철저히 자유의 조건과 관련된 사회적인 문제로 간주하고, 개인의 사적인 영역에서 이루어지는 자기완성에 대한 욕구는 자율성의 문제로 간주하자는 제안이다.

자유와 자율성이라는 어휘의 사용은 공적인 실천과 사적인 이론을 구분한 로티에게서 발견된다.[26] '자유주의 아이러니스트'라는 그의 키워드는 사회적인 차원에서 자유 영역의 확장을 꾀하는 자유주의자이면서 사적인 영역에서 완성을 꾀하면서도 자기 자신의 그와 같은 시도가 우연적인 요소들로 이루어져 있다는 것을 자각하고 있는 인물에 대한 명칭이다. 자유주의자는 소극적 자유의 영역이 확장되기를 바라고, 아이러니스트는 자신의 정체성이 타자에 의해서 구성되는 것이 아니라 자기 자신의 어휘로 구성되기를 바란다. 그러나 자기 자신의 어휘 역시 누군가로부터 영향을 받은 것일 수 있다는 생각 때문에 아이러니스트는 자율성에 대한 회의에서 벗어날 수 없다. 로티에게 이 두 인물은 이론적으로 통합될 수 있는 인물이 아니다. 이것은 달리 말하면 자유 영역의 확장이 자율성을 추구할 조건을 확보하되 그것을 담보하지 않으

26 "나는 "자유주의"에 대한 정의를 슈클라로부터 빌려왔는데, 그는 자유주의자란 잔인성이야말로 우리가 행하는 가장 나쁜 짓이라고 생각하는 사람이라고 말한 바 있다. 나는 "아이러니스트"란 말로서, 자신의 가장 핵심적인 신념과 욕구들의 우연성을 직시하는 사람, 그와 같은 핵심적인 신념과 욕구들이 시간과 기회를 넘어선 무엇을 가리킨다는 관념을 포기해 버릴 만큼 충분히 역사주의자이고 명목론자인 사람을 가리키기 위해 사용한다. 자유주의 아이러니스트란 괴로움이 장차 감소될 것이며, 인간들이 다른 인간들에 의해 굴욕당하는 일이 멈추게 되리라는 자신들의 희망을, 그렇듯 근거지을 수 없는 소망 속에 포함시키는 사람이다." 리처드 로티, 『우연성, 아이러니, 연대성』, 23쪽.

며, 자율성에 대한 추구가 자유 영역의 확장을 가져오지 않는다는 것이다.

벌린이 적극적인 자유의 문제보다는 소극적인 자유의 문제를 다루어야 한다고 주장하면서 결론적으로 다원론에 대한 옹호로 나아가는 것은 자유의 문제를 이론적으로 해결할 수 없다는 로티의 견해와도 일맥상통하는 점이 있다. 벌린은 사람들의 목적이 다양하고 원칙이 양립 가능하지 않기 때문에 늘 선택을 해야 하는 상황에 우리가 처해 있고 이런 상황에서 가장 바람직한 태도는 그와 같은 선택의 자유를 확보해 주는 다원론적 태도라고 주장한다.[27] 벌린이 합리주의자들의 주장을 비판적으로 언급하면서 그들에 의하면 "미숙하고 배우지 못한 자들은 [오직 진리만이 자유케 한다라는] 이 말을 자신에게 되뇌도록 만들어져야 한다"고 말했을 때, 이것은 "우리가 자유를 돌본다면 진리는 스스로를 돌볼 수 있을 것"[28]이라는 로티의 주장과 공명한다.

벌린이 말하는 적극적 자유를 로티의 자율성에 대한 사적인 추구와 같은 것으로 간주한다면, 우리는 이들의 제안에 따라 소극적인 자유에 대해서 더 많이 말하고, 적극적 자유 혹은 자율성의 문제에 대해서는 각 개인의 사적인 영역에 놓아두는 편이 좋을 것이다. 각 사람의 근본적인 가치관, 철학, 삶의 목표 등을 통합시킬 이론은 존재하지 않으며, 자유의 공간이 주어지더라도 그가 자신의 삶을 의미 있게 완성시키기로 마음먹느냐 그렇지 않느냐의 문제는 역시 그 개인의 자율적인 판단에 따르는 것이 옳다고 여겨지기 때문이다.

27 이사야 벌린, 위의 책, 421쪽.

28 리처드 로티, 위의 책, 321쪽.

이런 관점에서 보자면 에리히 프롬의 자유 개념 역시 과도한 것으로 여겨진다. 벌린은 '진정한 자아'가 나 자신의 주인이 되어야 한다는 관점에서 적극적 자유를 얻고자 하는 시도 역시 소극적 자유의 침해로 이어질 수 있는 가능성이 있음을 지적하고 있다.[29] 예컨대 구악을 제거하고자 실천에 나선 혁명가가 사람들에게 혁명의 당위성을 말하면서 기존의 관념과 신념을 버리고 자신들이 내세우는 새로운 시대의 보편적 가치를 깨달아야 한다고 주장한다면, 그리고 그 보편적 가치에 의해서 구성되는 '진정한 자아'를 토대로 삼을 때에만 참된 의미의 자유를 얻는 것이라고 주장한다면 그것은 "인간에게 기본적인 필요가 얼마나 다양한지를 용인하려 하지 않는"[30] 태도에 불과하다는 것이다. 한 사람의 진정한 자아는 만약 그런 것이 존재하거나 추구될 수 있는 것이라면 오로지 그 자신에 의해서만 찾아져야 할 것이다. 프롬의 적극적인 자유의 개념은 비록 여러 가지 사회적 조건을 전제하고 있기는 하지만 여전히 일종의 자아실현에 대한 언급이라는 점에서[31] 자율성의 문제를 포함하는 것으로 볼 수 있다. 프롬은 개인의 독특성을 긍정하는 것이 자아실현이라고 말하고 있지만, 개인의 독특성을 긍정하는 방식에 대한 일종의 가이드라인을 제시하고 있는 셈이다. 또한 자아실현의 노력을 해야 한다는 것을 당위적으로 주장함으로써 한 개인의 삶의 방식에 개입하고 있는 것으로 볼 수 있다.

바우만의 자유에 관한 관점 역시 적극적 자유 혹은 자율성의 추구와

29 이사야 벌린, 위의 책, 406쪽.

30 같은 책, 407쪽.

31 "자아실현으로서의 적극적인 자유는 개인의 독특성을 충분히 긍정하는 것을 의미한다." (에리히 프롬, 위의 책, 271쪽)

연관되어 있다고 볼 수 있다. 바우만은 역사적 맥락을 떠나서 자유 일반에 대해 말하는 것이 무의미하다고 말하면서 우리 시대의 자유를 '소비의 자유'로 규정했다. 그러나 이 자유는 소비할 수 없는 사람들의 부자유를 전제하고 있다는 의미에서, 그리고 자유를 누리는 사람들이 자유를 누릴 수 없게 될 수도 있다는 공포에 근거하고 있다는 의미에서, 바람직하지 않다. 바우만에 의하면 우리가 논하고 있는 적극적인 자유의 실현, 자율성의 실현이 소비사회에서는 시장에서 개성과 정체성을 구입하는 행위로 대체된다.[32] 그러나 이런 식으로 실현되는 자아란 소비사회가 '환상공동체'라는 것을 확인시켜주는 명세서일 뿐이다.[33] 소비사회가 하나의 환상공동체라면 거기서 사회구성원들이 느끼는 자유의 느낌은 당연히 하나의 환상이라고 해야 할 것이다. 이런 논의는 다시 벌린이 말하는 적극적 자유의 문제로 되돌아가게 만든다. 소비사회의 자아가 하나의 환상이라면 바우만은 '참된 자아'에 의해 실현되는 개성과 자율성을 염두에 두고 있는 것이 분명하기 때문이다. 역사주의적인 관점을 견지하고 있는 그에게 그러나 소비의 자유를 대체할 '참된' 자유는 '전인미답의 가능성'으로 남을 수밖에 없다.[34]

바우만과 프롬의 자유에 관한 담론이 옳지 않다는 것을 말하고자 하는 것이 여기서의 의도는 아니다. 그들의 주장은 설득력이 있으며 정치적으로도 옳다고 여겨진다. 다만 자유의 확장을 위한 실천적 대안으로 삼기에는 너무 근본적인 문제를 다루고 있다. 프롬에 따르자면 자유는

32 "사실상 사람들이 투사한 모든 자아를 표현할 기호들을 살 수 있다."(지그문트 바우만, 위의 책, 114쪽)

33 지그문트 바우만, 위의 책, 112쪽.

34 같은 책, 174쪽.

자율적인 개인들이 자발적으로 연대함으로써 획득된다. 모든 개인들이 자율적인 인간으로 살아가는 세계를 상상하기는 힘들다. 바우만의 견해에 따르자면 소비자의 자유가 아닌 자유를 획득하는 것은 소비사회를 전복하거나 다른 사회로 대체할 때에만 가능하다. 소비사회를 전복하는 것을 자신의 정체성으로 삼고자 하는 개인이 있다면 그런 정체성도 소비사회는 상품으로 제공할 것이다. 우리는 소비사회의 경계 안에서 한 걸음도 벗어나지 못하는 셈이 된다.

이런 난점들은 그들이 자유의 문제를 소극적 자유의 범위를 넘어서서 논하는 데서 오는 것으로 생각할 수 있다. 그와 같은 난점들을 피하는 방법은 자유의 조건을 확보하기 위한 자유에 대해 말하는 것밖에 없다. 벌린의 대안은 다음과 같다.

> 우리는 자유, 그 보호를 위해 필요한 조직, 그리고 복지의 최소 표준 중에서 그 어느 것도 희생할 수 없다. 그러므로 그 출구는 무언가 논리적으로 정연하지 못한, 유연하며 심지어 모호한 타협에서 찾아야 한다. (…) 이 시대가 요구하는 것은 (우리가 그토록 자주 들어왔던) 더 나은 신앙, 더 강한 리더십, 더 과학적인 조건이 아니다. 더욱 개명된 회의주의, 제각각인 개성에 대한 더 많은 관용, 가까운 미래의 목표를 달성하기 위한 일시적 수단의 보다 빈번한 사용, 다수 사이에는 거의 동조자를 찾을 수 없는 입맛과 믿음을 (내용에서 옳은지 그른지는 전혀 상관이 없다) 가진 소수자 및 개인들이 그들의 개인적 목표를 달성할 수 있는 여지의 증가 등이 필요하다.[35]

35 이사야 벌린, 위의 책, 220쪽.

벌린의 주장을 한마디로 요약하자면 다양한 개성을 관용할 수 있는 사회적 조건을 만들자는 것이 될 것이다. 이런 조건은 그렇다면 어떻게 만들어질 수 있는가? 벌린은 그와 같은 조건이 신앙이나 리더십, 과학 등에 의해서보다는 개성에 대한 관용이라고 말한다. 이것은 물론 동어반복적이다. 그러나 벌린이 자신의 주장이 동어반복적이라는 사실을 인지하지 못하고 이런 주장을 하고 있는 것 같지는 않다. 그가 말하는 개성의 관용은 "수다나 공연한 호기심, 그 어떤 권위의 탈도 쓰지 않은 채 구체적인 목적도 없이 이 분야 또는 저 분야를 기웃거리고 돌아가는 행위 등에 대한 약간의 탐닉, 등등, 소위 "분명한 낭비" 그 자체에 해당하는 행동"[36]을 뜻한다. 저마다의 관심사에 의해 인도되는 비생산적인 행동이 결국 개성의 계발로 이어지기 때문에 무엇보다 가치가 있게 된다고 그는 주장한다. 물론 그런 행동이 모두 개성의 계발로 이어지지는 않을 것이다. 그러나 불의, 빈곤, 무지 등과 투쟁하여 자유의 조건을 확보하더라도 개인들이 여전히 획일적인 삶의 목표를 위해 살고자 하는 사회에서는 개성 있는 삶, 혹은 자율적인 삶은 불가능할 것이라는 점에서 벌린은 의미 있는 지적을 하고 있다고 볼 수 있다. 자유는 자유로운 삶을 통해 얻어진다. 특히 효율성과 상품성 등을 최고의 가치로 강요하는 신자유주의적인 사회에서 벌린이 말하는 낭비적인 태도는 정치, 경제적인 자유의 조건을 확보하는 일만큼 중요한 것일 수 있다.

36 같은 책, 221쪽.

## 4. 이론의 역할

지금까지 벌린의 관점을 통해서 우리 사회에서 자유의 경계를 확장시키는 문제는 소극적 자유의 경계를 확장시키는 문제와 외연을 같이 한다는 점을 살펴보았다. 적극적 자유, 혹은 자율성의 문제에 대한 이론적 주장은 보편적 '진리' 혹은 '진정한 자아'의 문제를 건드리게 됨으로써 결국 과도한 주장이 되어 자율성의 영역을 침범할 위험이 있다. 그렇다면 어떤 진리 주장도 하지 않는 이론, 혹은 인간의 본성에 관한 담론에 토대를 두고 있지 않은 이론은 자유의 영역을 확장시키는 데 있어서 어떤 역할을 할 수 있을까? 마르크스가 지금까지 철학자들이 세계를 해석만 해왔다면 중요한 것은 세계를 변혁시키는 일이라고 한 말[37]은 우리의 맥락에서도 유효하다. 다만 차이가 있다면 마르크스는 진리를 발견하는 것과 세계를 변혁시키는 일이 별개의 것이 아니라고 생각했다면, 전자의 작업은 우리에게 필요하지도 않고 오히려 장애로 작동할 수 있다는 점이다. 이론은 오로지 현실을 바꾸기 위한 하나의 가설적 대안으로서만 고려될 필요가 있다. 현실이 복잡할수록 다양한 가설들이 필요할 것이다. 오늘날 이론적 작업의 중요성은 더 커졌다고 할 수 있다.

이론은 오로지 문제해결을 위한 가설로서만 유효하다는 아이디어는 프래그머티스트의 기본적인 출발점이다. 물론 이런 탐구의 과정이 객관적인 진리를 향해 가는가 하는 물음에 관해서는 논자들마다 차이가 있지만[38], 탐구가 애초에 순수한 진리를 목적으로 한 것이라기보다는 당면한 문제를 해결하고자 하는 데서 출발한다는 점에서 프래그머티

37 칼 마르크스, 「포이에르바하에 관한 테제」, 『독일 이데올로기 1』, 229쪽.

스트들은 공통근거를 가지고 있다. 이론은 문제해결을 위한 대안적 가설을 세우는 것이며 우리의 실천은 그 가설의 유효성을 검토해 보는 실험이라고 간주할 때 이론적 다양성이 증진될 수 있을 것이다. 이런 입장을 실험주의라고 부를 수 있다면, 여기서 주의할 것은 자신의 이론이 탈맥락적인 진리에 근거하고 있다는 주장으로 이어지는 것을 경계하는 태도이다.

전통적인 프래그머티즘의 실험주의적인 정신을 계승하고 있는 로베르토 웅거는 존 듀이의 프래그머티즘이 어떤 철학적 진리를 발견했다고 믿는 순간 실험주의 정신에서 벗어나게 되었다고 다음과 같이 비판하고 있다.

> 듀이의 경험 관념도 자연주의적 타협을 통해 실용주의의 급진적인 비전을 배반한 또 다른 사례이다. 듀이의 실용주의 관념 속에서는 평화롭게 공존할 수 없는 두 가지 생각이 최고의 자리를 놓고 다툰다. (…) 하나의 생각은 비록 제약은 받지만 무엇이나 다른 것이 될 수 있고 영원한 것이 존재하지 않는 열린 세계에 던져진 행위자로서의 인간상이다. (…) 다른 생각은 사유하는 유기체로서 개인을 바라보는 관점이다. 물론 이러한 개인은 스스로 주인이 되지 못하고 진화의 역사 속에 갇혀 있다. (…) 두 가지 생각이 모두 타당할 수는 없다. 도구제작자 본인이 자연의 도구이고, 인간의 일에 무심한 자연 세계 안에 놓여 사멸하는 유기체의 전략에 도구적으로 봉사하는 정신이라는 두 번째 생각이

38 퍼스는 진리를 탐구의 최종단계에서 도달하게 되는 결과로서 모든 탐구자에 의해 합의될 수밖에 없는 의견으로 본 반면, 제임스는 그저 만족스러운 결과로 간주했다. Israel Scheffler, *Four Pragmatists*, pp. 100-104 참조.

궁극적으로 우선한다고 가정해 보자. 그러면 첫 번째 생각, 즉 우연성의 바다를 헤쳐 나가는 저항적인 행위자로서 주체 관념은 무용지물이 될 수밖에 없다.[39]

웅거는 듀이가 '경험'이라는 개념을 새롭게 서술함으로써 스스로 아직까지 누구도 발견하지 못한 인간의 본질에 관한 철학적 진리에 접근해 들어갔다고 생각하자마자 스스로를 늘 새롭게 만들어갈 수 있는 '저항적인 행위자'로서의 주체 개념을 포기하게 된다고 비판하고 있는 것이다. 그는 프래그머티즘이 새로운 미래를 지향하면서 우연성을 헤쳐 나가는 '행위주체성' 및 영구혁신에 토대를 둔 '실험주의'를 포기할 경우 대안을 제시하는 이론으로서 힘을 상실한다고 주장한다.[40]

홍미롭게도 실험주의에 관한 강조는 최근 '사회주의 재발명'을 역설하고 있는 호네트에게서도 발견된다. 호네트는 사회주의의 목표가 자유, 평등, 우애라는 프랑스 대혁명의 목표를 실현하는 것이었다고 말하면서, 그 세 원칙들을 화해시킬 수 있는 것은 '사회적 자유'라고 주장한다. 그가 말하는 사회적 자유란 연대적 공동체에 존재하는 상호관심에 바탕을 둔 규범적 의무를 수반하는 자유이다. 사회구성원은 자신만을 위한 자유를 추구해서는 안 되며 "단지 '함께'가 아니라 '서로를 위해' 행동해야"[41] 한다고 호네트는 주장한다. 초기 사회주의의 문제는 연대적 공동체에 대한 생각을 경제적 활동 영역 안에서만 생각했다는 데 있다. 호네트는 초기 사회주의자들과 마르크스가 공유하고 있는 경제결

39 로베르토 웅거, 『주체의 각성』, 90-92쪽.

40 같은 책, 119쪽 참조.

41 악셀 호네트, 『사회주의 재발명』, 71쪽.

정론을 과감히 버릴 것을 주장한다. 그가 주장하는 새로운 사회주의는 중앙집권적 계획경제, 혁명 주체로서의 프롤레타리아, 사회주의 도래의 역사적 필연성 등과 같은 낡은 개념들과 절연한다. 그리고 그 이론의 빈자리에 호네트는 듀이의 실험주의적인 프래그머티즘을 슬그머니 끌어들인다. 호네트의 혁신된 사회주의는 사회적 자유를 실현하는 과정 안에서 드러날 수밖에 없다. 사회주의란 외적으로 설정된 목표가 아니라 공동체 구성원들 간의 자유로운 의사소통의 과정을 통해 만들어져야 한다. 호네트는 사회주의가 향해야 할 것은 "개인적 자유를 희생하지 않으면서도 연대의 도움을 통해 이를 번성시킬 수 있는 사회적 생활양식"[42]이라고 말한다. 그리고 그와 같은 사회적 생활양식을 만드는 것은 어떤 보편적 이론이 아니라 사회적 자유의 실천과정이라는 것이다. 호네트는 듀이가 이미 사회주의가 역사적 법칙성에 대한 가정 때문에 사회적 실험을 통해 발견되는 사회운동으로서의 자기이해를 갖지 못하는 한계를 지적했다고 언급하고 있다.[43] 호네트는 듀이의 사상이 사회주의가 다시 힘을 얻을 수 있는 최상의 방법이라고 칭찬하면서 다음과 같이 말한다.

**42** 같은 책, 187쪽. 듀이는 다음과 같이 말한다. "부분이 속한 전체와 별개로 그 자체로 의미 있는 부분들로 구성된 것이 아니라면 어떤 전체도 의미 있는 것이 되지 않을 것이다. 즉 간단히 말해서 어떤 의미 있는 공동체도 의미 있는 개인들로 구성되지 않는다면 존재할 수 없다."(John Dewey, *Art as Experience*, p. 212) 그가 생각하는 민주주의 사회란 모든 개인들이 의미 있는 삶을 사는, 즉 개성을 실현할 수 있는 사회이다. 이런 부분이 호네트가 말하는 개인적 자유를 희생하지 않으면서도 연대의 도움을 통해 그것을 번성시킬 수 있는 사회적 생활양식에 해당할 것이다. 그러나 이런 구절을 강하게 해석하면 '진정한 자유'가 실현될 수 있는 어떤 보편적인 조건에 대한 적극적인 주장으로 간주될 수 있고 우리가 앞서 살펴본 벌린의 적극적 자유의 개념에 근접하게 될 것이다. 따라서 이런 주장은 자유를 위한 자유에 대한 언급으로 약하게 해석하는 편이 듀이를 실험적인 프래그머티스트로 간주하는 데 유리할 것이다.

**43** 악셀 호네트, 위의 책, 99쪽.

> 듀이와 헤겔이 공통적으로 갖고 있던 생각, 즉 의사소통 장애와 상호 작용을 방해하는 종속성으로부터의 해방이라는 상위의 관점만이 사회적 개선의 척도가 될 수 있다는 주장은 사회적 자유 이념을 실험적으로 이해된 사회주의의 역사적 토대이자 원칙으로 이해하게 하는 이론적 도구를 제공하기 때문이다.[44]

사회주의를 하나의 역사적 실험으로 간주할 때 그런 실험의 과정에서 이론이 맡는 역할은 결국 의사소통의 수단으로서의 이론이 될 것이다. 기존의 사회주의가 '서로를 위해' 행동해야 한다는 우애의 가치를 고려하지 못했다면, 실험적인 사회주의는 그것이 오늘날의 자본주의적 상황에서 어떻게 가능할지를 보여주는 다양한 상상력을 통해서만 그 모습을 드러낼 수 있을 것이다. 그런 점에서 이론은 보편적인 진리, 인간적 본성, 전문가적인 엄밀성 등에 대한 담론이기보다는 현실의 고통, 억압, 차별 등에 대해 말함으로써 그런 것이 존재하지 않는 세계에 대한 상상력이 풍부한 대안적 담론이 되어야 할 것이다.

## 5. 실천적 제안

지금까지 논자는 한국사회가 신자유주의 이후 자유의 영역이 위축되어 왔으며, 그 근본 원인이 양극화에 따른 새로운 신분제의 경향이라고 지적하고, 자유의 경계를 확장하기 위해서는 인간의 본원적 권리나 자아실현 능력으로서의 자유가 아니라 사회적인 차원에서의 자유의 조건에

44 같은 책, 122쪽.

대한 이론적 논의가 필요하다고 주장했다. 그리고 여기서 말하는 이론이란 보편적 진리에 근거하여 모든 문제를 일거에 해결할 원리로서의 어떤 것이 아니라 실천적인 제안을 담은 하나의 실험적 가설이어야 한다고 주장했다.

로베르트 웅거는 민주주의 사회를 만들기 위해서 우리가 미래지향적이어야 하고 동시에 실험주의적이어야 한다고 주장한다. 미래를 지향하면서 산다는 것은 기성의 구조를 능가할 대안적 구조의 단서를 탐색하면서 산다는 것을 의미하고, 실험주의란 제도와 의식구조의 변혁을 일상적인 투쟁의 과정으로 삼는다는 것이다.[45] 그는 현행 제도와 관행을 자체 교정할 수 있는 경쟁 구도를 제도화하면 우리가 위기를 실제로 겪지 않으면서도 끊임없이 기존의 제도와 관행을 바꾸어 나갈 수 있을 것이라고 주장한다.[46] 이론은 여기서 대안적 구조를 상상력을 통해 불러들일 가설적 장치로서 역할을 할 수 있을 것이다.

그러나 웅거의 주장에는 기존의 제도와 관행을 고수하려는 사람들에 맞서 어떻게 그와 같은 실험주의를 도입할 수 있을 것인가에 대한 답은 충분히 제시되고 있지 않다. 기존의 제도와 관행, 그리고 의식구조가 공동체 구성원들을 고통 속에 살게 만드는 면이 있다면 그것을 지키고자 하는 사람들에게 그와 같은 측면을 드러내 보여주고 제도와 관행, 의식을 바꾸도록 설득하는 수밖에 없을 것이다. 인간의 연대성을 이론에 의해 탐구될 수 있는 사실이 아니라 상상력을 통해 성취되어야 할 목표로 간주하는[47] 로티는 고통을 감소시켜야 한다는 주장이 '도덕적'인 것이

45 로베르트 웅거, 위의 책, 100-103쪽 참조.

46 같은 책, 105쪽.

47 로티, 『우연성, 아이러니, 연대성』, 24쪽.

며, 그것이 도덕적이라고 말할 수 있는 이유는 인간 본성이나 천부적인 인권 때문이 아니라 감성에 토대를 둔다고 주장한다.[48] 사람들의 감성을 건드리는 것은 이론보다는 민속지, 다큐, 저널리즘, 만화, 드라마, 소설 등이 더 잘 할 수 있다. 그래서 로티는 자신의 나라인 미국이 어떤 나라가 되어야 하는지에 대해 일종의 소설 같은 에세이를 쓰기도 했다.[49]

한국사회에서 자유의 경계를 확장하기 위한 당면과제가 신자유주의가 몰고 온 양극화 및 그 귀결로서의 새로운 신분제라고 한다면 그런 경향에 맞서 우리가 상상할 수 있는 대안적 구조란 어떤 것일 수 있을까? 논자가 상상할 수 있는 것은 공동체 구성원들이 더 이상 실업, 저임금 노동, 고용 불안, 성별, 성적 취향, 주거, 사교육, 노후, 의료비용, 안전, 안보 때문에 고통받지 않는 사회이다. 로티는 위에 언급한 에세이에서 후세의 사람들이 낮은 임금을 받는 노동자에 비해 20배의 임금을 받는 CEO를 허용할 수 있었던 상황을 이해하지 못할 것이라고 썼지만[50], 우리 사회에서 그 차이는 이미 수백 배에 달하고 있다. 임금 격차를 줄이는 일이 아마도 가장 시급한 일일 것이다. 우리 사회에서 자유의 영역을 확장시킨다는 것은 기존의 관습, 제도, 의식 등에 의해 고통을 당

48 "우리 프래그머티스트는 인권 문화의 등장이 증가된 도덕적 지식에 아무것도 빚지고 있지 않다는 사실, 모든 것을 슬프고 감성적으로 들리는 이야기들에 빚지고 있다는 사실로부터 플라톤이 생각한 지식 같은 것은 없을 것이라는 결론을 이끌어 낸다. 우리는 계속해서 무역사적 인간 본성을 주장함으로써 이루어진 유용한 일은 아무것도 없기 때문에, 아마도 그런 본성은 존재하지 않으며, 최소한 그 본성이라는 것 안에 우리의 도덕적 선택에 적합한 것은 아무것도 없다고 주장한다."(Richard Rorty, "Human Rights, Rationality, and Sentimentality," in *Truth and Progress*, p. 172)

49 Richard Rorty, "Looking back from 1996", *Philosophy and Social Hope*, pp. 243-251. 로티는 이 에세이에서 양극화로 인해 내전이 일어나 붕괴한 미국을 상상하며, 오랜 기간에 걸쳐 우애를 바탕으로 복구된 미국을 상상하고 있다.

50 같은 책, p. 243.

하는 사람들의 수를 줄이는 것과 같다. 이런 생각을 바탕으로 논자는 다음의 몇 가지를 제안하고자 한다.

1. 자본의 자유를 제어할 제도적 장치를 마련해야 한다. 자본의 탐욕이 많은 사람들의 고통으로 귀결된다는 것은 매우 자명한 사실임에도 '이리떼'의 자유를 제한하는 것에 대해 우려하는 것은 자유주의자의 태도가 아니다. 경쟁 원리를 우선시하고, 능력주의를 당연한 규범인 양 선전하는 자본에 맞서 공공성이야말로 경제 활동을 포함한 모든 활동의 토대가 되어야 한다고 설득해야 한다. 최저임금 인상, 강화된 형태의 최고임금법, 기본 소득제의 실시 등이 현실적인 대안으로 논의될 수 있을 것이다.

2. 모든 형태의 권위주의를 청산해야 한다. 각자에게 주어진 지위는 각 사람의 가치를 표상하는 것이 아니라 그 사람에게 부여된 사회적 역할과 관련된 것이다. 정규직과 비정규직, 남성과 여성, 상하위의 직급, 원주민과 이주민, 서비스 제공자와 수혜자, 학벌과 출신지역 등에 의해 발생하는 위계가 각종 차별을 문화적으로 정당화하며 계급을 형성하는데 기여한다. 혐오 및 차별을 금지하는 법을 만드는 것을 생각해 볼 수 있을 것이다.

3. 주거와 교육의 영역에서 공공성이 강화되어야 한다. 한국사회에서 부동산 문제와 교육 문제는 매우 밀접한 연관이 있다. 홍찬숙의 주장대로 출산과 육아, 그리고 너무 긴 노동시간과 저임금의 문제가 해결되지 않는다면 아이를 출산하고 양육할 여력이 없는 여성들은 출산을 거부

하거나 자신들의 자식들에게 가난을 대물림하게 될 것이다. 한국의 부동산은 가진 자들이 갖지 못한 자들의 소득을 빨아들이는 블랙홀과 같다. 모든 소득을 부동산에 쏟아 부어야 하는 상황은 중단되어야 한다. 토지 공개념에 대한 논의가 진행되어야 한다. 마찬가지로 부모의 경제력에 따라 학생들의 교육적 성취가 차등을 보이게 되는 상황도 중단되어야 한다. 수월성 교육보다는 각자의 성격과 능력에 맞게 성장할 수 있는 기회를 제공해야 한다. 소수의 승자와 절대다수의 패자를 만들어 내는 교육은 중단되어야 한다.

이 밖에도 수많은 현실적 대안들을 생각해 볼 수 있을 것이다. 그리고 그 대안들은 경쟁원리와 능력주의라는 신자유주의의 규범 때문에 서로를 적대하고 경쟁상대로 여겨 분열된 한국사회를 형제애 혹은 우애로 연대하게 하는 데 초점을 맞추어야 할 것이다.

## 참고문헌


김원식 2013: 「한국사회 양극화와 다차원적 정의」. 『사회와 철학』 제26집.

김현경 2015: 『사람, 장소, 환대』. 문학과지성사.

노직, 로버트 1997: 『아나키에서 유토피아로』. 남경희 옮김. 문학과지성사.

로티, 리처드 1996: 『우연성, 아이러니, 연대성』. 김동식, 이유선 옮김. 민음사.

롤즈, 존 1999: 『정치적 자유주의』. 장동진 옮김. 동명사.

마르크스, 칼 1989: 「포이에르바하에 관한 테제」. 『독일 이데올로기 1』. 김대웅 옮김. 두레.

바우만, 지그문트 2002: 『자유』. 문성원 옮김. 이후.

벌린, 이사야 2006: 『이사야 벌린의 자유론』. 박동천 옮김. 아카넷.

세넷, 리처드 2002: 『신자유주의와 인간성의 파괴』. 조용 옮김. 문예출판사.

웅거, 로베르토 2012: 『주체의 각성』. 이재승 옮김. 앨피.

정선은 2016: 「심상정, 최고임금 최저임금 30배 제한 법안 발의」. 『파이낸셜 타임즈』, 2016년 6월 28일. http://www.fntimes.com/paper/view.aspx?num=156970

프롬, 에리히 2012: 『자유로부터의 도피』. 김석희 옮김. 휴머니스트.

호네트, 악셀 2016: 『사회주의 재발명』. 문성훈 옮김. 사월의책.

홍찬숙 2013: 「개인화와 젠더사회」. 『한국사회학』 제47집 제1호.

Dewey, John 1934: Art as Experience. Penguin Books.

Rorty, Richard 1998: Human Rights, Rationality, and Sentimentality. in: Truth and Progress. Cambridge University Press.

Rorty, Richard 1999: Looking back from 1996. in: Philosophy and Social Hope. Penguin Books.

Scheffler, Israel 1974: Four Pragmatists. London: Routledge & Kegan Paul.

## Inhalt

### Studien



### Stichwort: Die Gegenwart der Homophobie (*Volker M. Heins*)



### Eingriffe

:: 폴커 하인스 Volker M. Heins
본 대학, 프랑크푸르트 대학에서 철학과 사회학을 공부하고 정치학 박사학위를 받았으며 기센 대학 정치학과에서 교수자격학위를 취득했다. 예일 대학, 맥길 대학, 보훔 대학, 프랑크푸르트 사회연구소를 거쳐 현재 뒤스부르크-에센 대학에서 정치학 교수로 재직 중이다. 현대 정치이론과 비판이론을 토대로 하여 다문화주의, 이주 문제에 대한 정치적 비판과 해법을 두루 연구하고 있다. 주요 저서로 『정당화의 전략들』 『새로운 초국가주의』 『친구와 적을 넘어서』 『다양성 스캔들』 등이 있다.

:: 클라우스 테벨라이트 Klaus Theweleit
킬 대학, 프라이부르크 대학에서 독문학과 영문학을 공부하고 1차 대전 이후의 독일 역사와 문학에 관한 연구로 박사학위를 받았다. 프라이부르크 대학 사회학연구소, 베를린 영화 아카데미 등을 거쳐 카를스루에 조형예술대학 예술이론 교수를 역임했으며 현재 프리랜서 작가로 활동하고 있다. 문학자, 문화이론가, 저술가 등으로 오랫동안 활동해온 독일의 대표적인 지식인 중 한 사람이다. 주요 저서로 『남성들의 환상』 『가해자의 웃음』 『세계로 가는 관문』 등이 있다.

:: 베른트 지몬 Bernd Simon
독일의 뮌스터 대학과 영국의 켄트 대학에서 심리학, 사회학, 철학을 공부하고 뮌스터 대학 심리학과에서 박사학위와 교수자격학위를 취득했다. 캘리포니아 대학, 오리건 대학, 샌프란시스코 주립대학 등을 거쳐 현재 킬 대학 심리학연구소의 소장이자 같은 대학의 사회심리학 교수로 재직 중이다. 소수자-다수자 관계, 정체성 이슈, 존중 및 관용의 문제에 중점을 두고 집단 간의 사회심리학적 관계를 연구하고 있다. 주요 저서로 『현대 사회에서의 정체성』 『정체성과 권력』 등이 있다.

:: 니나 데틀로프 Nina Dethloff
함부르크 대학, 제네바 대학, 프라이부르크 대학에서 법학을 공부하고 프라이부르크 대학 법학과에서 박사학위와 교수자격학위를 취득했다. 미국법학연구소, 유럽가족법위원회, 독일법학자협회의 회원이며 유럽인권재판소의 특별 판사를 역임한 바 있다. 현재 본 대학 법학과 교수이자 같은 대학 국제가족법연구소 소장으로 재직 중이다. 주요 저서로 『가족법』 『혈통과 책임』 등이 있다.

### :: 페터 레베르크 Peter Rehberg

뉴욕 대학 독어독문학과에서 카프카의 작품에서 나타나는 웃음에 관한 연구로 박사학위를 받았다. 이후 퀴어 이론, 대중문화, 미디어 연구 분야에서 주로 활동해왔다. 퀴어 잡지의 편집자로 일하기도 했으며, 젠더와 미국 정치에 관해 여러 잡지에 글을 쓰는 정기 기고가이기도 하다. 코넬 대학, 노스웨스턴 대학, 브라운 대학, 본 대학 등을 거쳐 현재 텍사스 대학 독문학과 교수로 재직 중이다. 주요 저서로 『힙스터 포르노: 퀴어 남성성, 정서적 성애, 그리고 뉴미디어』 등이 있다.

### :: 크리스토프 멘케 Christoph Menke

1958년 독일에서 태어나 하이델베르크 대학, 콘스탄츠 대학에서 철학, 독문학, 예술사를 공부했다. 콘스탄츠 대학에서 박사학위를 받은 후 베를린 자유대학에서 논문 「인륜적인 것 속에서의 비극: 헤겔과 근대의 자유」를 통해 교수자격학위를 취득했다. 뉴욕의 뉴스쿨, 포츠담 대학의 인권센터와 철학과 등을 거쳐 2009년부터 프랑크푸르트 대학 실천철학 교수로 재직 중이다. 실천철학, 특히 법철학 및 정치철학 분야를 집중 연구하고 있으며 민주주의와 평등, 역사와 인권, 윤리와 미학 등 다양한 주제에 관해 연구와 저술 활동을 하고 있다. 주요 저서로 『예술의 지고성』 『평등의 반영들』 『비극의 현재』 『미학적 힘』 『예술의 힘』 『자율과 해방』 등이 있다.

### :: 악셀 호네트 Axel Honneth

1949년 독일 에센에서 태어나 본 대학, 보훔 대학, 베를린 자유대학에서 철학, 사회학, 독문학을 공부했다. 콘스탄츠 대학과 베를린 자유대학을 거쳐 1996년부터 프랑크푸르트 대학 철학교수로 재직 중이며, 2011년부터는 미국 컬럼비아 대학 철학교수를 겸하고 있다. 2001년부터 프랑크푸르트학파의 산실인 사회연구소 소장직을 맡고 있으며, 1세대인 호르크하이머와 아도르노, 2세대인 하버마스의 뒤를 잇는 3세대 프랑크푸르트학파 철학자로 평가받는다. 그간의 탁월한 사회철학적 업적을 인정받아 2015년에 '에른스트 블로흐 상'을 수상했다. 주요 저서로 『권력 비판』 『인정투쟁』 『정의의 타자』 『분배냐, 인정이냐?』(공저) 『물화』 『우리 안의 나』 『자유의 권리』 『사회주의 재발명』 등이 있다.

:: 김원식

연세대 철학과를 졸업하고 동대학원에서 하버마스 연구로 박사학위를 받았다. 국가안보전략연구원 연구위원으로 재직 중이다. 저서로 『배제, 무시, 물화』 『하버마스 읽기』가 있으며, 『프랑크푸르트학파의 테제들』 『포스트모던의 테제들』 『현대 정치철학의 테제들』 『현대 페미니즘의 테제들』 등을 공저했다. 역서로 『이성의 힘』 『지구화 시대의 정의』 『분배냐, 인정이냐?』(공역) 등이 있다.

:: 김주호

고려대에서 사회학, 정치외교학 학사를 마쳤다. 독일 마르부르크 대학 사회학과를 졸업한 후 프랑크푸르트 대학 사회학과에서 지그하르트 네켈 교수의 지도로 박사학위를 받았다. 중앙대 독일유럽연구센터 연구전담교수로 재직 중이다. 역서로 『기업가적 자아』가 있으며, 논문으로 「자본주의 비판과 민주주의 요구의 결합」 「현 시대의 자율성을 바라보는 두 시선」 등이 있다.

:: 문성훈

연세대 철학과를 졸업하고 독일 프랑크푸르트 대학 철학과에서 악셀 호네트 교수의 지도로 박사학위를 받았다. 서울여대 교양학부 현대철학 담당 교수로 재직 중이다. 『베스텐트』 한국판 책임편집자를 맡고 있으며, 『교수신문』 편집기획위원으로 활동하고 있다. 저서로 『미셸 푸코의 비판적 존재론』 『인정의 시대』 등이 있으며, 역서로 『정의의 타자』 『인정투쟁』 『분배냐, 인정이냐?』(이상 공역) 『사회주의 재발명』 등이 있다.

:: 이유선

고려대 철학과를 졸업하고 동대학원에서 박사학위를 받았다. 서울대 기초교육원 강의교수로 재직 중이다. 저서로 『리처드 로티』 『실용주의』 『아이러니스트의 사적인 진리』 『사회 철학』 『현대 정치철학의 테제들』(공저) 『로티의 철학과 아이러니』(공저) 『리처드 로티, 우연성·아이러니·연대성』 등이 있으며, 역서로 『우연성, 아이러니, 연대성』(공역) 『철학의 재구성』 『공공성과 그 문제들』(공역) 등이 있다.

## :: 이행남

서울대 동양사학과를 졸업하고 같은 대학 철학과에서 헤겔 연구로 석사학위를 받았다. 독일 프랑크푸르트 대학에서 악셀 호네트 교수의 지도 아래「인륜적 자유의 변증법: 헤겔과 그의 선행자들 간의 논쟁」으로 박사학위를 받았다. 서울대에 출강하고 있다. 역서로『뉴레프트리뷰 1』(공역)『비규정성의 고통』이 있으며, 논문으로「피히테의『자연법의 토대』에서의 상호인정의 근본이념」「칸트의 도덕적 자율성으로부터 헤겔의 인륜적 자율성으로」 등이 있다.

## :: 정대성

연세대 철학과를 졸업하고 독일 보훔 대학에서 독일 관념론과 사회정치철학 전공으로 박사학위를 받았다. 연세대 근대한국학연구소 HK교수로 재직 중이다. 공저서로『이성의 다양한 목소리』 등이 있으며, 역서로 찰스 테일러의『헤겔』을 비롯하여『청년 헤겔의 신학론집』『비판, 규범, 유토피아』『언어, 의미 그리고 철학』 등이 있다.

## :: 정대훈

서울대 철학과를 졸업하고 동대학원에서 데카르트 연구로 석사학위를 받았다. 독일 프랑크푸르트 대학에서 크리스토프 멘케 교수의 지도 아래「주체성과 예술: 헤겔과 니체에 따른 근대의 구성」으로 박사학위를 받았다. 한국산업기술대 지식융합학부에서 교육전담교원으로 재직 중이다. 역서로『데카르트』『뉴레프트리뷰 3』(공역) 등이 있으며, 논문으로「칸트의 존경 이론에서 주관적 전회와 존경의 절취」「헤겔의 역사철학적 비극관」「정신의 도야」 등이 있다.

## :: 홍찬숙

서울대 영어영문학과를 졸업하고 이화여대 대학원 여성학과를 거쳐 독일 뮌헨 대학 사회학과에서 울리히 벡 교수의 지도로 박사학위를 받았다. 서울대 여성연구소 책임연구원으로 재직 중이다. 저서로『울리히 벡』『울리히 벡 읽기』『개인화: 해방과 위험의 양면성』, 공저서로『정보혁명』『세월호가 묻고 사회과학이 답하다』 등이 있으며, 역서로『세계화 시대의 권력과 대항권력』『장거리 사랑』(공역)『자기만의 신』 등이 있다.

# 호모포비아

**베스텐트 한국판 6호**


1판 1쇄 발행 2019년 1월 15일

**편저자** 연구모임 사회 비판과 대안
**지은이** 악셀 호네트 외
**옮긴이** 김원식 외
**펴낸이** 안희곤
**펴낸곳** 사월의책

**편집** 박동수
**디자인** 김현진

**등록번호** 2009년 8월 20일 제396-2009-126호
**주소** 경기도 고양시 일산동구 무궁화로 7-45 451호
**전화** 031)912-9491 | **팩스** 031)913-9491
**이메일** aprilbooks@aprilbooks.net
**홈페이지** www.aprilbooks.net
**블로그** blog.naver.com/aprilbooks

ISBN 978-89-97186-16-7 94100
ISBN 978-89-97186-10-5 (세트)

* 책값은 뒤표지에 있습니다.
* 이 도서의 국립중앙도서관 출판예정도서목록(CIP)은 서지정보유통지원시스템 홈페이지(http://seoji.nl.go.kr)와 국가자료공동목록시스템(http://www.nl.go.kr/kolisnet)에서 이용하실 수 있습니다.
(CIP제어번호: CIP2018041838)